U0121236

历史的细节与温情

风雅

马勇/著

海南出版社
·海口·

图书在版编目（CIP）数据

风雅：历史的细节与温情 / 马勇著 . —— 海口：海南出版社，2024.3

（马勇史学九章）

ISBN 978-7-5730-0726-1

Ⅰ . ①风… Ⅱ . ①马… Ⅲ . ①中国历史 – 研究 – 近现代 Ⅳ . ① K250.7

中国国家版本馆 CIP 数据核字 (2023) 第 247225 号

风雅——历史的细节与温情

FENGYA——LISHI DE XIJIE YU WENQING

作　　者：马　勇
策　　划：彭明哲
责任编辑：于晓静
责任印制：杨　程
印刷装订：北京兰星球彩色印刷有限公司
读者服务：唐雪飞
出版发行：海南出版社
总社地址：海口市金盘开发区建设三横路 2 号
邮　　编：570216
北京地址：北京市朝阳区黄厂路 3 号院 7 号楼 101 室
电　　话：0898-66812392　　010-87336670
电子邮箱：hnbook@263.net
经　　销：全国新华书店
版　　次：2024 年 3 月第 1 版
印　　次：2024 年 3 月第 1 次印刷
开　　本：710 mm×1 000 mm　1/16
印　　张：19.25
字　　数：206 千字
书　　号：ISBN 978-7-5730-0726-1
定　　价：78.00 元

序言
历史是有温度的存在

这本题为《风雅——历史的细节与温情》的小书，是这套随笔系列之第二种，汇集了我在过去十几年对近代中国主要人物、重要事件的讨论，文字长短不一，发布的刊物也多种多样。如果一定要说有什么特点的话，大要就是提供一个讨论历史的思路。

在我读书的时代，学术界刚从原来的思路中走出，因而在近代人物研究领域，大致处于黑白分明的脸谱化时期。龚自珍、林则徐、魏源、洪秀全、洪仁玕、孙中山等，属于绝对的正面人物；琦善以及稍后洋务运动中的一干人等，诸如曾国藩、左宗棠、李鸿章当然是负面形象；至于康有为、梁启超，印象中至20世纪90年代，依然被划为"资产阶级改良主义者"，否定多于肯定。

短短几十年，也就是我们这一代人的光景，近代中国历史研究获得了巨大进步。随着新史料不断涌现，随着中国与域外学术界交往范围不断扩大，特别是随着时间流逝，历史相关者不断远去，我们的历史研究有了很大推进，许多历史人物的真实面目逐渐呈现，我们对这些人物的观察也有了很大调整。这对于我们重新认识这段历史意义重大，对于国民心理重建影响至远且巨。

我个人一方面深受时代潮流的激荡改变着自己的历史认知，另一方面毕竟我是历史学从业者，在过往几十年也深度介入了这些讨论，对于历史认知重塑也贡献了自己的一点心力。

我比较认同陈寅恪先生在审读冯友兰《中国哲学史》时说过的一段话："凡著中国古代哲学史者，其对于古人之学说，应具了解之同情，方可下笔。盖古人著书立说，皆有所为而发；故其所处之环境，所受之背景，非完全明了，则其学说不易评论。而古代哲学家去今数千年，其时代之真相，极难推知。吾人今日可依据之材料，仅为当时所遗存最小之一部；欲借此残余断片，以窥测其全部结构，必须备艺术家欣赏古代绘画、雕刻之眼光及精神，然后古人立说之用意与对象，始可以真了解。所谓真了解者，必神游冥想，与立说之古人，处于同一境界，而对于其持论所以不得不如是之苦心孤诣，表一种之同情，始能批评其学说之是非得失，而无隔阂肤廓之论。"

陈先生这段话，在过去几十年深刻影响了中国学术界，尤其是"应具了解之同情"，几乎成了学术界定律，我当然也从中获益匪浅。也正是基于这样的时代背景，我的近代人物研究几乎从一开始就试图进入历史人物的内心，从历史人物的立场去思考他们的观察、判断。

举一个例子。我算是比较早注意重新研究梁漱溟的中国学者之一。我在阅读梁漱溟的相关资料，尤其是 20 世纪 50 年代以后的批梁资料时，我对梁漱溟一生中的遭遇、反叛、不随波逐流特别赞赏，因赞赏而仰慕而研究，这或许也会有伤于客观性，但这种基于同情的理解绝对有助于认识历史真相。那些批梁作品的作者，许多都是我崇敬的学者，甚至是我直接交往过的学者。但我既无法接续他们的研究继续推展、深化，也没有办法在他们的基础上"正反合"。我后来对那几大本批梁论文集做过学术史考察，我觉得这些批判性文章的最大问题，是写作者注意到了政治正确，也注意到了学术，只是作者与他要批判的对象太隔膜，作者所说并非被说者所想。同情之了解，了解之同情，确乎值得研究者时时注意。

陈先生那段文字的另一个重点也值得提出讨论，即研究者、书写者与研究对象能否处于同一境界的问题。陈先生说，所谓真了解者，必神游冥想，与书写对象处于同一境界，始能批评其是非得失，而无隔阂浅薄之论。

多年以来，我在阅读学术论著尤其是人物研究论著时，有一个很突出的印象，就是研究者的知识、素养、见解、训练，均往往无法与其研究对象处于同一境界。仅仅从知识结构而言，书写者无法进入被书写者的知识领域，这样的研究、书写，除了祖述陈说，很难提出有意义的问题。特别是那些学术性人物的研究尤其如此。很多年前，因为年轻，我就说过一句颇绝对的话：思想史的研究者必须要有思想，学术史的研究者必须要有学术。研究者在知识、思想、学术方面与研究对象至少要相当，即便不能达到被研究者的水平，也必须尽量接近。

这样的要求当然比较高，但这应该是历史研究者必备的基本条件。比如，我们在讨论章太炎时，对于他的经学完全不管，对于他的《訄书》《检论》《春秋左传读》完全不读，只讨论他的现实政治思想，是否可能？我认为基本不可能。因为章太炎的政治主张很多时候基于他的学术研究，不理会他的学术，就不太可能理解他在《民报》上的那些政论文章。

在过往的研究中，我时时提醒自己一定要研究自己的研究对象之知识结构，要尽可能进入他们的学术领域。

此外，生活的经验使我在历史研究中最注意日常情理。那些极度书面化的阶级斗争理论，在我的分析中很难找到恰如其分的对应。我愿意依据史料分析历史的因果关联，而不愿意像许多前辈学者那样，先从历史人物的阶级、地位去分析。在我看来，阶级地位、社会身份都不是决定人物政治立场的前置因素。历史就是一波接一波的偶然，而这些偶然之所以发生，又是因为之前某个事件、某个因素。从这个立场讨论我这本书中提及的人物，不论是翁同龢、袁世凯、段祺瑞这样的高官，还是那些学人，如严复、章太炎、梁启超、蒋梦麟、吴虞、丁文江，甚至北大学生张厚载，他们的政治立场、学问主张，乃至处世原则、精神境界，都很难从其出身、家庭背景、阶级立场给予解释。即便强为解释，也是不得要领，不明所以。

历史是具体的存在。每一个事件一定有它之所以发生的具体原因，我们无法将这些原因格式化，做统一解释，历史学的趣味也正在这里。人们读史，往往可以在字里行间，在文字的夹缝中读出新意，就是因为历史存在的具体，不可复制，不可统一回复，给予一个标准化的解释。

历史还是一个有温度的存在。历史学家、读史者，在任何时候都不能以自己的好恶为标准去理解历史人物，更不能心存成见。即便从历史结局去看，历史人物的某些做法可能给政治、给民族、给国家带来了问题，但历史学家、读史者，也不应该先入为主，急于批判，而应该设身处地去思考历史人物何以如此去处理这些问题，他们的理据究竟是什么，他们的目标与结局何以会如此出乎预料。

设身处地，同情理解，知人论世，原本都不是高深的道理，而是自孔孟、太史公以来读史、写史的常识。我的这本小册子，卑之无甚高论，只是依据日常情理写出我所读的那些史料，那些不一样的故事。

感谢文彧的辛勤搜罗，精心编校；感谢彭明哲先生的敦促以及极具智慧的题名。

马勇，2020 年 3 月 9 日星期一初稿；

2022 年 2 月 27 日星期日改订。

/目录/
CONTENTS

1

翁同龢罢官记

1898年6月15日，即清光绪二十四年四月二十七日，是当朝帝师、协办大学士兼户部尚书翁同龢的六十八岁生日。凌晨一时许，京城开始下起了小雨，渐渐越下越大，年迈的翁大人以为是个好兆头，喜而不寐。晨起，他郑重其事叩头如仪，然后乘轿子入宫上班，批阅各地报来的奏折，治事如常。翁师傅万万想不到他的政治生涯竟然在这一天戛然而止。

早朝时，翁同龢如同往常一样与各位大臣准备进入会议大厅，突然宫中主管宣布翁同龢暂时不要进来。各位大臣进去后，翁同龢感到事情似乎有点不对头，遂独坐看雨，随手将一些看过和未看过的奏折等五匣文件整理出来交给苏拉英海。

大约一个小时后，同人退去，宫中太监向翁同龢宣读了朱谕："协办大学士翁同龢近来办事多不允协，以致众论不服，屡经有人参奏，且每于召对时，咨询事件，任意可否，喜怒见于词色，渐露揽权狂悖情状，断难胜枢机之任。本应查明究办，予以重惩，

1

姑念其在毓庆宫行走有年，不忍遽加严谴。翁同龢着即开缺回籍，以示保全。钦此。"

一个故事的不同解读

当天清廷还宣布了另外两项人事调整：一是召直隶总督兼北洋大臣王文韶迅速来京陛见，稍后以户部尚书入值军机处，兼任总理各国事务衙门大臣；一是命协办大学士兼总理衙门大臣荣禄接替王文韶代理直隶总督兼北洋大臣。这两项人事调整显然与翁同龢开缺回籍密切相关，是清政府在四天前宣布"明定国是"进行变法维新后的一个重大举措，迅即引起国内外各种各样的解读，即便是后世研究者也对这一天所发生的事情看法不一，莫衷一是。

一种流传比较广泛且被人们长期认同的说法是：这些人事调整预示着以慈禧太后、荣禄以及军机大臣刚毅为中心的保守势力对光绪帝主导的维新变法运动不放心，罢免翁同龢就是刻意斩断光绪帝的左膀右臂。甚至有一些外国观察家认为，将翁同龢免职实质上构成一次政变。它的重要性在于即使不是正式废黜，也在实际上废黜了光绪帝，因为十几天前清廷重臣恭亲王奕䜣的突然死亡，已使光绪帝失去了一位老一辈的庇护者，而慈禧太后又立刻进了一步，胁迫这位可怜的年轻皇帝革去了他最忠诚的支持者翁同龢的官职。同时，慈禧太后还强迫光绪帝下令，受任新职的高级官吏必须到太后面前谢恩。这就意味着，她将亲自垂询这些高级官吏对当前事件的见解，并亲自向他们颁布怎样处理这些事件的谕旨。

当时在中国的一些外国人还听说，清政府内部高层已在议论正式废黜光绪帝，而不只是实际上的废黜了，但是又惧怕牵涉到外国列强而引起复杂的局面，似乎已放弃了这种设想。他们根据这些传言甚至得出这样的结论：突然罢免当朝帝师翁同龢的一切职务，产生的后果是非常严重的，光绪帝可能已被剥夺了权力。这些解读基本上都是依据"帝党""后党"权力冲突的"两分法"，认为以太后为首的"后党"先发制人，夺回了权力。

但是，经过几天的观察，许多人发现事情的真相远非那样简单。罢免翁同龢的一切职务、改组政府，可能并不是太后的意思，更不是所谓"后党"发动的政变。真相可能相反，当时占据主动地位的是光绪帝，而不是慈禧太后。人们很快发现，两宫之间的一致性远远大于他们的分歧，罢免翁同龢是两宫协商的政治决定。

更为重要的是，许多人开始意识到，在罢免翁同龢这件事情上，无论是慈禧太后占据主动，还是年轻的光绪帝占据主动，其结果都意味着新改组的政府已经摈除原先的保守与暮气。将翁同龢免职不是削弱光绪帝的权力，更不是保守派对革新者的打击，恰恰相反，是清除了翁同龢这个极端保守主义者，是为新政府将要进行的改革扫清人事上的障碍。国内外许多关心中国政治形势的人相信，没有翁同龢的新政府，在光绪帝的带领和慈禧太后的协助下，一定会采取许多有意义的改革。美国新任驻天津领事向美国国务院报告称：被开缺回籍的翁同龢多年来一直身居要位，且深得皇帝宠信；他相当诚实，心地善良，但极端排外，"是顽固派中的顽固派"。对于中国政局的未来，美国领事一方面忧虑慈禧太后与光绪帝在治国理念上的差别迟早会引出麻烦，另一方面又对中国的政治前途充满信心，相信随着慈禧太后重新掌握权力，李鸿章将很快复出并恢复其影响力，而李鸿章是中国高级官僚中少有的具有世界眼光的政治家。他们相信由李鸿章主导的政府一定会进行一些有意义的改革，促进中国的进步与发展，缩小中国与西方文明世界的距离。

英国驻华公使窦纳乐根据自己与翁同龢直接交往的经验，表示翁同龢的出局不会影响中国的政治改革，恰恰相反，他的出局为中国的改革力量扫除了一个坚定的、受人尊敬的保守派。窦纳乐说，翁同龢是守旧派，他的原则是以不变应万变，以此反抗革新及进步。翁同龢思想极端保守和落伍，只是在个人修养方面，有学者风度，受人尊敬，是"一位守旧的中国政治家最优美的典型"。

连连失误

与翁同龢有着很多直接交往的英国人赫德也表达了类似看法。他认为，翁同龢总体上代表了旧的方面，他的出局应该有助于改革的进行。赫德说，翁同龢被开缺回籍是一个意味深长的事件，它意味着清政府对一种过于守旧的政策的放弃，这可能表明了宫廷内的争吵，皇太后要废掉光绪帝。赫德表示自己很为可怜的"翁老头"难过。翁同龢有很多卓越的见解，但是据说他利用太傅的职权，过多干预了这位皇帝实行民众参政的主张。可惜的是，光绪帝没有把它实行得更温和一些。赫德既为翁同龢的结局感到遗憾与惋惜，也庆幸中国终于放弃了过于守旧的内外政策。这大概就是当时人们的一般看法。

其实，日本驻华公使林董早在1895年甲午战争结束不久就预料到，翁同龢与李鸿章的矛盾不可调和，他们两人之间迟早会有一拼。当年12月3日，吏部右侍郎汪鸣銮与户部右侍郎长麟被突然免职，永不叙用。由于两人均为翁同龢的门生，故而当李鸿章获知消息后，对人说：此乃对翁同龢进行的第一打击。而与李鸿章关系密切的罗丰禄等人认为，此事为李鸿章恢复势力的第一步。据林董说，翁同龢在总理衙门任职时经常露面，他也屡屡与其会面，但汪鸣銮、长麟的事情发生后，却很难再见到翁同龢。林董曾就此向各国公使询问，其他人也同样很难见到他。这大概是因为外交事务之困难，常出于意想之外，而令其不知所措。因此，翁同龢不能像往常那样，旁观于局势之外，放言高论。他在甲午战争后担负着巨大的外交责任，然而他并没有足够的外交经验。长此以往，翁同龢不能保其地位，必受挫折，似乎可以肯定。而接替翁同龢担负外交责任的人选，在林董看来，非李鸿章莫属。所以甲午战争后被视为承担战败责任的李鸿章也一直等待着翁同龢出局。

李鸿章在等待机会，他并没有在甲午战争后很快与翁同龢闹翻。相反，在最初阶段，他们两人在表面上更加和气，甚至相互恭维。尤其是当李鸿章出访欧美归来后，他们先前势同水火的关系有了很大改善。被视为李鸿章门生的伍廷芳、罗丰禄跃升为出使大臣时，翁同龢对此不仅没有表示异议，反而大加赞助。从其处理总理衙门事务的情况看，两人也未见有特别轧轹的现象，相反有了几分惺惺相惜、互相依赖的倾向。据法国公使施阿兰的观察和分析，翁同龢与李鸿章的关系之所以如此契合，是因为翁同龢已知道目前与李鸿章相争的害处，且厌恶与各国公使直接谈判，从而利用李鸿章，以李鸿章当谈判之冲；而李鸿章亦知目下与翁

5

同龢相争乃失策之举，故利用翁同龢无勇气与各国公使折冲的机会，自当其冲，企图渐次恢复自己的势力。此乃相互利用之事，故外表相和，而内心不然。他们都在相互等待着对方的倒霉和失势。据日本驻华代理公使内田康哉观察，此为大清国官吏之常习，互相伺隙，何时昔日关系重演时，也难免会反目为仇。

至于国内年青一代知识分子，他们对翁同龢被罢免一切职务在当时虽有多种说法与评论，但大体上，他们并不像戊戌政变后康有为、梁启超等人所强调的那样，认为开除翁同龢意味着慈禧太后对维新变法运动不满，意欲制约主张变法维新的光绪帝的权力。真实的情况或许正相反。他们差不多都对清廷如此严厉处分翁同龢觉得有点过分，但也承认翁同龢可能真的代表了守旧的一派，其为守旧党之领袖或为事实。民间知识分子对翁同龢似乎一直没有多少正面的评论，一个流传很广的段子说翁同龢"满面忧国忧民，满口假仁假义，满腹多忌多疑，满身无才无识"。国内年青一代知识分子一般认为，翁同龢的出局或许有助于维新变法运动的深入开展。在翁同龢被罢官的第二天，康有为按照既定的安排觐见光绪帝，不仅没有对翁同龢被罢官提出任何异议，相反却鼓励光绪帝为了能够顺利推行变法新政，应该更多地将那些守旧高官剔除出局。在他等候皇上召见时，巧遇新任直隶总督兼北洋大臣荣禄向他咨询怎样才能补救时局、顺利推行变法。康有为明确表示仅仅将那些守旧高官免职出局还不够，最好能够杀几个一品大员。由此可见，康有为此时似乎并不同情翁同龢的遭遇。

康有为在当年并不同情翁同龢，但他在戊戌年过去之后却一再对翁同龢表示同情，对慈禧太后罢免翁同龢表示愤懑。于是，翁同龢的形象在康有为、梁启超那里又发生了一次根本性的颠覆。

他们认为，变法之初将翁同龢开缺回籍，是以慈禧太后为首的保守派意欲斩断光绪帝的左膀右臂，是慈禧太后、荣禄、刚毅等人在变法正式开始前的一个大阴谋。

与这个说法相反，最近几年又有一个全新的解释，认为翁同龢被开缺不能归罪于慈禧太后，是光绪帝本人的意思——即便慈禧太后有责任，那也只是默许而已。

诚如梁启超在《戊戌政变记》中所指出的那样，翁同龢之被开缺是戊戌年间政治改革成败的一大关键。因此，弄清楚翁同龢为何被开缺以及这一事件所导致的直接后果是什么，确实是戊戌维新运动史研究中的一大课题。

作为光绪帝的师傅，翁同龢不仅长期受到光绪帝本人的信赖和倚重，实际上也为慈禧太后所信任。试想，如果慈禧太后过去不信任翁同龢，会让他长期在年轻的皇帝身边充当老师吗？所以说，翁同龢被开缺，不必从更远的背景去寻找原因，还是应该回到光绪帝所宣布的上谕上来。通过这份上谕的主线去贯穿大家都能看到的史料，看看哪些符合逻辑，哪些只属于戊戌政变后的政治宣传。

朱笔上谕所列翁同龢免职的原因主要是两项：一项是从远处说，另一项则从近期的责任上说。先看第一项，该上谕开篇第一句说翁同龢"近来办事多不允协，以致众论不服，屡经有人参奏"。显然，翁同龢的免职是因为他"近来"工作实绩及效果不佳。那么这个"近来"究竟有多近？所谓"众论不服"的"众论"又指哪些？所谓"屡经有人参奏"的那些奏章又都说了什么？对于这些指责，翁同龢是辩解，还是承认？所有这些似乎都是弄清翁同龢被免职的关键因素。

根据这些提示，我们不必远求，只需分析甲午战争后翁同龢主要担负哪些职责、他的工作效率如何，就可得知是什么原因导致他从两宫最为信任和依赖的宠臣、重臣，变为被人指责、被人不断参劾、最终两宫不得不疏远的人。

在甲午战争前，面对日本的步步进逼和不断挑衅，翁同龢是坚决主战的领袖人物。在他的影响下，年轻的光绪帝渐渐被莫名的激情所鼓舞，逐步走上了主战道路。可惜这场战争失败了，清政府不得不面对《马关条约》所规定的巨额战争赔款和大面积的国土丧失。当此关头，翁同龢提出"宁增赔款，必不可割地"的主张，清政府的决策者似乎也接受了这一主张，于是有"三国干涉还辽"的发生。中国借此收回了辽东半岛，却增加了更多的赔款。

在短时期内筹集这一笔巨大的战争赔款是战后清政府最主要的工作。曾经提出可以增加赔款而不愿割地的翁同龢，自然要对迅速筹集到这笔资金担负相当大的责任，更何况他还以帝师身份兼任军机大臣、总理各国事务衙门大臣、督办军务处大臣、户部尚书、协办大学士等数职呢！

根据当时清政府的财政状况，要想依靠自己的财政结余去偿还这笔巨款是根本不可能的。清政府的唯一选择是向西方国家筹借。

清政府在战前向西方国家借款之事，基本上是由担任海关总税务司的英国人赫德负责经办的。于是，当清政府在战后有意向西方筹借款项作为赔偿日本的费用时，赫德就提出了自己的主张。他希望将海关每年两千万两白银的洋税全扣，这样差不多十年的工夫，就可以将这笔巨额赔款全部了结。赫德的建议遭到了户部侍郎张荫桓的反对。张荫桓以为如此办理肯定会影响政府的日常财政支出。接着，赫德提出向英国汇丰银行借款五千万两白银，除了偿还日本的费用外，还可以剩余一千数百万两白银作为办理其他事情的费用。

向英国的商业银行借款没有成为事实，因为当时俄、德、法三国自认为在联合干涉日本向中国归还辽东半岛的交涉上有功，所以企图以此强制中国向他们借款。而清政府内部如李鸿章、孙毓汶、徐用仪等人看到三国干涉还辽的外交意义，同样期待通过向俄国等国家进行借款，加深两国的关系，以便联合俄国等国制衡或者压制日本。

经过反复交涉与争夺，甲午战争后第一笔大借款由俄、法两国共十家银行分摊提供，总额折合白银一亿两，年息四厘，九四又八分之一的折扣，分三十六年偿还，以海关关税作为担保。中国方面由总理衙门和户部共同负责，徐用仪等户部堂官参与谈判，而担任户部尚书的翁同龢因故没有参加。这就为后来的纷争埋下了伏笔。

根据中俄法达成的共识，这次借款所附的政治条件是：俄国不但要插手中国海关，分享由英国人独占的权力，而且获得了不少通商优惠以及在中国境内修建西伯利亚铁路的商业机会等；而法国则通过与清政府签订的《中越分界通商条约》，获得了中国云南境内的大片土地使用权以及投资开采矿产、修筑铁路及通商等方面的商业利益。

政治借款附带某些商业性的条件，按理说也是外交上的通例，况且吸引外国资本到中国投资、开发市场也未必就是一件坏事。不过，没有参与此次谈判的户部尚书翁同龢似乎并不这样认为。他的看法是，中国因这次借款"受亏不少"。基于这种认识，翁同龢批评徐用仪在与俄国人的谈判中一味屈从俄国人的要求，甚至同意俄国人提出的九三折扣率，致使中国蒙受了不该有的损失。他甚至与同样没有参与此次谈判的张荫桓联名致电中国驻俄公使，要求更改折扣率。负责清政府此次谈判的徐用仪当然也有自己的理由与感受，他既不承认屈从俄国人的压力出让国家利益，更没有因为翁同龢的特殊身份而接受翁同龢的指责。

同为军机大臣的徐用仪没有接受翁同龢、张荫桓的指责与劝告，他们之间自然产生了深深的误会乃至"龃龉"与"忿争"。再加上那些自命清流、不明事理的御史王鹏运之流接二连三地告状，徐用仪很快就被光绪帝罢免了职务。

1896年3月，《马关条约》规定的第二批赔款到期，清政府依然需要向西方国家借贷。鉴于第一笔借款中的曲折坎坷，清政府决定这次借款由翁同龢与户部侍郎张荫桓具体负责。张荫桓在外交主张上有联英拒俄制日的倾向，而管辖长江流域的两江总督刘坤一、湖广总督张之洞也倾向从英国和德国借款。他们分别致函翁同龢表达了这一看法，希望翁同龢通过这次借款保持各大国在中国的战略均衡态势。翁同龢接受了这些主张，与张荫桓开始了与英、德方面的借款谈判。

这次谈判进行得非常艰难，英、德方面提出了相当苛刻的借款条件。经反复交涉，1896年3月终于达成协议。此次借款折合白银共一亿两，年息五厘，折扣九四，以海关收入做担保，分三十六年还清。清政府还同意，在这笔借款没有偿还完毕前，中国海关总税务司仍由英国人担任。

这次谈判的附加条件是英国通过《中缅条约附款十九条》掠夺了大片土地，扩大了在云南境内投资修筑铁路及在西江通航、通商等商业机会；而法国则获得了龙州至镇南关修筑铁路的合同。

两次借款的达成使中国付出了不少代价，尤其是各种折扣、佣金以及政府内部的挪用、个别官员的贪污等，都使实际可用于偿付对日赔款的数额大为减少。照此下去，借款必将大为增加，中国的负担将更加沉重。长痛不如短痛。翁同龢与户部满人尚书熙敬及户部侍郎张荫桓等都觉得，与其这样拖下去，不如将剩余的赔款一次性偿还，还可以节省一千数百万两白银的利息。

　　清政府接受了这一建议，并据翁同龢的建议，委派李鸿章会同翁同龢及其他大臣一起负责这次借款。李鸿章提出鉴于过去几次借款困难，不再向各国政府借款，改向商业银行借贷。然而他们经过相当长一段时间的奔波，发现这种想法根本不可能成为现实，只好继续向各国政府借款。

　　1897 年 12 月，李鸿章向俄国政府提出借款一亿两白银。俄国财政大臣维特很快表示同意，但附加条件是：中国应该满足俄国在中国东北与蒙古享有修筑铁路及工业开发的独占权、中东铁路部分支线的修筑权及相关港口的修筑与使用权；中国还要承诺一旦海关总税务司一职空缺时，应聘请俄国人担任等。

　　英国政府得知俄国的借款条件时甚为愤怒。英国方面设法迫使中国同意向英国借款，并提出相应的附加条件。英国、俄国就向清政府贷款问题展开了激烈的竞争。他们甚至为此使用了并不光彩的行贿手段。翁同龢、李鸿章、张荫桓等人或许并没有像那些捕风捉影的消息所说，接受过大笔贿赂，但似乎都多少得到过一些好处。这在后来的"倒翁"风波中，起过相当重要的作用。这或许也是光绪帝由格外信任翁同龢转而不信任乃至厌恶他的原因之一。

　　一次性借款、一次性偿还日本的方案最终没有实现。提出这一方案的翁同龢不仅背上了"办事多不允协"的责任，而且因涉嫌受贿尝到了"众论不服，屡经有人参奏"的后果。

不仅仅是这样，当翁同龢一次性借款、一次性偿还的方案无法继续执行时，他又别出心裁向清政府建议，通过发行"昭信股票"作为筹措战争赔款的办法。昭信股票的发行是近代中国第一次发行国内公债。翁同龢和其他主持此次发行的大臣们没有相关经验是事实，但翁同龢等人对这件重大事务调研不充分、宣传不得力、工作太草率也不容否认，致使昭信股票毫无诚信，无人购买，实在使清王朝丢尽了脸面。光绪帝即便有心保他的师傅不丢官罢职，恐怕也"众论不服"。1898 年 3 月 24 日，御史徐道焜上奏指责昭信股票流弊甚多，建议清政府速筹良法，亟图补救。3 月 29 日，御史何乃莹上奏称昭信股票失信于民，弊端丛生。这种"屡经有人参奏"的办事大臣不被开缺，不被免除职务，清政府要开始推行新政何以服人？所以，从这个意义上说，翁同龢于 1898 年 6 月 15 日新政开始四天后就被开缺回籍，实际上隐含有光绪帝杀一儆百的深意。光绪帝是要告诫那些官员们，如果对新政推行不力，或横加阻挠，即便尊为帝师，也照样严惩不贷。也只有从这个意义上来理解，才能弄清楚光绪帝何以在宣布免除翁同龢的职务后"警魂万里，涕泪千行，竟日不食"。他似乎也觉得因"这些工作中的失误"就将与自己朝夕相伴十数年的师傅开缺回籍太过残忍，但是为了新政的顺利推行，为了清王朝的未来，也只好委屈自己的师傅了。所以，翁同龢被开缺回籍有着许多复杂的背景与原因，既有政敌的报复与暗算，也有他自己的失误和不检点，但根本原因却是慈禧太后与光绪帝为了新政顺利推行，为了清王朝的根本利益而做出的选择。回想商鞅、王安石乃至历朝历代的政治改革，哪一次没有拿自己的亲信、同道、朋友乃至亲人去祭旗？

真正的背后推手

这是从"近来"的原因上说，翁同龢的作为已经产生了许多弊端，但诚如张荫桓告诉日本驻华公使矢野文雄的那样，翁同龢开缺之因，其源甚远。先是甲午战争爆发之初，翁同龢即力主开战，此战给中国酿成无数灾难。然后，翁同龢所主张诸政策多未允协，且于内部被视为骄恣专权的事例也为数不少。这类事情逐渐积累，遂演成今日之结果。

就近因而言，翁同龢已无法适应新政的政治需要。他已属于过去的政治人物，新朝新政必须要有新的气象，所以上谕中指责翁同龢近来"每于召对时，咨询事件，任意可否，喜怒见于词色，渐露揽权狂悖情状，断难胜枢机之任"。这些指责所隐含的内容非常具体，足以表明翁同龢已不再适宜继续担任推行新政、从事维新变法的政府首脑了。恭亲王奕䜣去世后的政府必须进行改组，翁同龢就必然成为一个牺牲品。

张荫桓还对日本驻华公使矢野文雄分析说，翁同龢的"近来之事"之最大者是关于德国亨利亲王1898年5月份来华访问时的礼节安排问题。亨利亲王谒见光绪帝时，翁同龢执意反对皇帝与亨利亲王行握手礼，而皇帝则采用其他革新派官员的建议，与亨利亲王行握手礼。于是，翁同龢仗着自己的帝师身份对光绪帝大放怨词，这不能不引起光绪帝的反感。当光绪帝招待亨利亲王饷宴时，大臣理应作陪，而翁同龢也不屑为之。诸事凡不合其意者，恼怒之情溢于言表。此等事逐渐积累，不能不引起年轻气盛的小皇帝的反感。小皇帝执意罢免翁师傅的职务，也就在情理之中了。

过去的研究与史料记载都表明，翁同龢不仅同情康有为、梁启超等人鼓吹的变法维新，而且也正是他向光绪帝推荐了康有为，从而使维新变法在经历了几多曲折之后终于在1898年正式启动。翁同龢是康有为的发现者。没有翁同龢，即便康有为的变法维新运动仍然会以某种形式、在某种时候变成现实，但绝不会是已经发生过的那个样子。所有这些都是不可更易的事实。

不过正如史料所表明的那样，翁同龢赞成、支持康有为的维新变法思想，但他与康有为之间依然存在着很大的不同。他虽然也是《公羊》学的研究者和鼓吹者，但却不能赞成康有为的"孔子改制"与"新学伪经"两大根本学说。而这两个震动学界、政治界的"异端邪说"才是康有为鼓吹政治变革、向西方学习的思想基础。所以，当光绪帝于1898年5月26日向翁同龢索要康有为关于变法维新的著作时，翁同龢竟一反常态，突兀地表白自己不与康有为往来。

翁同龢的这一反常回答肯定使光绪帝感到莫名其妙。因为光绪帝清楚地记得，正是这位师傅不止一次地向他推荐过康有为，甚至不止一次地希望光绪帝能够破格召见康有为，听听这位年轻政治改革家关于中国未来的设想。后来，恭亲王奕䜣认为，光绪帝不宜以皇帝之尊接见康有为这样的年轻后生。光绪帝便回绝了翁同龢的请求，改由总理衙门的大臣们在西花厅向康有为问话。第二天，正是这位翁师傅在皇帝的书房里向光绪帝密报了大臣们与康有为谈话的情形，使光绪帝对康有为的印象又增加了几分。

光绪帝由此开始格外留意康有为这帮维新志士的一举一动，而这位翁师傅也开始"议论专主变法，比前判若两人"，每天向皇帝讲授的课程也由先前的儒家经典改为"日讲西法之良"。

可是刚刚过去三四个月，这位翁师傅怎能说他不与康有为往来呢？于是年轻的光绪帝不得不反问道，是什么原因使你不与康有为往来？翁答道，康有为此人居心叵测。这个回答更使皇帝感到莫名其妙：你先前竭力推荐的所谓"年轻有为"的政治改革家，竟然变成了"居心叵测"的政治小人，那你先前是怎么考察的？你先前为什么不详说？翁同龢的回答是，先前没有看到过康有为的全部著作，最近读到他的《孔子改制考》方才得到这样的认识。这样的解释虽然可以自圆其说，但年轻的光绪帝多半认为，这位师傅要么是在骗他，要么确实老了。于是，光绪帝决定当天不再与翁师傅理论，待明日师傅调整好情绪再说。

第二天，光绪帝重演昨日的故事向翁师傅索要康有为的著作。翁同龢并没有忘记昨日的回答，依然如昨日一样回答了皇帝的提问：一是康有为居心叵测，可能是政治小人；二是他自己与康有为没有什么往来。翁同龢的这种回答使光绪帝非常愤怒。皇帝清楚地知道用人不当将会给清王朝带来怎样的危害，何况将要提拔、使用的康有为将要负担改革重任呢？于是，光绪帝史无前例地对这位自己素来尊敬的师傅发火了，而翁同龢面对皇帝的盛怒似乎没有丝毫悔意。他依然执着地表白自己的看法，并一再声称自己无论如何都不会进呈康有为的著作，并劝告皇上如果一定要康有为的著作，最好请总理衙门通过正式渠道进呈。盛怒中的光绪帝根本听不进他的建议，声称即便要总理衙门进呈，也必须由你翁师傅转达给军机大臣张荫桓。这就更使翁同龢感到困惑：张荫桓每天都可以见到皇上，为什么不能当面交代，一定要难为老臣传话呢？对于翁同龢的困惑，光绪帝根本不予理睬，他执意翁同龢必须这样做。不得已，翁同龢只好到张荫桓的办公地点转达了皇帝的御旨。

这个故事发生在1898年5月26日和27日两天，故事的细节清楚地记在翁同龢的日记里。过去的研究者差不多都注意到了这个故事，但在解读上都认定，翁同龢与康有为在学术上确实存在着差别，同时，翁同龢与光绪帝在用人和治国理念上也存在差别。但几乎所有的研究者都忽略了这个故事的背景，更忽略了翁同龢为什么要把这个故事记录到自己的日记里，因为遭到皇帝的训斥毕竟不是一件多么光彩的事，更何况这只是他们师徒两人之间才知道的事情呢！

从背景上说，1898年5月26日、27日，正是清廷重臣恭亲王奕䜣弥留的日子。前面已提到，弥留之际的恭亲王出于对清王朝的忠诚，对清廷的未来，尤其是用人方面的担忧，向慈禧太后、光绪帝等表达了自己的看法。作为正当红的军机大臣、帝王之师的翁同龢不会不知道这些谈话，即便不知道细节，也肯定知道大概。所以，当光绪帝5月26日向他问及康有为时，他的本能反应就是撇清他与康有为的任何关系，并指责康有为是"居心叵测"的政治小人。至于翁同龢将这些责难与冲突详细记载在自己的日记里，不过是为了将来某一天如果康有为真的出事了，能够以此证明他与康有为等人确实没有关系。

这是从远的方面说。至于最近的方面，翁同龢之所以急于辩解与康有为没有来往，并指控康有为居心叵测，显然他已得知恭亲王对他与康有为的评价。既然恭亲王已向皇帝指出不可听信

"广东举人"的变法主张，并怀疑康有为的设立制度局等建议有取代清王朝旧有国家权力机制的嫌疑，那么他何必还要将自己绑在康有为的战车上呢？所以，翁同龢选择了舍弃康有为而自保的办法。

木秀于林，风必摧之。虽然翁同龢的政治人格似乎并不像恭亲王所分析的那样卑鄙，但他当红的身份与显赫的权力，特别是被官场公认的"好延揽而必求为己用，广结纳而不能容异己"的风格，必然使他在得意之时人皆畏之，而在失意之时落个墙倒众人推的结局。

真正推倒他的可能正是恭亲王死前的遗言。人之将死，其言也善。其实，人之将死，其言也真。一个将死之人已不存在什么思想包袱，更不担心那些复杂的人际关系。所以，恭亲王在临终关头终于向慈禧太后和光绪帝吐露了自己对朝中人物的真实看法，这些看法肯定深深影响了慈禧太后和光绪帝在后来的一些重要决策。所以说，将翁同龢免职的考虑，光绪帝和慈禧太后至少在1898年6月11日变法维新运动正式开始前的某一个时刻就已决定。他们迟迟不愿动手的原因，一是要直接考察翁同龢是否像恭亲王所分析的那样卑鄙，二是寻求适当的时机，以免给清廷带来更大的损失与震荡。

5月26日、27日，光绪帝当场考察了翁同龢的政治忠诚度，可惜翁师傅没有通过这次考察。不过，念在多年的师生情分上，光绪帝似乎并没有因这一次未通过就将他一棍子打死，依然给他留下机会，期待他能够回心转意，协助自己励精图治，使清王朝渡过难关，重建辉煌。可惜，他辜负了爱徒的期待。于是，改组政府、重建新的权力运行体制的想法便由先前的酝酿进入实质性操作阶段，翁同龢的出局已成定案，至于何时进行只是在等待时机而已。

聪明反被聪明误

改组政府的想法，无论在慈禧太后，还是在光绪帝那里，似乎都已经考虑很久了。进入 1898 年，朝中大事接连不断：恭亲王奕䜣重病在身；对德、俄的交涉困难重重，不见进展；国内年青一代知识分子在康有为等"激进分子"的鼓动下不断向政府施加压力。旧政府实际上已没有能力去面对和处理这种困难局面，而政府中的关键人物，就是恭亲王病重之后拥有极大权力的军机大臣翁同龢。恭亲王和当时一般官僚及公共舆论的看法，几乎都认为外交困境是翁同龢一手造成的，而翁同龢对此不仅没有丝毫悔意，反而鼓动康有为、梁启超那些年青一代"激进分子"向政府施压。于是，政府改组的关键点不是别的，恰恰是怎样将翁同龢赶出政府。

4 月 28 日，安徽布政使于荫霖向清廷上奏，公开批评翁同龢，指出正是翁同龢的一系列错误导致了中国外交失败和困难重重。他强调，让德国得以强占胶州湾的外交失误，天下人都将之归于翁同龢和张荫桓，其实张荫桓出身微贱，贪饕著名，不足深责。而翁同龢之父为已故大学士翁心存，一向端正虚公，为有名儒臣，翁同龢承其先训，受恩至深，夙负清望，本应忠于朝廷，忠于国家，妥善处理外交事务，然而，他的作为实在令人失望。胶州湾的外交危机事关重大，本不是一两个人就可以办理好的，自应联合政府内外文武百官的智慧以谋取国家最大利益，而翁同龢外则徇德人之情，内则惑于张荫桓之言，以至今日无所措手，已一误矣。至于对日战争赔款，而翁同龢又惑于张荫桓之言，遽借英、德商款，全数交还日本，以江苏、江西、浙江、湖北四省厘金作抵。事前不与四省商量，更不问四省以后度支如何应付、民生如何保证；事定之后，一纸公文责令四省督抚照办，四省各口岸商民无不惊诧。利权既失，又失民心，是再误矣。鉴于这两大错误，于荫霖建议尽快罢免翁同龢等人，速召张之洞、边宝泉、陶模、陈宝箴等人重组政府，任以事权。这就明确将摈退翁同龢与改组政府直接结合起来了。

于荫霖的建议不能不在清廷高层引起议论，不能不引起慈禧太后和光绪帝的关切。不料，一波未平，一波又起。5月17日，深受慈禧太后信任的重臣徐桐上书弹劾张荫桓在办理胶州案过程中误国、卖国，其实际攻击的矛头显然指向翁同龢。道理很简单，因为张荫桓在胶州案中只是一个配角，真正的主角是翁同龢。

同一天，兵部掌印给事中高燮曾也上书清廷，指责翁同龢主导的昭信股票流弊甚多，祸害极大。

紧接着，御史王鹏运于5月29日再上奏折，指责翁同龢是"权奸误国"，在外交、财政等各方面都犯有不可饶恕的罪过，将清王朝推到了危险的边缘。他请求光绪帝和慈禧太后为清王朝的未来着想，立即将翁同龢等人"声罪罢斥"，以弥后患而持危局。

这一连串的弹劾奏折件件都攻击到了翁同龢的要害，几年的权臣生涯将原本受人尊敬的帝王之师的名誉彻底糟蹋，翁同龢真的要开始面对内外交困的处境了。即便光绪帝有意保他这位师傅过关，恐怕也不能不让翁同龢尽快出局。

其实，早在 4 月 28 日安徽布政使于荫霖的奏折中就已提出过政府改组的方案。他向朝廷推荐了大学士徐桐、闽浙总督边宝泉、四川总督李秉衡、湖广总督张之洞及湖南巡抚陈宝箴等所谓"五贤"。当时一般舆论公认徐桐为"守旧党魁"，是主持清议的重要人物；边宝泉与李鸿章矛盾极深，不谈洋务，不坐轮船；只有张之洞、陈宝箴为讲究西学和力图中国富强的新人物。这些推荐虽并不完全可行，但肯定引起了清廷最高当局的注意。

与此同时，鉴于恭亲王病情不断加重，翁同龢的势力不断膨胀，大学士徐桐在杨锐与乔树枏等人的影响下，于 4 月底建议光绪帝调张之洞入京取代翁同龢主持政府，以削弱翁同龢的势力和影响。徐桐的奏折引起了光绪帝的重视，但他犹豫难定。调张之洞进京加强政府固然是个好主意，但以张之洞取代他的恩师翁同龢，至少在此时光绪帝还下不了决心。于是，光绪帝将徐桐的奏折转呈慈禧太后，请太后定夺。慈禧太后经过一番慎重考虑，特别是考虑到病重的恭亲王的一系列忠告，很容易就接受了徐桐的建议，决定召张之洞来京陛见，准备以张之洞取代翁同龢。5 月 7 日，张之洞奉命乘船离开武昌，于 15 日抵达上海，准备从那里直接赶往北京。

徐桐的建议和慈禧太后的决定以及张之洞的行踪都被翁同龢获悉。翁同龢当然不愿就此让出他的军机大臣、总理衙门大臣及户部尚书等职务，更不愿意由张之洞来取代他。于是，敏感的翁同龢与张荫桓密谋，以沙市发生教案尚未妥善处理为由，阻止张之洞入京陛见。

由张之洞取代翁同龢，从表面上看是徐桐推荐，实际上恭亲王病重期间向慈禧太后和光绪帝分析朝中人事格局时就已提出这一主张。他当时明确告诉太后与皇帝，朝中内外重臣可以信赖并在将来可以担当重任的，只有李鸿章、荣禄、张之洞和裕禄等几个人。而李鸿章由于最近几年承担甲午战败的"罪名"，一时尚不能让他负更多的责任，否则舆论上、民意上都很难协调。剩下的首选当然在张之洞与荣禄之间。

翁同龢设计破坏了慈禧太后和光绪帝调张之洞入京的计划，但他实际上已无力阻止改组政府的既定方针。他自以为高明的一系列愚蠢举动，实际效果却与他的主观愿望相反，只是在无意中又树立了更多的对立面而已。6月8日，刚刚料理完恭亲王的后事，对将要进行的改革略有布局的慈禧太后召见庆亲王奕劻、总理衙门大臣荣禄、军机大臣刚毅等皇族成员，商讨一系列重大问题。这几个皇族出身的大臣平时就看不惯翁同龢仗势欺人的做派，对于翁同龢最近一连串的异常举动更觉得有必要向太后报告。于是，他们借口皇帝最近在一些问题上似乎太大胆，有意将矛头引向皇帝的师傅翁同龢。

对于庆亲王等几个人的用意，慈禧太后似乎也很清楚。她指责这几位皇族出身的大臣为什么不负起自己应该负的责任，为什么不在一些最为要紧的关头设法阻止。奕劻等人同声回答道："皇上天性，无人敢拦。"而刚毅做得更过分，伏地痛哭，声称曾经向皇帝委婉表达过类似的阻止意见，但从不被接受，反而屡遭皇帝斥责。

慈禧太后沉思良久，又问道："皇上敢如此做，难道是他一个人的主意吗？皇上应该和你们几个大臣商量才是啊！"荣禄、刚毅闻听此言，立即奏道："要说皇上不和我们商量是事实，但要说是他一个人的主意则未必。皇上所做的这些事情都是他的师傅翁同龢在出主意。"刚毅又凭借着自己的特殊身份向太后哭闹，希望太后能够出面劝阻皇帝的一些做法。太后答道："现在时机尚不成熟，到时候，我自有办法。"

太后的办法是什么？很简单，就是坚决将翁同龢剔除出去。她在寻找一切可以利用的机会。6月10日，经过连日来的秘密协商，光绪帝与慈禧太后已经就将要进行的改革和人事布局达成一致。这一天，光绪帝做出两项重要布局。一是宣布补授总理衙门大臣兼兵部尚书荣禄为协办大学士，并负责管理户部。补授荣禄为协办大学士，是将荣禄的级别提拔到与翁同龢一样高；荣禄负责管理户部，就是在实际上剥夺了户部尚书翁同龢的权力。同时，调补刚毅为协办大学士，任兵部尚书；补授崇礼为刑部尚书。所有这些举措实际上都是一个趋向，即在张之洞暂时无法入京替代翁同龢的情况下，退而求其次，让荣禄、刚毅等皇族成员暂时加入政府，接管权力。这明显传达出政府正在改组的信息，只是不希望这种改组震动太大，故而先任命荣禄接管翁同龢的权力，然后再寻找机会免去翁同龢的职务。这种权力交接的运作模式在政治实践中屡见不鲜。二是为了稳住翁同龢，不至于在权力交接的过程中出现意外麻烦，光绪帝命令翁同龢草拟《明定国是诏》。

一切都在风平浪静中进行着。6月11日一大早，光绪帝辞别慈禧太后返回皇宫，颁布了翁同龢代为草拟的《明定国是诏》，标志着维新变法运动正式开始。

由荣禄以大学士身份兼管户部，只是处置翁同龢过程中的紧急措施。至于由谁来接替恭亲王及翁同龢两人留下的职务，清廷最高决策者仍在考虑。有一种建议是由庆亲王奕劻和荣禄主持内阁事务，由前者弥补恭亲王逝世后遗留的空缺，后者代替张之洞取代翁同龢。对于这个方案，首先的反对者是荣禄本人。他认为，按照清王朝两百多年的惯例，在政府高层及中央各部中，满汉官员从来都是取平衡态势。庆亲王接替恭亲王已成事实，而接替翁同龢的，最好还是循惯例找一个汉人官员更为合适。

在当时有名望且有能力替代翁同龢的汉族官员中，李鸿章有能力、有名望，但他当时实在有点背，很难让他立即走上前台取代翁同龢；张之洞有能力、有名望，本来也是主持内阁的最佳人选，但在翁同龢的阻止下未能及时来京陛见，而棘手的沙市教案似乎也只有张之洞继续留在湖广总督任上方可放心。李鸿章、张之洞之外，汉族出身的高官可供入主内阁的人选委实不多，有名望、有能力的只剩下时任直隶总督兼北洋大臣的王文韶。于是，清廷最高决策者经过周密协商，决定调王文韶加入内阁，取代翁同龢；调荣禄接替王文韶，出任负责拱卫京师、权力甚重的直隶总督兼北洋大臣。清廷新的权力布局至此终于完成，只待宣布。权重位尊的翁同龢终于像赫德所描述的那样，在一场"闪电"中被击倒了。

6月15日一大早，光绪帝在早朝时宣布了这一系列的人事变动，政府改组后的基本框架至此终于露出端倪。这也为后来改革方案的全面推展提供了前提条件，当然也为一百天后的政局变动埋下了伏笔。

康有为"衣带诏"真相

1898年9月，中国政治大逆转。谭嗣同、康广仁、杨锐等六君子血洒菜市口，康有为、梁启超等流亡海外，轰轰烈烈的维新运动戛然而止。

在流亡海外那些年，支撑康有为及其追随者精神的是一份文件。这份文件被康有为称为"衣带诏"，随身携带，犹如"衣带"。康有为说，这是皇上给他的诏书，命令他逃出北京，从长计议，想法勤王。"衣带诏"是康有为此后十年政治合法性的唯一凭据，也是海外华侨拥戴康有为的原因。

对于康有为的说辞，清廷并不认同，不止一次大骂康有为胡说八道。但是，康有为照样我行我素。他的解释是，朝廷之所以这样说，是因为皇上不仅没有说话的自由，而且没有不说话的自由。

"衣带诏"确实存在

在专制体制下，信息不公开、不透明是把"双刃剑"。民众不知道宫廷内幕或许有助于社会稳定。但是人类之所以为人类，就是因为多了一些思考，多了对未知事物的好奇，信息不对称必然让人们施展聪明才智竞相猜谜。在过去的一百多年中，康有为等人毕竟因"六君子"的性命而获得道义同情，清廷乃至慈禧太后则因1895年后一系列重大事变、特别是清亡，而成为革命党和维新派攻击的对象，百口莫辩。于是，人们对于光绪帝斥责康有为的那些谕旨往往不太相信。

这显然是不合乎历史真实的。两宫之间或许有过某些不一致，但两宫在最后十几年绝对没有康有为所宣扬的那样不可调和，不共戴天。至于光绪帝"瀛台泣血"更是一个虚假的悲情故事，否则就无法理解晚清最后十几年的政治变革。

不过，也必须承认，康有为手持的"衣带诏"虽说不是原件，但也绝对不是毫无来历的谎言，更不是康有为的捏造。因为清廷尽管一再斥责康有为在海外招摇撞骗，但从未明确认定这份"衣带诏"为伪造，是赝品。

"衣带诏"确有其事，这一点光绪帝是清楚的。只是这个"衣带诏"究竟是通过什么渠道转到了康有为手里，由于相关人员都不在了，光绪帝也弄不清楚了。这是百年来聚讼纷纭的一个重要原因。

朝廷说不清楚"衣带诏"究竟是怎么演变成这个样子的，康有为也说不清楚究竟是怎样一回事。但有一点可以肯定，当别人指责康有为招摇撞骗伪造"衣带诏"时，他很坦然，因为他确实没有伪造"衣带诏"。这份文件确实渊源有自，只是碍于现实政治的复杂性，康有为没有办法说出"衣带诏"的来历，或者他也真的不知道"衣带诏"的来历和背景。他能说清的只有一点：他没有伪造这份文件。

一百多年过去了，我们今天能够看到的资料远远多过光绪帝、康有为，我们逐渐有条件依据新旧史料弄清"衣带诏"的缘起及其演变轨迹。

两宫冲突

光绪帝确实颁发过一份密诏，只是这份密诏并不是直接颁给康有为的，而是赐给军机章京杨锐的。杨锐在 1898 年秋天被杀前，曾将这份密诏交家人保存，等条件成熟时再交给朝廷，争取平反。但对于光绪帝为什么要赐给杨锐这份密诏，许多人并不清楚。

如果从头说起，光绪帝主导的 1898 年新政虽说引起了许多官场震荡，但大致上还在可控范围，并没有引起政治危机。只是随着新政深入，光绪帝越来越倾向创设一个新政治机构负专责。

9 月 13 日，光绪帝决心于内廷重开懋勤殿，选聘东西洋各国政治专家共议制度，统筹全局。这一天，光绪帝特派内侍持《历朝圣训》等图书送给谭嗣同，命谭查考雍正、乾隆、嘉庆三朝设置懋勤殿故事并拟一上谕，以便其持此赴颐和园面见慈禧皇太后相与讨论。

重设懋勤殿以议新政，在光绪帝是出于对清王朝未来命运的真诚考虑，但在另外一些推动者那里则未必不包含某种其他目的。谭嗣同对新政改革怀有至诚之心，但守旧势力的强大使他对新政的前途越来越灰心。为了冲决守旧势力的束缚，他是四位新进军机章京中最"亟亟欲举新政"者，他利用与光绪帝近距离接触的特殊条件"日言议政院"。

代拟谕旨是军机章京的职责，但此次代拟对谭嗣同来说却引起了极大的心灵震撼。他由此感到两宫关系可能确如康有为所认知的那样并不协调，皇上的权力并不像所想象的那样至高无上，真实情况可能是大权依然掌握在皇太后手里，光绪帝不过是一个政治傀儡而已，"今而知皇上之真无权矣"。退朝后，谭嗣同将这种感觉告诉了康有为等人，并透露了代拟谕旨的事情。

谭嗣同的感觉并没有传染给康有为，更没有影响康有为的情绪。与谭嗣同的感觉相反，康有为觉得既然皇上已下令代拟上谕，准备将这份上谕向皇太后提出，那么可见光绪帝已下定决心，帝后之间最终摊牌即将到来。于是，康有为在当天以御史宋伯鲁的名义拟《选通才以备顾问折》，推荐黄遵宪、梁启超二人为顾问。

康有为代宋伯鲁拟就推荐奏折后仍不放心，于当天（9月13日）午后，面有喜色地找到王照与徐致靖，信誓旦旦声称谭嗣同已请皇上开懋勤殿，用顾问官十人，业已商定，但须由外廷推荐，并将此十人名单出示，要求王照、徐致靖二人立即拟折。

王照表示正在起草一份奏折，无法分身起草推荐折。康有为闻言不悦，暗示皇上业已说定，欲今夜见荐折。不得已，王照、徐致靖放下手头事情，分别缮写两份推荐折。王照参照康有为的名单推荐了康广仁、徐致靖、宋伯鲁等六人；徐致靖参照康的名单推荐了康有为等四人。是日夜，这两份奏折分别呈递清廷。

王照、徐致靖的两份推荐奏折虽然递上去了，但由此却也暴露了康有为开懋勤殿的建议在很大程度上具有私心。这样明目张胆要求别人保荐自己，不论过程如何保密，也不免引起各方猜疑。军机章京杨锐对康有为的这些做法不以为然，对康有为开懋勤殿的建议以为是私心作祟，预感如此猖狂势必引起激烈反弹，于大局极为不利。

康有为欲于既有体制外另行成立议政中心的目的，被政治大佬看得一清二楚。这些大佬出于自身利益及王朝利益考量，无论如何也不会让这一计划得逞。这些反对意见肯定影响了光绪帝，所以当光绪帝第二天前往颐和园时，只是将王照、徐致靖的两份保荐奏折交军机处"记名"，做了一个简单登记。

从皇帝方面说，9月14日这一天和往常一样，他按计划在乾清宫召见北洋水师学堂总办严复后，至颐和园乐寿堂向慈禧太后请安。

这一天对皇太后来说则不同寻常。因为几天来被革职的礼部尚书怀塔布夫妇利用与总管内务府太监李莲英的特殊关系，不停地向皇太后哭诉自己的委屈，离间两宫关系，称"皇上为左右荧惑，变乱朝政，求老佛爷作主"。那些被怀塔布收买的大小太监可能因为新政改革最终将侵害他们的利益，所以随着怀塔布夫妇在皇太后面前肆意诋毁新政改革。

怀塔布，叶赫那拉氏，满洲正蓝旗人，1896年调任礼部尚书，是老资格的政治家。当新政开始后，怀塔布几次故意刁难，出面反对。9月4日，光绪帝借礼部主管无故扣压王照上书为由，将怀塔布等礼部六堂官一并革职。被革职后的怀塔布并没有心服，第二天就赶赴天津，向时任直隶总督兼北洋大臣，也可以说是当时满洲贵族的掌门人荣禄哭诉。

光绪帝小题大做将怀塔布等礼部六堂官一并革职，并由此而提升汉人四军机章京，这确乎违反了古人"小不忍则乱大谋"的训诫，将那些原本并非坚定反改革的力量一律推到了对立面。怀塔布夫妇在皇太后面前不断陈说，担心皇帝如果这样一味听信汉人进行改革，其最终后果必然是"尽除满人"。

怀塔布等人的哭诉引起了皇太后的不安，所以当她见到皇帝稍事寒暄后，就开始讨论这些事情。皇太后承认怀塔布之类满洲贵族政客确为"老谬昏庸之大臣"，但出于政治考量，她劝告皇帝在人事处理上不可操之过急，不要将此辈老臣轻易罢黜，不要将那些年轻汉臣提拔到高层，更不能改变清朝既成体制，由这些所谓"通达英勇之人"去议政。皇太后担心，如果一味在人事上进行变动，那么极有可能因此而失去人心，特别是失去满洲贵族的信任。果如此，满洲贵族所组成的"寡头政治集团"就不可能对现有皇权中心继续提供支持。

对于皇太后的指责与劝诫，光绪帝有些能接受，有些不免有解释与辩白。他的这些解释与辩白不仅不能说服皇太后，反而激起了皇太后的愤怒。这正好验证了几天来怀塔布等人在她面前的那些说法。于是皇太后毫不客气地批评光绪帝："小子为左右荧惑，使祖宗之法自汝坏之，如祖宗何？"

皇太后的愤怒勾起了光绪帝的满腹委屈，他边哭边说："时事至此，敌骄民困，不可不更张以救，祖宗在亦必自变法。臣宁变祖宗之法，不忍弃祖宗之民、失祖宗之地，为天下后人笑，而负祖宗及太后之付托也。"

密诏诞生记

两宫 9 月 14 日的言语冲突仅停留在政策层面，不至因此影响母子感情。光绪帝虽然当面辩解、顶撞，但回到寓所就有所反省。他虽然对皇太后的误解感到委屈，但依然认为皇太后是清朝的靠山，是王朝政治的最后把握者，期待有重臣能从中斡旋，期待皇太后在明了真相后予以谅解。他曾设想请满洲贵族中最有权势的重臣出面协调，向皇太后解释他之所以如此不顾后果推动新政的苦衷。可惜的是，满洲贵族最具权势的恭亲王奕䜣已去世，而庆亲王奕劻已与皇太后疏远，端王载漪等王公大臣对新政多有不同看法，指望他们进行解释只能越描越黑。

至上的皇帝成了孤家寡人。无奈中只好求助颇通世故人情的杨锐，希望杨锐能为他出个主意。

光绪帝之所以看重杨锐，主要是因为杨锐在新任军机章京中最为持重与稳健，而且具有张之洞的背景，是张之洞的重要亲信之一。而张之洞是皇太后最信赖和倚重的汉臣。所以，当光绪帝考虑寻找满洲贵族重臣出面协调与皇太后的关系无法实现时，他想找杨锐谈谈，其中未尝不具有请张之洞出面的意思。

杨锐与皇帝见面的细节已不可能复原了，时间应在两宫言语冲突的第二天。皇帝将自己的意思、心情描述出来，请杨锐出主意、想办法，不料却遭到杨锐的断然拒绝。杨锐告诉皇帝："此陛下家事，当与大臣谋之。臣人微言轻，徒取罪戾，无益也。"

持重的杨锐知道清王朝历来的规矩，他不愿因此而介入清室内部纠纷。他觉得皇帝凭借自己努力，按清朝成例，由满洲贵族内部协调，应该不难化解两宫心结。

杨锐的拒绝主要基于对旧体制的恐惧，清廷旧例严格禁止官员议论、介入皇族内部纠纷，特别是汉臣更无权干预皇族事务。这是体制使然。或许为了克服杨锐的这一恐惧心理，光绪帝特别向杨锐下了一道密诏，以便杨锐将来不幸因此获罪时能得到解脱。这应该是光绪帝9月15日密诏的背景与原因，否则他们既然当面谈过，何须密诏？

　　这份密诏在当时并不为人所知。可以肯定地说，林旭、康有为、梁启超等都没有看到过这份密诏原件。政变后，康有为、梁启超等转述这份密诏的文字之所以不同，并不是康有为等有意篡改，而是他们确实没有看到过这份密诏原件，只是听杨锐转述而已。这份密诏只是光绪帝留给杨锐的一个凭据，只是为了以防万一。密诏原文如次：

　　　　近来仰窥皇太后圣意，不愿将法尽变，并不欲将此辈老谬昏庸之大臣罢黜，而登用通达英勇之人，令其议政，以为恐失人心。虽经朕累次降旨整饬，而并且有随时几谏之事，但圣意坚定，终恐无济于事。即如十九日朱谕，皇太后已以为过重，故不得不徐图之，此近来之实在为难情形也。朕亦岂不知中国积弱不振至于阽危，皆由此辈所误。但必欲朕一旦痛切降旨，将旧法尽变而尽黜此辈昏庸之人，则朕之权力，实有未足。果使如此，则朕位且不能保，何况其他？今朕问汝，可有何良策，俾旧法可以全变，将老谬昏庸之大臣尽行罢黜，而登进通达英勇之人，令其议政，使中国转危为安，化弱为强，而又不致有拂圣意？尔其与林旭、刘光第、谭嗣同及诸同志等妥速筹商，密缮封奏，由军机大臣代递，

31

候朕熟思审处，再行办理。朕实不胜十分焦急翘盼之至。特谕。

明发谕旨

杨锐没有意识到9月14日帝后冲突有多严重，更没有预见这份密诏会在后来的政治发展中起到重要作用。所以，当与皇帝当面检讨新政以来所有举措得失时，他似乎也觉得皇太后的某些指责有道理，而光绪帝过于听信康有为的过激主张而采取的一系列重大举措，诸如罢黜大臣、提升新锐等，已超出官场承受极限。针对皇帝的问题，杨锐做了三点回应。

一、建议重建皇权中心权威。由皇太后郑重其事举行一次授权仪式，亲挈天下以授皇上；皇上应确认皇太后至上地位，同意皇太后拥有政治决策最终否决权，应宜遇事将顺，行不去处，不宜固执己意。

二、建议对所有改革方案通盘考虑，宜有先后次第。不能再如过去那样，新政诏书联翩而下，臣民目不暇接，虽获得一些舆论表面支持，而实际效果极差。

三、建议在新政推行期间进退大臣不宜太骤，以免引起不必要的纠纷与反弹。

杨锐相信，光绪帝如能在这三个方面有所改善，其与皇太后的关系并不难协调，新政困难不难克服。

鉴于光绪帝一系列失误的主要原因都是偏听偏信了康有为的激进主义，杨锐建议光绪帝一定要尽快与康有为切割，脱离关系，不要因康有为而贻误王朝政治前途。杨锐的原话是："康不得去，祸不得息。"

康有为的激进主张深刻影响了新政以来的一系列决策，这在当时是一个公开的秘密。康有为个人急于介入政治高层的野心几乎没有任何掩饰，这在高层已引起相当震动。相信这些议论也会传到皇太后耳朵里。皇太后当面劝诫皇帝不要急于提拔那些未经考验的年轻汉臣，实际是专门针对康有为等人的。许多传闻都表明皇太后确认康有为"毒化了"皇帝的思想，挑拨两宫，紊乱朝政，非君谤上，建议皇帝对康有为采取果断措施。

这一系列外在影响已使光绪帝对康有为有所警觉，此次一经杨锐点破，更促使光绪帝猛醒。光绪帝在与杨锐谈话的第二天即9月16日，依然驻跸颐和园，相信他在与皇太后相处中肯定会谈到这些问题。

康有为是推动新政的有功人士。他的一些活动引起高层的反感，也引起了光绪帝的疑虑，但毕竟此时没有抓住康有为什么把柄。为了面子，为了不动声色平息高层的不安，经过两天郑重考虑及协商，光绪帝于9月17日"明降谕旨"：

> 谕。工部主事康有为，前命其督办官报局，此时闻尚未出京，实堪诧异。朕深念时艰，思得通达时务之人与商治法。康有为素日讲求，是以召见一次，令其督办官报，诚以报馆为开民智之本，职任不为不重。现在筹有的款，着康有为迅速前往上海开办，毋得迁延观望。

这份明诏给康有为留足了面子。可惜的是，这份明诏在不同的解读者那里却引起了不同的回应。康有为多年后依然以为这份明诏表明政变已发生或即将发生：

明诏敦促我出京，于是国人骇悚，知祸作矣。以向例非大事不明降谕旨，有要事由军机大臣面传谕旨而已。至逗留促行一事，非将帅统兵逗挠，无明降谕旨之理。况吾为微官，报亦小事，何值得明发上谕？既严责诧异，便当革职，何得谓欲得通达时务之人与商治法，闻康有为素日讲求，反与奖语耶？又，上召见臣工，无烦自明，乃声明召见一次，亦从来未有之事。故国人皆晓然。

康有为的疑惑是有道理的，这些理由也都成立，但他不知道决策内幕。即便他知道皇太后对他的反感以及光绪帝对他的爱护，他的偏见也促使他不能正视这一反常的"明降谕旨"，不能做出相应的正确判断。

林旭口传谕旨

让康有为迅速离开北京是杨锐9月15日的建议。在张之洞的影响下，杨锐早就对康有为的政治激进主义表示反感，对光绪帝偏听偏信将礼部六堂官集体革职觉得太过。对两宫关系，杨锐不愿偏袒任何一方。他以为两宫冲突说到底是母子之间的家务事，作为臣子应为皇权中心贡献心智，决不能挑拨两宫矛盾。

基于这些考量，杨锐在与光绪帝讨论了相关问题后，于当日（9月15日）黄昏时分急邀林旭到自己寓所交换看法。林旭与康有为关系最近，与杨锐关系也不错，且为同僚。

作为老大哥，杨锐对林旭过于听信康有为的偏激主张提出批评，责林甚切。可以相信，在交换看法的过程中，杨锐将光绪帝给他的密诏交给林旭过目，以加深信任，使林旭能足够重视，适当劝告康有为不要如此激烈。

对于杨锐的批评，林旭默然无声，表示接受。按照计划，林旭将于9月17日谒见皇帝。杨锐劝告林旭最好与康有为保持距离，这是杨锐急于找到林旭通报情况的原因。

林旭获得杨锐相关通报当天，已没有时间再向康有为通报。他们讨论的结果是，问题虽然很严重，但并不是没有办法转危为安。他们的一致看法是，只要康有为迅速离开北京，大局就将好转。

9月17日上午，光绪帝召见林旭。有关这次召见的详细情形已不太清楚，但可以肯定，君臣二人集中讨论了康有为的问题，基本思路也没有超出杨锐的那些主张。这也是皇帝当天明降谕旨的背景。

明降谕旨毕竟只是官样文章，光绪帝与林旭都意识到凭借官样文章还不足以促使康有为迅速出京。委派康有为督办官报的谕旨早在7月26日就已下达，可康有为就是有办法借故继续留在京师。为促使康有为出京，他们自然想到让林旭面劝康有为。由此推断，光绪帝并无成文密诏交给林旭，即便为了保护林旭也不再需要密诏了。

林旭当天下班后曾去找过康有为。康有为不在寓所，林旭也就没有等待，只是留有一个字条，称"来而不遇"，叮嘱"明日勿出，有要事相告"。由此细节可反证林旭手中没有成文谕旨，否则他当天必须找到康有为宣旨。由此还可证明，光绪帝及林旭虽然觉得康有为必须迅速出京，但也没有急迫到必须立即执行。

京城各种谣言满天飞。康有为或许预感到正出现某种危机，但对这两天所发生的事情如光绪帝的密诏及林旭与光绪帝的谈话等，他肯定不知道。否则，他不会外出不归，而会在寓所等消息。

据康有为说，那天晚上他在宋伯鲁家喝酒，同席还有李端棻、徐致靖，唱昆曲极乐，而声带变徵，曲终哀动，谈事变之急，相与忧叹。由于不知道发生了什么事，他们只能发发感慨，并没有什么具体举动。至深夜，康有为返回寓所，看到敦促他迅速出京的那份明谕，又看到林旭留的字条。由于字条没有说具体事情，康有为也没有介意，遂于醉醺中入睡。

第二天（9月18日，八月初三日）一大早，林旭如约前来拜见。他向康有为转述了光绪帝的大致意思，劝说康有为遵旨尽快离京。

对于林旭的劝说，康有为半信半疑。在这种情况下，林旭向他通报了自己昨天面见皇上的情形，并口述皇帝谕旨如下：

> 朕今命汝督办官报，实有不得已之苦衷，非楮墨所能罄也。汝可速出外，不可延迟。汝一片忠爱热肠，朕所深悉。其爱惜身体，善自调摄，将来更效驰驱，共建大业，朕有厚望焉。特谕。

从用词与语气看，这份谕旨不是成文，更像口谕。这段文字在引用者那里出现不少差异，即便康有为在后来的历次引用中，也有不同。凡此，不能说是康有为伪造。如果真要伪造，康有为势必会在各个版本中保持一致。这是起码的常识。

康有为"恭录"

林旭毕竟是昨天与光绪帝见过面的直接当事人。康有为觉得这件事太不同寻常了，光绪帝既然明降谕旨，何以又让林旭面传口谕？朝廷究竟发生了什么事？难道皇帝已被皇太后控制？

基于这些无限想象，康有为不敢继续猜下去。他一面草拟密折谢恩，一面默诵林旭转达的圣谕，发誓不惜代价救皇上。康有为的谢恩折由林旭持还复命，康有为也明白表示将在第二天启程赴上海。

然而，就在送走林旭后，康有为却差人招来谭嗣同、梁启超、徐仁镜、徐仁录及胞弟康广仁等，一起商量应对之策。

康有为凭记忆向他们转述了林旭带来的消息。由于康有为始终抱怨清廷存在一个守旧派，因此他的分析无疑会夸大危机，以为新政已在守旧势力反扑下彻底失败，光绪帝可能已陷入危险之中。

在康有为鼓动下，这些门徒决心不惜牺牲救皇上，并由此将慈禧太后设想为真正的敌人。讨论的结果是尽快准备武力解决问题。

随后，康有为和他的追随者在北京大肆活动。9月18日夜，谭嗣同受命游说新任兵部侍郎袁世凯，希望他出于道义捕杀荣禄，发兵颐和园，劫持皇太后，拯救皇上。

谭嗣同夜访袁世凯的成功与失败的两种可能性，康有为等人早已料到。所以当谭嗣同前往袁世凯住所时，康有为已做好最坏准备。这天晚上，他在南海会馆"尽却客"，收拾行装，一旦不好的消息被证实即离京出走。

袁世凯当然没有答应谭嗣同的要求，由此康有为觉得事情或许已败露。因为袁世凯毕竟是体制内高官，他不愿入伙，就意味着反叛。一股莫名的恐慌情绪笼罩在康有为心头。19日，康有为在京城行色匆匆地拜会了容闳、李提摩太、伊藤博文等人后，接受了那些门徒及朋友的忠告，同意留下梁启超、康广仁等人在京城"谋救"皇上，自己携仆人李唐于9月20日天未明时凄凉出走。

有惊无险。康有为抢先一步逃出了北京，冲过了天津，于9月24日凌晨抵达上海。还未登岸，英国人濮兰德登船迎接。此后几天，康有为开始向这些外国人诉说北京故事，顺带说出了这份密诏，也就是"衣带诏"。

按康有为的理解，林旭转达的圣谕是皇上专门给他的。别人或许以为康有为在捏造、在臆想，因为康有为毕竟没有皇帝的手谕，也没有皇帝的真迹。但在康有为看来，口谕就是圣谕，与书面谕旨享有同等效力。实事求是说，康有为在"衣带诏"问题上没有说谎造假，他确实是那样认识、那样理解的。更重要的是，康有为此后十年这样说时，并没有遭到清廷正面反对或指责，这在很大程度上默认了"衣带诏"的存在。

口谕是不成文的。康有为在此时或稍后过录时，就难免有文字上的差异。这些差异，反对者以为是康有为作假的证据。其实仔细想想，这些差异正说明康有为诚实的一面，因为如果他存心作假，就一定会将各个版本保持完全一致，近乎完美。

不过，百年来研究者有一个猜测是对的，那就是光绪帝根本没有密诏交给康有为。康有为这份密诏的源头就是光绪帝赐给杨锐的，也就是杨锐的儿子杨庆昶1909年提交给清廷的那份文件。

这是对的。只是过往研究对康有为道义上的非难有点过。康有为肯定没有看过这份文件的原件，他所凭借的就是林旭的"口传圣谕"。而林旭或许从杨锐那儿看到过原件，或许也没有看过，但他确实从杨锐那里知道有这份文件，或许也从光绪帝那儿知道这回事。为了履行光绪帝的嘱托，为了应对杨锐的批评，总之，为了让康有为尽快离开北京，按照杨锐"康不得去，祸不得息"的意见，林旭肯定在康有为面前稍有夸张，其口传的圣谕虽说有根据，但在文字上却极端简略，只剩下让康有为离开北京这一主题。

梁启超与《时务报》内讧

在近代中国历史上,《时务报》具有重要地位,短短几年时间, 深刻影响了一代人, 影响了中国的政治走向。《时务报》的影响力与其参与者密切相关, 与其参与者的素养、情操密不可分。其引发一场争夺战, 而稍后迅即退出政治舞台, 是近代中国知识人的一场悲剧。

黄金组合

《时务报》的创办源于上海强学会及其《强学报》。这一会一报的创办, 得力于张之洞的资助。当然, 在具体事务操持上, 康有为贡献最大、出力最多。只是当张之洞觉得无法约束康有为时, 才委派心腹汪康年接替康有为。

汪康年接手强学会和《强学报》后, 不是将这一会一报继续办下去，而是按照张之洞的指令清盘善后。经过清算，强学会账面余款只有银圆七十五元，另有银行存款白银七百三十两。张之洞同意现金由汪康年保存，至于存银，则交给经元善收存。

按照汪康年的想法，他原本准备利用强学会的架构和积累创办一份新报纸或杂志。所以，当强学会清盘后，汪康年继续追账，将强学会原租房屋一年的租金退回一半，得银圆三百五十元；又将强学会购置的办公用品、图书等进行变现，得银圆二百多元。有了这笔钱，汪康年加快了新报筹备，并谋求与康有为、梁启超等新派人物重建合作关系。

汪康年的想法遭到了朋友们的普遍反对。吴樵、汪大燮、沈曾植、叶瀚等人在写给汪康年的信中认为，康有为"诸人大率非我族类，万万不便沾染"，与其将来冲突，不如一开始就谨慎从事，保持适当的距离。

唯一赞成汪康年合作计划的朋友是黄遵宪。黄遵宪本为强学会同事，此时正以道员身份办理苏州通商事务，与康有为"朝夕过从，无所不语"，具有浓厚的维新思想，对张之洞下令停办上海强学会本来就不满意，也一直试图设法重新振兴。而汪康年的办报想法正与黄遵宪相合，黄遵宪毫不犹豫地对汪康年给予全力支持，自愿献金千元做开办费，宣称："我辈办此事，当作为众人之事，不可作为一人之事，乃易有成；故吾所集款，不作为股份，不作为垫款，务期此事之成而已。"

有了黄遵宪的支持，汪康年筹办新报的进展迅速加快。1896年4月，汪康年连电催促正在京城的梁启超南下，参与筹办的具体事务。梁启超对汪康年在上海筹办新报的事情早有所闻，他在收到电报后就离开了北京。

梁启超到了上海之后，因汪康年的介绍与黄遵宪相识。在他们三人共同策划下，就办报宗旨、体例、内容等基本上达成共识。按照黄遵宪的设想，这份杂志的管理体制应该借鉴三权分立思想，议政与行政分离，选举一个比较超然的董事会负责制定章程和制度。

办报方针定下来后，《时务报》的名称也随之确定。他们以汪康年、梁启超、黄遵宪、吴德潚、邹代钧五人名义印制《公启》两千张分送各处同志。《公启》共三十条，为梁启超初拟草稿，由黄遵宪"大加改定"，比较系统地反映了《时务报》的创办宗旨，详细介绍了《时务报》招股集资的方法与方式。其中，办事条规第九条规定，"本报除住馆办事各人外，另举总董四人，所有办事条规，应由总董议定，交馆中照行"。显然，《时务报》同仁接受了黄遵宪的制度设计。只是由于创办时间仓促，他们并没有就这一动议详加讨论，更没有考虑立即实行，这就为后来的纷争埋下了种子。

销行万余份

《公启》的发布获得了各地同志的响应，各地认捐的消息不断传来，而原本不太支持汪康年在上海办报的张之洞也同意将原上海强学会的余款转给汪康年作为办报经费。

《时务报》最值得看的是梁启超的文章，这也是《时务报》当时风靡一时的重要原因。从第一册开始直到梁启超离开《时务报》止，几乎每一期都有他那议论新颖、文字通俗、笔头常带感情的文章。在《时务报》第一册上，署名为梁启超的文章有两篇，一篇是《论报馆有益于国事》，一篇为《〈变法通议〉序》。前一篇相当于《时务报》的发刊宣言，列举近代国家报纸发达与政治进步的关系，期待通过办报营造中国社会上下不隔的正常秩序；后一篇所序《变法通议》是梁启超的成名作，这篇文章对于中国当时将要到来的变法维新可能触及的问题都有所论述。这些观点对于冲破旧思想的禁锢、对于新思想的传播起到了重要作用。

《时务报》第一册出版后，立即引起强烈反响。在北京的朋友汪大燮、沈曾植、李岳端、王鹏运等对编排及内容感到满意，但致信劝告汪康年、梁启超谨慎从事，不要有意触犯朝廷禁忌，"不必作无谓之讥评"，以免出师未捷身先死，重蹈强学会覆辙。

从湖南方面传来的消息令人振奋。巡抚陈宝箴的公子陈三立致信汪康年，以为梁启超乃"旷世奇才"，相信《时务报》如果能够坚持下去，"必能渐开风气，增光上国"。邹代钧函告汪康年，他收到的一百份已散发完毕，索要该刊的依然很多，嘱托汪康年尽快补寄。至第二年底，邹代钧在湘的销售数已达七百册，还不包括不断加寄的一些合订本。

在湖北，黄绍箕致告汪康年，《时务报》"至美至美"；张之洞幕僚叶瀚函称，梁启超"大才抒张"，为不可多得的办报天才。郑孝胥在南京致函汪康年，称"梁君下笔，排山倒海，尤有举大事，动大众之慨"。正在"重庆舟中"的吴樵，"急读之下，狂舞万状，自始至终，庄诵万遍，谨为四百兆黄种额手，曰死灰复炽；谨为二百里清蒙气、动物、植物种种众生额手，曰太平可睹。我辈亦当互相称庆"。总之，《时务报》在全国各地获得了良好反响，在不太长的时间里，销行万余份，为中国开报馆以来所未有之盛况。

《时务报》的畅销，无疑是梁启超的文笔与思想起了很大作用，但不应否认的是，汪康年的经营及其与各方面的疏通交流也起到了极其重要的作用，而黄遵宪多年来积累的人事资源为《时务报》在南北各地的推广及劝捐、招聘东西文翻译人才等都起到过重要作用。

裂痕初现

《时务报》言论给沉闷的晚清政治注入了一股清新空气。梁启超因此"暴得大名"，《时务报》因此而畅销。连最初不太支持《时务报》的张之洞，在读过几期后，也致信邀请梁启超到湖北一游，表示有要事相商，并随信捐助银圆五百元，还下令湖北全省"官销"，以为《时务报》"实为中国创始第一种有益之报"。

在张之洞"公费订阅"《时务报》通知下发不久后，梁启超在《时务报》第五册发表《变法通议》连载系列之《论学校》，严词批评张之洞在代理两江总督时创建"自强军"，用高薪聘用洋人为教官，有媚洋嫌疑。梁启超在这篇文章中还称满洲人为"彼族"。这种批评，自然引起张之洞不快。张之洞示意湖北不再"公费订阅"，并筹备一个新的刊物，紧盯《时务报》的极端言论，给予批驳。

正在武汉的吴樵及时向梁启超转述了张之洞的意见，然而此时正春风得意的梁启超根本不在意。他在随后发表的《论科举》中肆意攻击前朝重臣倭仁，认为倭仁对西学的看法阻碍了中国的进步；在《论学会》中对清代名臣纪晓岚猛烈抨击，认为以纪晓岚为轴心的乾嘉汉学不是中国文化的繁荣，而是中国文明的毁灭。毫无疑问，梁启超这些激进言辞触犯了清廷忌讳。方面大员张之洞无论如何开明和惜才，都难以容忍这些离经叛道的思想主张，便授意梁鼎芬著文反驳。

汪康年虽然在《时务报》创办之初与梁启超有某些意见分歧，但当他看到梁启超因言论而声名鹊起后，羡慕忌妒恨油然而生，遂奋笔著文宣传维新、鼓吹变法，甚至与梁启超比激进，并在《论中国参用民权之利益》中大事张扬当时还比较忌讳的民权思想。

好名之心人皆有之。汪康年当然有权重建政论家形象，不料这些激进看法发表后，立即引来一系列批评。与张之洞关系密切的叶瀚、梁鼎芬、邹代钧等纷纷函劝汪康年少发表这些容易引起争议的"伟论"，"万万不可动笔"，做好自己的报馆总理就行了。

各方朋友的劝说引起了汪康年的重视。汪康年开始注意，对一些偏激言论有所矫正，同时注意加强对报馆人事、经济等权力的掌控。

《广时务报》风波

当汪康年进行调整时，梁启超回广东省亲，当然继续为《时务报》提供文字。1896年11月17日，梁启超致信汪康年，称康有为的弟弟康广仁准备与何穗田等人在澳门创办一份新报刊，想模仿《时务报》的做法及格式，并且准备取名为《广时务报》。这个消息说明《时务报》的影响在扩大，汪康年对此并没有什么意见。但使汪康年感到不太高兴的是，康广仁等不仅准备借用《时务报》的大名广而大之，而且要求汪康年同意让梁启超兼领《广时务报》的主笔。

汪康年的不高兴并没有很快表现出来。《时务报》第十五册仍然刊登了《广时务报》的一个创刊公启，并注明该刊将由梁启超"遥领"。

《广时务报》的创办对于《时务报》来说是一次重大考验，其核心阵营由此发生了一次裂变。吴德潇、吴樵父子及邹代钧、谭嗣同等群起反对，以为梁启超即便"兼领"主笔，也必须以《时务报》为主，坐镇上海；而且《时务报》与《广时务报》不能发生实质性的关联，最好不要使用"广时务报"这样容易引起歧义的名字，好像姊妹刊物，与其两败，"毋宁慎之于始"。否则，不是一荣俱荣，而是一损俱损，"恐一被弹而两俱废也"。他们力劝汪康年坚定信念，独立办报；力劝梁启超不要"兼领"，还是尽早回到上海，将心思用在《时务报》上。他们怀疑《广时务报》的计划"大有阴谋"，并非共赢。

这些批评都是对《时务报》的爱护，所以《广时务报》后来更名为《知新报》，梁启超也没有"兼领"主笔，而是列为一般撰稿人。但是，梁启超由此对汪康年产生了不必要的误会。

矛盾逐步公开

1897 年 3 月，梁启超从广东回到上海。在《时务报》工作的同门梁启勋、韩云台向梁启超抱怨，汪康年在这段时间对他们多有不公，甚至报馆中用人也对他们另眼相看。对于梁、韩的抱怨，梁启超当然不会高兴，在随后写给黄遵宪的信中，也多少抱怨汪康年对这些问题的处理不尽妥当。黄遵宪本来就与汪康年稍有矛盾，在《时务报》筹办之初就不希望汪康年一人揽权。于是，他在收到梁启超的信后致函汪康年，再次提出仿西方近代国家立宪政体，将立法、行政分开，设立报馆董事会，提议汪康年辞去时务报馆总理职务，改任总董，驻沪照支薪水，负责联络馆外之友、伺察馆中之事，提议由吴樵或康有为门人龙泽厚担任总理。

梁启超致信黄遵宪，或许仅仅是为了寻求同情，而黄致汪的信则使问题复杂化。梁启超认为，他自己虽不太满意汪康年的一些举措，但事情尚未闹到需汪辞去总理的境地，《时务报》总理在当时非汪莫属。于是，他抱怨黄的建议实在是"卤莽不通人情"，反而使梁启超在报馆中的处境更为尴尬。

汪康年在收到黄遵宪的信后很不高兴，他觉得黄遵宪与梁启超是在有意联手排挤自己。他复函黄遵宪进行反驳，"深衔"黄氏，"日日向同人诋排之，且遍腾书各省同志，攻击无所不至"。黄、汪、梁三角矛盾逐步公开。

其实，黄遵宪提议中不便明说的理由，主要是他感到汪康年应酬太繁，不能兼办馆中全部事务，故希望汪让出报馆实际位置，利用所长负责馆外联络应酬。而汪康年的办事风格也确实留下了这些把柄，汪素来认为"必须吃花酒乃能广通声气，故每日常有半日在应酬中，一面吃酒，一面办事"。这种办事风格显然与具有外国生活经历的黄遵宪格格不入。

黄、汪、梁几近公开的矛盾对于刚有起色的《时务报》极为不利。他们的一些共同朋友，如谭嗣同、张元济、夏曾佑、吴德潇、邹代钧等，得知此事后万分焦急，纷纷劝说他们以大局为重，不要因意见分歧而影响报馆事务。

在友人劝说下，梁启超主动与汪康年和解。他向汪解释说，这次矛盾之所以产生，主要是因为双方性格差异所致，相互之间又缺乏及时沟通。至于黄遵宪的建议，梁启超认为也不应从消极层面去分析，就其本质而言，也是为了《时务报》未来的发展，有其合理成分在。他与汪康年共约，既然各自意见都已讲明，此后当"誓灭意见"，为《时务报》的未来贡献心智。

梁启超与汪康年的冲突得以暂时消解，但二人并没有真的恢复原先的友谊和情分。此后的梁启超，一反当初约定，热衷于宣传乃师康有为的"三世说""大同说"及创立孔教等主张。在时务报馆，康门弟子以康有为为"教皇"，"目为南海圣人，谓不及十年，当有符命"。如此极端言论引起各方面反对。同在报馆工作的章太炎借酒壮胆，大骂康有为是"教匪"，与康门弟子发生极不雅观的肢体冲突。

章太炎是汪康年的同乡，康门弟子与章太炎大打出手以及章太炎因此愤而辞职造成了极为恶劣的影响。外间纷传时务报馆"将尽逐浙人而用粤人"，将报馆内部无形中划分出浙、粤两系人马。梁启超与汪康年自然成为两派首领，双方猜疑更重。

梁启超赴任时务学堂

当是时，钱塘县令吴德潚计划在杭州西湖租赁一屋，购书数千金，并聘请英、法教员各一人，邀请梁启超前往。吴德潚的邀请对"数月以来，益困人事"的梁启超很有吸引力。因此，他决意离开报馆，隐居西湖静心读书。谭嗣同对梁启超的西湖读书计划表示赞成，以为有助于缓解矛盾。

不过，梁启超隐居读书的计划并未成为现实。1897年8月，黄遵宪奉调湖南路过上海，与汪康年等人面谈，再次提出设立《时务报》董事会的建议。梁启超赞成黄的建议，并劝说汪同意，寻求一致。而汪康年对黄的建议根本不予考虑，寸步不让，声明："公度（黄遵宪）欲以其官稍大，捐钱稍多，而挠我权利，我故抗之，度彼如我何？"

黄、汪冲突严重影响了《时务报》的前程，各方友人纷纷劝说汪康年不要一意孤行。汪大燮函劝汪康年重视黄遵宪的建议，"办事之人不必议事，奉行而已；议事之人不必办事，运筹而已。此至当不易之论"。张元济函劝汪康年，根据他的了解，黄遵宪对汪康年"并无贬词"，这个建议对事不对人，是个值得重视的建议。汪康年也是一个明事理的人，经各方劝说，终于接受建议，成立了董事会。

虽然汪康年接受了黄遵宪的建议，但交涉中的不愉快肯定影响了黄遵宪的心情。当他得知湖南将要创办时务学堂时，迅即向湖南巡抚陈宝箴、学政江标建议聘请梁启超出任学堂中文总教习。无论如何，这个建议对《时务报》都不是一个好消息。

梁启超大约也有点厌倦与汪康年每天面对面了，当他得知湖南方面的方案后，没有丝毫犹豫。至于汪康年，则似乎处在矛盾中：一方面他内心深处或许期望梁启超和平离开《时务报》而又不太伤害彼此的友情；另一方面又担心梁启超离开了，《时务报》业绩受损。他不愿接受黄遵宪让梁启超在湖南"遥领"主笔的建议，不同意梁启超离开《时务报》。

汪康年的拒绝使湖南方面极不高兴。熊希龄让谭嗣同亲往上海向汪康年"哀吁",如果汪康年执意不肯放行,那么他们将不惜与汪冲突而"豪夺以去"。谭嗣同劝汪,不如"自劝"梁启超往湖南任职,"则尚不失自主之权,而湘人亦铭感公之大德矣"。

对于谭嗣同的要求,汪康年解释称,他之所以不愿放梁启超去湖南,完全是出于对《时务报》发展的考虑,绝没有其他想法。汪康年向谭嗣同述说了自己的苦闷,获得了谭嗣同的同情;谭嗣同又反过来支持汪康年,"毅然决然不允所请"。

汪康年的想法当然只是一厢情愿,因为梁启超本人并不接受这个方案。1897年11月中旬,梁启超离开上海前往湖南,就任时务学堂总教习。

同仁刊物变为私有产业

在长沙,梁启超并不愿意辞去《时务报》主笔,但他确实又忙于应酬,忙于教学,没有时间履行职责。很长时间里,他只向汪康年提交了三篇应景文字:《南学会叙》《俄土战记叙》《经世文新编序》。这当然使汪康年很不高兴。这不是两人之间的问题,而是《时务报》的发行量因为没有了梁启超的文字而急剧下降。汪康年既然得不到梁启超的文章,就被迫寻找替代的人。1898年2月16日,汪康年准备聘请郑孝胥为《时务报》"总主笔",改梁启超为"正主笔",并准备对《时务报》栏目进行调整。

汪康年的计划是一种不得已,但当他将这些计划函告梁启超、黄遵宪时,却引起了梁启超的大怒和彻底翻脸。不过,此时黄遵宪、梁启超实在顾不上《时务报》的事情了。他们在发了一通脾气后，只能接受汪康年的这些方案，《时务报》由先前的"同仁刊物"渐渐演变成汪康年的私有产业了。虽然梁启超、黄遵宪等心中有气，但随着时局急剧发展，特别是康有为受到朝廷重用介入新政后，梁启超转至北京，奉旨筹办译书局，黄遵宪也奉命出使海外。紧张而愉快的生活多少抚平了他们的不满，他们与汪康年的分歧渐渐成为过去。

不过，新政进展并不顺利。康有为并没有像想象的那样掌控权力，甚至根本进入不了权力中心，被严重边缘化。于是，康有为在康广仁、梁启超的建议下，于1898年7月17日以御史宋伯鲁的名义上了一个折子，建议将《时务报》改为官报局，并建议朝廷委派梁启超主持。

光绪帝看到这个建议后并没有表示意见，而是批给管学大臣孙家鼐处理。7月26日，孙家鼐提交了一份处理意见：不同意调派梁启超，因为梁启超正在筹办译书局；建议调派康有为主持，理由是康有为现在没有什么实质性工作。孙家鼐顺带对这个机构提出几个原则：一是责成主笔慎加选择，如有颠倒是非、混淆黑白、挟嫌妄议、渎乱宸聪者，一经查出，主笔者不得辞其咎；二是既为官报，就不能像民间报纸那样自由议论时政，不准臧否人物；三是经费自筹，政府不得强行要求公费订阅。当然，开办费用，孙家鼐建议可由上海道代为设法，但应由康有为自往筹商。

孙家鼐的处理意见虽然蕴含着许多阴谋，但合情合理，公事公办，在表面上无可挑剔。于是，朝廷当天就批准了这个建议。康有为的计划被孙家鼐顺手牵羊地破坏掉了。

《时务报》的争夺

康有为的建议主要还是来自梁启超。梁启超在没有获得朝廷重用后就想过返回上海继续办报，重新执掌思想界的牛耳，因而想到拿回《时务报》。但怎样才能拿回？梁启超想到借助于"公权力"，试图借用朝廷的力量让汪康年屈服。

根据梁启超的这些建议，康有为托人函劝汪康年，希望他能和平地将《时务报》总理让给梁启超，理由是梁启超"新蒙宠眷"，如果由梁接任，何愁《时务报》不能"声价跃起"，再现辉煌。

但梁启超、康有为的计谋被孙家鼐轻易化解，康有为也来个顺手牵羊，将计就计。他迅即致电汪康年："奉旨办报，一切依旧，望相助。""奉旨"二字的提示，已经表明康有为的意思。稍后，康有为又给汪康年写了一封信，希望他不要节外生枝，和平移交，一切都还好商量。

无奈汪康年根本不吃康有为这一套。他从纯商业立场回敬康有为，称我汪某为《时务报》的创办人，梁启超原为我汪某聘用的主笔，梁启超今天的名声都是"借吾报以得荣显，何遽欲反客为主？"

汪康年之所以敢于如此对待"钦差大臣"，是因为他对康有为在北京官场的困境了如指掌。朝廷将康有为改《时务报》为官报的建议批转孙家鼐处理的第二天，汪大燮就从北京致函汪康年报告消息，并称张謇等人对康有为的做法很不以为然。他们在北京想了一些防范办法，但考虑到《时务报》目前的实际情形，建议汪康年放弃《时务报》，抓紧将一切往来账目及档案清理出来。"此事此时，即不归官，将来必仍与君为难，断无好下台。兄意即不归官，亦可趁此推出。京城纷纷言近来《时务报》之坏，不堪入目，盖欲打坍局面也，更不如归官为妙"。

汪大燮的建议引起了汪康年的注意。所以，当康有为函电交驰、恩威并施时，汪康年不仅不在意，反而有意调侃，从容布置，请求张之洞奏请朝廷将《时务报》改为《时务杂志》继续出版。张之洞接受了这个建议，只是将新刊物的名字定为"昌言"，依据是皇帝的一道谕旨专门提到"从实昌言"几个字。

汪康年的活动能力远在康有为之上。他背后既有张之洞等大员支持，更得同业之多助。所以从《时务报》到《昌言报》，汪康年不仅袭用《时务报》的版式，而且利用原来的分发网络，一期也没有停止。这实际上已对康有为、梁启超构成了极大羞辱，"而南北诸报纷纷评议，皆右汪而左康，大伤南海体面"。

康有为得知这些消息后，气急败坏地致电湖广总督张之洞、两江总督刘坤一、江西布政使翁曾桂等要员，指责汪康年这些做法是在违抗朝廷旨意，要求他们施加压力迫使汪康年交出《时务报》，并停止刊行《昌言报》。

对于康有为的要求，张之洞根本不予理睬。张之洞反而致电管学大臣孙家鼐，称《时务报》原为汪康年募捐集资所创办，从未领取官款，世人皆知《时务报》为一份典型的商办刊物。现在朝廷责成康有为办官报，他自可去办，而汪康年遵照朝廷旨意另立名目，将《时务报》改为《昌言报》，似与康有为办官报并不冲突，因而也就不应该给予刁难，更不能查禁。

孙家鼐原本就对康有为非常讨厌，将康有为调虎离山赶出北京原本就是他的主意。所以，他对张之洞的说法一点都不吃惊。他在复电中兴奋地表示："公所言者公理，康所言者私心，弟所见正与公同，并无禁发《昌言》之意，皆康自为之。公能主持公道，极钦佩。"

两江总督刘坤一接到康有为封禁《昌言报》的电报，批转上海道蔡钧查办。蔡钧找到汪康年，将康有为原电抄交。由于汪康年早已做好布置，他详细介绍了《时务报》创办原委及其与康、梁之间的冲突始末。蔡钧对汪康年深表同情，遂将汪"所有为难情形"上报刘坤一。刘坤一据此上奏清廷，遂引起朝廷关注。

无聊的口水战

刘坤一的报告仍将《时务报》纠纷限定在康有为、梁启超和汪康年之间，因而朝廷责成黄遵宪途经上海时查明原委，秉公核议。

黄遵宪为《时务报》历次纠纷当事人之一，由他出面查明纠纷原委显然是不合适的。事实上，当康有为请求官方协助向汪康年施压时，黄遵宪就联络吴德潇、邹代钧、梁启超对汪康年进行反击。他们在《国闻报》上发表声明，强调《时务报》是他们四人联合汪康年共五人共同创办的。

梁启超也妙笔生花重构《时务报》创办原委，与汪康年在南北各报展开一场"同气相残"的口水战。梁启超抓住汪康年"重述"创办始末中的漏洞给予猛烈攻击，强调自己在《时务报》创办过程中并非汪康年的雇员，而是与汪康年地位平等、权利平等的创办人。

通观汪康年、梁启超等人对往事的"重述"，汪康年说梁启超为他当年所聘的主笔不合乎事实，无疑将自己置于尴尬的境地，而梁启超的准确反击，确实挽回了面子。面对此种尴尬，汪康年不得不道歉，承认"康年既不欲毛举细故以滋笔舌之烦，尤不敢力争大端，以酿朋党之祸，盖恐贻外人之诮，并寒来者之心，良以同志无多，要在善相勉而失相宥。外患方棘，必须恶相避，而好相援"。

汪康年的大度为自己赢得了道义上的同情，并没有影响他在业界的信誉。而康有为、梁启超依然不依不饶，继续利用"公权力"向汪康年施压，甚至利用朝廷的信任将《时务报》改官报当作一单大买卖去做，要求孙家鼐对官报给予创刊及发行补贴，要求各省公费订阅。

康有为或许是想用这个办法刁难孙家鼐，不料孙家鼐技高一筹。他不仅没有回绝康有为的请求，而且如实将康有为的要求上报朝廷："臣以康有为所筹，事尚可行，请俯如所请，谨具折呈明。"孙家鼐似乎就是要将康有为赶出京城，至于经济上的补贴，在他看来并不构成障碍。

孙家鼐的建议很快获得批准，皇帝"以为久远之计。着照官书局之例，由两江总督按月筹拨银一千两，并另拨开办经费银六千两，以资布置。各省官民阅报，仍照商报例价，着各省督抚通核全省文武衙门、差局、书院、学堂应阅报单数目，移送官报局。该局即按期照数分送。其报价着照湖北成案，筹款垫解"。

康有为不知道皇帝为什么如此爽快地答应了这些要求，不知道自己久已成为京城官场中的"麻烦制造者"。孙家鼐和朝廷之所以在经济条件上不讨价还价，就是希望康有为平和地离开北京，让北京的政治气氛平静下来。然而，不明就里的康有为就是不愿意离开北京，想方设法寻找一切理由留在北京继续参政议政。又过了一个多月，9月17日，皇帝不得不再发明谕，措辞严厉地要求康有为火速出京。这一次，康有为确实接受了，只是当他仓皇离开北京时，不再是以"钦差大臣"的身份接办官报局，而是踏出其政治流亡生涯的第一步。

至于黄遵宪，他于1898年8月22日奉旨查明《时务报》纠纷原委，但他因故直至9月15日方才抵达。此前，汪康年先声夺人于8月30日在《中外日报》发表《上黄钦使呈稿》，对纠纷始末做了详细描述，表示他将遵从谕旨将《时务报》报名移交给康有为，至于《时务报》的经营款项则因该刊为众人集资创办，只能用来继续出版《昌言报》，以"上副圣天子广开言路之盛心，下答捐款诸人集资委托之重任"。

其实，汪康年不必向黄遵宪详细汇报。作为《时务报》的重要创办人之一，黄遵宪对《时务报》的内幕及康有为、梁启超与汪康年之间的争论与冲突比谁都清楚。只是没有等到他拿出一个"秉公核议"的处理方案，中国政治就在1898年9月下旬发生巨大转折，康有为、梁启超等逃亡国外，《时务报》改官报不了了之。

戊戌政变后光绪帝的处境

戊戌政变是突发事件，并非如过去所说是戊戌维新运动激进措施引起的反动，而是各种政治势力误读误判的结果。康有为一再说他们的目标是"保皇上、救中国"，结果却是害了皇上，也害了中国。

跳到黄河洗不清

严复曾经是梁启超的朋友，与康有为也属于"维新同志"。在戊戌政治变革中，他们南北相互呼应，推动变法，但在进入民国反省过去时，严复却对康、梁在戊戌年间的活动给出极为负面的评价。

> 吾国自甲午、戊戌以来，变故为不少矣。而海内所奉为导师，以为趋向标准者，首屈康、梁师弟。顾众人

视之，则以为福首，而自仆视之，则以为祸魁。何则？政治变革之事，蓄变至多，往往见其是矣，而其效或非；群谓善矣，而收果转恶，是故深识远览之士，愀然恒以为难，不敢轻心掉之，而无予智之习，而彼康、梁则何如，于道徒见其一偏，而由言其易。南海高年，已成固性。至于任公妙才，下笔不能自休。自《时务报》发生以来，前后所主任杂志，几十余种，而所持宗旨，则前后易观者甚众，然此犹有良知进行之说为之护符。顾而至于主暗杀、主破坏，其笔端又有魔力，足以动人。主暗杀，则人因之儳然暗杀矣；主破坏，则人又群然争为破坏矣。敢为非常可喜之论，而不知其种祸无穷，往者唐伯虎诗云："闲来写得青山卖，不使人间造业钱。"以仆观之，梁任公所得于杂志者，大抵皆造业钱耳。今夫亡有清二百六十年社稷者，非他，康、梁也。何以言之？德宗固有意向之人君，向使无康、梁，其母子固未必生衅，西太后天年易尽，俟其百年，政权独揽，徐起更张，此不独其祖宗之所式凭，而亦四百兆人民之洪福。而康乃踵商君故智，卒然得君，不察其所处之地位为何如，所当之阻力为何等，卤莽灭裂，轻易猖狂，驯至于幽其君而杀其友，己则逍遥海外，立名目以敛人财，恬然不以为耻。夫曰"保皇"，试问其所保者今安在耶？必谓其有意误君，固为太过，而狂谬妄发，自许太过，祸人家国而不自知非，则虽百仪秦，不能为南海作辩护也。[①]

① 《与熊纯如书之三十》，载《严复集》第三册，中华书局，1986，第630页。

严复的意思是，假如不是康、梁推动，政治变革不会这样快发生，光绪帝也不会因此与慈禧太后冲突，母子未必生衅。慈禧太后天年易尽，待其百年后，光绪帝政权独揽，徐起更张，中国的变革大致可以平稳进行。

然而，当慈禧太后获悉有一个包围颐和园以图劫制她的政变阴谋后，其愤怒情形不言而喻。据苏继祖《清廷戊戌朝变记》记载："八月初六日，下诏训政，懿旨拿康有为。是日太后御便殿，召庆王、端王、军机御前大臣，跪于案右；皇上跪于案左，设竹杖于座前。疾声厉色，讯问皇上曰：'天下者，祖宗之天下也，汝何敢任意妄为！诸臣者，皆我多年历选，留以辅汝，汝何敢任意不用！乃竟敢听信叛逆蛊惑，变乱典型。何物康有为，能胜于我选用之人？康有为之法，能胜于祖宗所立之法？汝何昏愦，不肖乃尔！'"

在训斥了光绪帝之后，慈禧太后也没有忘记训斥诸王大臣："皇帝无知，汝等何不力谏？以为我真不管，听他亡国败家乎？我早已知他不足以承大业，不过时事多艰，不宜轻举妄动，只得留心稽察管束；我虽人在颐和园，而心时时在朝中也。我唯恐有奸人蛊惑，所以常嘱汝等不可因他不肖，便不肯尽心国事；现幸我还康健，必不负汝等也。今春奕劻再四说，皇上既肯励精图治，谓我亦可省心，我因想外臣不知其详，并有不学无术之人，反以为我把持，不许他放手办事，今日可知其不行矣。他是我拥立者，他若亡国，其罪在我，我能不问乎？汝等不力诤，是汝等罪也。"

或许是慈禧太后的指责太过明显，刚毅马上出来辩解称："屡次苦谏，每加谴斥，其余众臣，亦有言谏过者，亦有不语者。"

愤怒的慈禧太后此时无心听刚毅的辩解，继续指责光绪帝：

"变乱祖法，臣下犯者，汝知何罪？试问汝祖宗重，康有为重？背祖宗而行康法，何昏愦至此？"

听了太后的指责，光绪帝战栗对曰："是固自己糊涂，洋人逼迫太急，欲保存国脉，通融试用西法，并不敢听信康有为之法也。"

太后闻言厉声怒斥："难道祖宗不如西法，鬼子反重于祖宗乎？康有为叛逆，图谋于我，汝不知乎？尚敢回护也！"

光绪帝早已吓得魂飞齿震，面对太后的愤怒，根本不知如何应对。太后复厉声问道："汝知之乎？抑同谋乎？"

皇帝战栗回答："知道。"

太后反问："既知道还不正法，反要放走？"

光绪帝只得同意拿杀康有为。[1]

苏继祖的记载虽有不少"小说家言"，时间上似乎也比实际发生的时间提前了一天，但这段记载大体上反映了慈禧太后获知康有为"谋围颐和园"情报后的心态，由此也注定了政变后两宫之间的基本关系。

很多研究者认为，政变发生后，光绪帝被囚禁于瀛台，有所谓"瀛台泣血"栩栩如生的描写。但经过史学家的精细考订，这个说法可能并不是真实的历史。慈禧太后在没有弄清全部真相时，对光绪帝确实无比愤怒。毕竟二十多年养育之恩，拉扯大一个孩子谈何容易，就算自己不图回报，皇帝也不能恩将仇报，置自己于死地。因此太后获悉"围园劫后"消息时的情绪反应，属人之常情。

---

[1] 《中国近代史资料丛刊·戊戌变法》卷一，上海人民出版社，1957，第346—347页。

不过，一百多年的研究也充分表明，"围园劫后"只是一个不曾执行的计划，甚至是一个并没有完成规划的计划。真正知道、参与这一计划的，大约只有康有为、梁启超、谭嗣同、毕永年、康广仁以及康有为身边极个别的随从，属于康有为最紧密的朋友圈，范围大致在亲友间。外人知道的只有一个袁世凯。所以，康、梁后来坚持认为清廷知道政变阴谋，就是因为袁世凯告密。其实康、梁不知道的是，被捕后的康广仁和那几个门人、仆人说了什么。

光绪帝在"围园劫后"阴谋中，应该是一个极为被动的角色。他根本不知道康有为的计划，甚至也不知道袁世凯知道了什么，所以在慈禧太后连夜审讯时，他的惶惑、不解，也就极为自然。但同时，由于康有为后来在外面一直宣扬他们的目标是保皇上、救中国，这就将光绪帝强行绑在了他的战车上。这不是帮助光绪帝，而是在两宫之间放置了一个炸药包。

皇帝病了？

政变发生后，光绪帝无法解释清楚与康有为等人的关系，无法让慈禧太后内心深处重新认可自己。因此，光绪帝不得不请求太后再度垂帘听政：

> 谕。现在国事艰难，庶务待理。朕勤劳宵旰，日综万几，兢业之余，时虞丛脞。恭溯同治年间以来，慈禧端佑康颐昭豫庄诚寿恭钦献崇熙皇太后两次垂帘听政，办理朝政，宏济时艰，无不尽美尽善。因念宗社为重，

再三吁恳慈恩训政。仰蒙俯如所请，此乃天下臣民之福。由今日始，在便殿办事。本月初八日，朕率诸王大臣在勤政殿行礼，一切应行礼仪，着各该衙门敬谨预备。①

八月初八（9月23日）一大早，慈禧太后在勤政殿举行重新训政的正式典礼，接受光绪帝及百官的恭贺。典礼毕，慈禧太后复于便殿召集群臣继续质询光绪帝，并将所抄皇帝书房中及康有为寓中奏章说帖等件，逐条审讯，以诸臣质之。当看到杨锐、林旭述上意催康有为迅速出京之函时，慈禧太后大怒，问皇帝做何解释，皇帝不敢认，推托为杨锐的意思。其实，慈禧太后此时已从荣禄那里获知袁世凯的报告，对康有为、谭嗣同的密谋已有大概了解，但她似乎还不确定此事与光绪帝是否真的有牵连，所以才问皇帝康有为的这一计划究竟是什么意思。康有为谋围颐和园劫制皇太后的计划其实根本就没有明白告诉过光绪帝，因此皇帝也就很难说出计划的真实企图，只得将责任推到康有为一人头上。

紧接着，清廷下令逮捕张荫桓以及军机四章京。各种信息持续汇集，态势似乎越来越严重。在这种情况下，光绪帝在事实上也已经无法正常工作，但传统中国政治体制是国不可一日无君。在没有确凿证据证明光绪帝领导或指使康有为等人谋反弑后的情况下，慈禧太后即便权威再大，光绪帝的反对者势力再强，也无法从根本上动摇他的地位，无法很快找到一个能够替代光绪帝的继承者。在这种情况下，光绪帝既不能引咎辞职，也无法在皇位上坚持工作、处理朝政，于是一个变通办法应运而出。八月初十（9月25日），皇帝降谕："朕躬自四月以来，屡有不适，调治日

---

① 朱寿朋编：《光绪朝东华录》，中华书局，1958，第4200页。

久，尚无大效。京外如有精通医理之人，即着内外臣工切实保荐候旨。其现在外省者，即日驰送来京，勿稍延缓。"①

在光绪帝这份谕旨发布前后，关于其身体状况的传言弥漫国内外。一个最极端的看法是，"目前的中国，据我们所知道的，已经是没有皇帝了。谣言众多而且散布极广，说皇帝已遭毒害，不过，根据他的手诏来看，他仅是被废黜了"。理由就是慈禧太后再次回到了前台，重新掌握政府的大权，而皇帝亲率文武百官向她祝贺。②

其实这样的传言是没有根据的。在事情没有完全弄清楚之前，光绪帝固然无法像政治变革期间那样乾纲独断、发号施令，但也并没有像一些人所传言的那样被幽禁在瀛台，向隅而泣。真实情形可能是，光绪帝确实病了，而且也不算轻。

光绪帝身体不好，在当时实际上也是一个公开的秘密，至少在相当层面的大臣那里，这一点并不刻意保密。张荫桓后来在流放途中曾遇到押送者如此提问："闻皇上圣躬欠安，所服何药？大人日在上侧，当知详细？"对此，张荫桓答称："（皇上）病势渐成虚损，已入膏肓，服药无效，惟贴庆邸所进膏药稍可，庆邸已将呈进情节奏知太后。"③显然在相当层面上，光绪帝的病情并不保密。不过在这政治形势急剧变化的敏感关头，光绪帝公开声称自己自四月以来，实际上就是自新政开始以来屡有不适，调治日久，尚无大效，其政治方面的含义显然大于真实病情。因此，这道谕

① 《光绪朝东华录》，第 4202 页。

② 《光绪帝之被废黜》，载《中国近代史资料丛刊·戊戌变法》卷三，第 479 页。

③ 王庆保、曹景郕：《驿舍探幽录》，载《中国近代史资料丛刊·戊戌变法》卷一，第 504 页。

旨自然引起各方面的猜测，一个比较一致的看法是慈禧太后可能有意废黜光绪，另立新帝。

情势最严重的时候，慈禧太后确实有废黜光绪帝另立新主的想法，但是随着时间的推移，真相渐渐浮出水面。慈禧太后也渐渐明白：尽管光绪帝与康有为等人过于亲近不太对头，但光绪帝为了清朝的一片苦心也不可完全否定；尽管康有为围园劫后的阴谋可能让光绪帝获得实际利益，但光绪帝并没有介入政变阴谋，这个阴谋本身毕竟与光绪帝没有关系。所以，清廷后来以上谕方式宣布康有为的罪状时，指责康有为"乘变法之际，隐行其乱法之谋，包藏祸心，潜图不轨，前日竟有纠约乱党，谋围颐和园，劫制皇太后，陷害朕躬之事"。[①] 所谓"陷害朕躬"，就是强调光绪帝对这一阴谋并不知情，但给外界的感觉却符合皇帝的利益，以致陷皇帝于不仁不义之境地。这一论断应该是清廷最高决策层的共识。

光绪帝获得了暂时解脱，但由他主导的新政显然不能继续进行下去了。慈禧太后从幕后走到前台，再作冯妇，三度出山训政。清帝国的政治走向从此开始进入一个"维新变法的反动时期"。[②] 所谓"反动"当然是指反新政，凡是新政中所提出或实行的举措，似乎都值得拿出来重新讨论其价值。而新政的基本价值取向是向西方学习，所以这一政治上的反动时期在基本价值取向上无疑鼓励、纵容了盲目的排外主义，启发了国内莫名其妙的民族主义情绪。中国政治走向因戊戌政变而发生逆转。

---

① 《光绪朝东华录》，第 4205 页。

② 李剑农：《中国近百年政治史》，复旦大学出版社，2002，第 172 页。

帝后关系调适

假如没有后来一些特殊的原因，光绪帝或许将在太后三度垂帘的阴影中继续当他的儿皇帝，慈禧太后、清廷并没有立马换人的意思。九月初一（10月15日）庆亲王奕劻等总署大臣主动告诉英国驻华公使窦纳乐，声称中方清楚知道到处流传着关于皇帝身体状况以及所谓废黜的传言。庆亲王对窦纳乐表示，他可以负责任地证实这些传言是不真实的。真实的情况是，皇帝贵体微恙，经过调理，皇帝的健康大为增进，且常和太后一同听政，处理国事。庆亲王还向窦纳乐表示，期望通过窦氏向整个西方世界解释，其实慈禧太后并不是完全反对中国进行改革，只是太后以为准备条件不够，不适宜像皇帝那样进行操之过急而又规模过大的改革。

谈话中，庆亲王诚恳询问窦氏有什么办法能够尽快使动乱的中国恢复平静。窦纳乐对症下药，"一个保证有效地使不安状况归于平静的办法，便是找一位外国医生为光绪看病，并签署一份光绪的健康证明书"。窦纳乐预料，如果真的存在一个废黜阴谋的话，清政府就不会接受这样的建议。[①]

窦纳乐的建议代表了西方世界对中国未来的普遍担心。他们觉得光绪帝主持的变法运动尽管有许多问题，但在大的思路上合乎西方世界的普遍价值观念，如果中国沿着这条道路持续走下去，必将成为文明开化的现代国家。而慈禧太后出园训政，不管有多少国内政治的足够理由，太后的政治思想肯定要比光绪帝落后得

---

① 《窦纳乐致英国外交大臣电》，载《中国近代史资料丛刊·戊戌变法》卷三，第538页。

多。所以，列强通过多种手段干涉中国内政，普遍不希望由太后取代光绪帝，更不希望太后采取废立等非常手段处置光绪帝，因而尽量向清廷施压，迫使太后同意光绪继续留在皇帝的位置上。

庆亲王奕劻向窦纳乐提出建议或者说请求时，态度无疑是诚恳的。清廷包括慈禧太后在内确实不希望西方国家对中国政治权力的调适产生怀疑，他们清楚知道当时的中国正在融入国际社会，外国资本在中国经济中已占有相当分量。如果西方国家对中国国内政治稳定持有强烈怀疑态度，则势必影响西方资本在中国的投资，进而影响中国的经济发展与社会稳定。不过，庆亲王的诚恳态度并不意味着他告诉窦纳乐的那些话都是事实。实际上，当时光绪帝的健康状况不仅没有大为改善，反而更加恶化。在庆亲王信誓旦旦告诉窦纳乐"皇帝健康大为增进"的两天后即九月初三（10月17日），清廷御医率各省推荐来的名医对光绪帝进行了全面会诊，其结论是皇帝浑身上下都是病，"总由心肾不交，肝气郁结，阴不潜阳，虚热上蒸于肺，中气不足，升降失宜"。第二天，慈禧太后异乎寻常地将会诊报告批转六部九卿各大臣阅看。

名医的诊断应该是正确的，而太后将此批转各位大臣的用意很值得分析。从善意角度去理解，清廷最高统治层肯定受到了某种压力。为防别人误解清廷真的有什么见不得人的阴谋，或故意迫害光绪帝，所以太后将皇帝病情及时向六部九卿各大臣通报，以便皇帝万一有什么不测，也好使各位大臣心中有数。从恶的角度去分析，太后依然不能原谅光绪帝在新政后期的作为，尤其是其所谓"不忠"。她之所以向各位大臣公布皇帝病情，似乎是为有一天进行废立做准备。不过，后一种可能性应该极小，因为就在向六部九卿各大臣公布病情的同一天，清廷异乎寻常地接受了窦纳乐的建议，请法国驻华公使馆医生多德福入宫为皇上诊病。九月初六（10月20日），多德福向总理衙门出具了皇上患有肾炎或慢性肾炎的病情报告。根据多德福的诊断，光绪帝的病情并不太严重，只要在饮食方面善加调理，辅以必要的药物治疗，一旦排尿正常，气闷消失，病情就会明显好转。言下之意，光绪帝的病情并不影响他继续履行皇帝职责。①

过去的研究多以为，多德福的诊断既是西方国家向清朝政府施加压力的结果，也是迫使太后无法废黜光绪帝的原因。其实这一说法并没有多少道理，只要想想几天前庆亲王奕劻与窦纳乐的交谈，就可以很容易判断出多德福的诊断只不过证实了庆亲王的说法：皇帝健康大为增进，并与太后一同处理政务；中外所传皇帝在太后的所谓迫害下健康日趋恶化以及阴谋杀害他的谣言都是没有根据的。这对于消除西方国家对中国政局的普遍担心应该说起到了积极作用。

多德福的诊断报告公开后，在一定程度上平息了西方国家对中国政局稳定的怀疑。西方国家逐步接受了太后重出训政的政治现实。过去的经验也使西方国家普遍相信，即便太后出于稳定国内政局的需要可能会使中国政治一时倒退，但太后绝没有理由一直敌视西方人。在过去几十年间，正是慈禧太后的主持，使中国有了一定程度的开放与发展，所以他们普遍相信太后在本质上并不是一个十足的守旧顽固派，一旦她有效控制住局势，就会使中国与西方国家的关系很快走向正常。九月二十二日（11月5日），

① 《窦纳乐致沙侯》，载《中国近代史资料丛刊·戊戌变法》卷三，第549页。

太后与光绪一起在仪鸾殿接见日本使臣矢野文雄[①]；十一月初一（12月13日），太后又与皇帝一起在宫中召见英、美、德、法、俄、奥、荷、日等国驻京使臣夫人，光绪帝还与各位夫人一一握手还礼。[②] 这一系列姿态试图向中外表明：光绪帝健康已大为增进，两宫和睦，孝慈相孚，共同治理着这个古老国家，并不像外界尤其是康、梁等流亡人士所宣传的那样，帝后之间势同水火。

① 《光绪朝东华录》，第 4246 页。
② 《申报》1898 年 12 月 29 日。

在野者袁世凯

1908 年 11 月 14 日傍晚时分（酉刻），年仅三十八岁的光绪帝龙驭上宾。第二天（15 日）午后二时，慈禧太后"升遐"。"十一时中两遭大丧，亘古所未有，可谓奇变。"[①] 因而国内外观察家普遍预感到中国很快会有更重大的事情发生。

仓皇离京

最先做出反应的是那些流亡海外十年的保皇党人。康有为"突闻光绪噩耗，悲病万分"，以为"光绪幽囚以来，并无大病，忽撄不治，传说纷纭。嗣闻为袁世凯所毒杀，乃由海外摄政王书，

---

① 《许宝蘅日记》第一册，中华书局，2010，第 218 页。

请诛袁世凯以谢天下，并发布讨袁檄文"①。

梁启超也利用各种关系上书摄政王、善耆等，建议宣布袁世凯的罪状，"虽明正典刑，殊不为过"，"最轻亦宜加以革职，交地方官严加管束"②。

康、梁等的指责不过是捕风捉影，并没有确凿证据，但他们的呼吁蛊惑人心，使袁世凯迅即成为众矢之的。1909 年 1 月 2 日，清廷发布谕旨：

> 军机大臣、外务部尚书袁世凯，夙承先朝屡加擢用，
> 朕御极后，复予懋赏，正以其才可用，俾效驰驱。不意
> 袁世凯现患足疾，步履维艰，难胜职任。袁世凯着即开
> 缺，回籍养疴，以示体恤之至意。

不过，清廷并没有追究袁世凯的什么责任，摄政王载沣也没有如某些人所期待的那样，杀袁为乃兄复仇。其实，十年前的故事很清楚，不是袁世凯背叛维新派，出卖光绪帝。如果一定要说袁有责任，那么他的责任是"有密未告"，没有及时将谭嗣同夜访谈话上报朝廷。这些细节过去若干年已有深入研究，可惜康、梁那时不可能知道而已。

军机章京许宝蘅为"天子近臣"。他在当天（1 月 2 日）日记中写道：

> 入直。军机见起后复召世、张二相入，发出蓝谕三
> 道：一、袁太保开缺回籍养疴；一、那相入军机；一、溥
> 贝勒在乾清门侍卫上行走。按，溥贝勒为孚郡王之嗣子，

---

① 康文佩：《康南海先生年谱续编》，台北文海出版社，1972，第 79 页。
② 丁文江、赵丰年：《梁启超年谱长编》，上海人民出版社，1983，第 479—480 页。

乙未、丙申间得罪革爵圈禁，庚子释免者。[①]

从这里没觉得有什么阴谋，而且读许宝蘅日记还有一个收获，那就是可以知道袁世凯确实患有足疾，并因此请假多日。他在1908年10月7日写道："为项城拟请假折，因足疾请假五日。"袁世凯足疾并非一个虚假理由。

　　1月3日，袁世凯入朝谢恩，随后搭乘快车潜至天津。有英国人海鲁在火车上意外发现袁世凯：

　　……头等车内仅三数人，予觅一近暖气处坐定。旋来一人，衣素服，发毛鬤鬤，随从甚多，坐处与余相对。见其仆辈置似新闻类一束于其旁，其人遂翻阅，两点二十五分，车过丰台，阅有四十分钟，其人端坐未行动。旋有仆人又置似酒类一樽于几上，车上之仆均事之甚谨。余察其人举动，异于常人，以英语询车中检票人，知为清国军机大臣袁世凯。四点三十分，车至老龙头，袁下汽车，即乘一华丽马车往西行去云。[②]

　　袁世凯唯恐朝廷还有旨意，"匆遽微服赴津，暂憩于英租界利顺德饭店，令人密告直隶总督杨士骧嘱图一晤。杨闻之大惊，立遣其长子毓瑛（字璞山）往见，始知袁'拟连夜搭轮赴日本避祸'。毓瑛告以'其父不便出署，但太老师（杨拜门称受业，故毓瑛称太老师）系奉旨穿孝大员（袁以军机大臣、外务部尚书，奉旨赏穿百日孝），今擅释缟素，又不遵旨回籍，倘经发现，明日续有电旨令拿办赴京，则祸更不测，且亦决无法庇护'。袁听之徬徨

---

　　① 《许宝蘅日记》第一册，第228页。
　　② 佐藤铁治朗：《一个日本记者笔下的袁世凯》，天津古籍出版社，2005，第109页。

无策。毓瑛返署报告其父。杨立饬铁路局速备三等车两辆，另调机关车，升火待发，再令毓瑛赴利顺德报告袁，即陪同坐一辆马车赴老龙头车站（即津东站）登车，由路局某总办陪同返京。杨并坚嘱袁'明晨必须返豫，不可稍作勾留'。"①

老江湖袁世凯似乎乱了方寸。其实在他潜往天津的时候，朝廷内部也对他的未来多有争论。庆亲王奕劻、张之洞、世续等轮番向摄政王载沣求情，以为袁世凯不管有怎样的问题，但毕竟其才可用。

相王（指摄政王）言："予亦知其有才，但予不忍用之，如用之，予无颜以见元祐皇太后。"北骨（指张之洞）乃不敢置词，惟云："桓（指袁世凯）本有去志，可否使乞骸骨，因而允之。"相王不悦，云："公勿哓哓，奉行制书可也。"②

重臣劝说无法打动摄政王。1月4日学部侍郎严修更有惊人之举，"疏请收回成命"。然而，摄政王主意已决，并没有答应。此举成全了严修的君子品格。"严为项城援引，由编修超擢侍郎。此举尚不失为君子，胜于反面若不相识或更下石者远矣。"③

一切努力终归失败。袁世凯只好按照杨士骧的安排返回北京，旋于6日带着深深的遗憾和眷恋，由北京西车站"仓皇登车"。当时到车站相送者，仅学部左、右侍郎宝熙、严修及端方的弟弟，时任礼部郎中的端绪等数人。

① 杜春和编：《张国淦文集》，北京燕山出版社，2000，第80页。
② 《恽毓鼎致端方密函二》，《近代史资料》1980年第2期，第212—213页。
③ 《恽毓鼎澄斋日记》，浙江古籍出版社，2004，第414页。

转投实业

有诸位重臣担保，袁世凯并没有遇到什么大的磨难。不过他并没有返回原籍河南项城，除了因为祖籍房舍已给了亲族，另外一个原因是他与其兄袁世敦长期以来有矛盾。因而，他初居汲县，没过多久，又带着两个姨太太寓居卫辉。

卫辉今属新乡，山水佳美，竹木茂盛。境内苏门山南麓有名胜百泉，魏晋以来就是高人隐士的乐意去处。袁世凯隐居卫辉"慎守大臣去位闭门思过之道"，"其无聊政客、报馆访事人一切斟酌杜绝"。他在卫辉的住所，为其旧部何榇本提供。何原名兰芬，字芷庭，卫辉人，曾充新建陆军粮饷委员，代袁世凯购置卫辉马市街旧典肆作为居所。[①]

袁世凯隐居之初，尽量低调，但对当地名流并不拒绝。1909年1月23日，当地实业家王锡彤"偕李敏修谒袁宫太保于马市街寓邸。袁公方五十一岁，须发尽白，俨然六七十岁人，知其忧国者深矣。唯两目炯炯精光射人，英雄气概自不能掩。且正在国恤期内，彼此均不剃发，故益觉黯然"[②]。

因人口多，房子少，袁世凯在卫辉住了几个月，于1909年6月率全家迁到彰德府城北门外洹上村。洹上以临洹水而得名，洹水又名安阳河。"津门何氏先营别墅于此，公（袁世凯）爱其朗敞宏静，前临洹水，右拥行山，土脉华滋，宜耕宜稼，遂购居焉。宅有小园，草创伊始，莳花种竹，叠石浚池，点缀林亭，题名曰

---

① 王锡彤：《抑斋自述》，郑永福、吕美颐点注，河南大学出版社，2001，第142页。
② 《抑斋自述》，第144页。

'养寿园'。"①

养寿园占地两百多亩，袁世凯买下来之后加以改造，修筑了高大的院墙，院墙上还有几个炮楼，仿佛就是一个围子。

> 堂居园之中央，凡三巨楹，周拓广廊，轩敞为全园冠，遂以名园者名堂。堂额以孝钦后赐书"养寿"二字，勒诸贞木。楹帖乃吴江费树蔚集龚孝琪诗句，曰"君恩毂向渔樵说，身世无如屠钓宽"。书则绍县沈祖宪代书也。阶前立奇石二，一状美人，一如伏虎，咸太行山中产也。

园南有谦益堂，面汇流池，倚碧峰嶂，左接峻阁，右挹新篁。明窗四照，远碧一泓，南园之胜，一枕收之。榜为袁世凯书写，缀以跋，曰：

> 光绪辛丑冬，皇太后御书"谦益"二字，赐臣某，圣意深远，所以勖臣者至矣。园居成，谨以名堂，俾出入瞻仰，用自循省云。联曰"圣明酬答期儿辈，风月婆娑让老夫"。②

在洹上村住下后，袁世凯用了很大精力经营这个园子，真有在此度过残年的意味。他将关系不错的兄长袁世廉接来同住。兄弟俩或扶杖漫步，下棋聊天；或请几个文人骚客吟诗作词，风花雪月；时而听莺钓鱼，弄舟水池；时而设宴园中，与妻妾子女共享天伦之乐。袁世凯那张头戴斗笠，身披蓑衣，在舟上垂钓的经典照片，虽说具有"摆拍"的味道，也有让外界特别是北京对他放心的暗示，但这种悠闲的生活、放松的心情，应该是袁世凯在

---

① 沈祖宪、吴闿生编：《容庵弟子记》卷四，台北文海出版社，1966，第31页。
② 袁克文：《洹上私乘》，台北文海出版社，1966，第23页。

洹上的生活写照。有袁诗佐证：

> 背郭园成别有天，盘餐樽酒共群贤。
>
> 移山绕岸遮苔径，汲水盈池放钓船。
>
> 满院莳花媚风日，十年树木拂云烟。
>
> 劝君莫负春光好，带醉楼头抱月眠。

袁世凯的闲云野鹤式生活，或以为真实，或以为是袁世凯刻意做给北京那些反对者看的。

作为一个老资格政治家、朝廷一品大员，说就此息影林下，不再过问政治，恐怕连他自己也不相信。不过，在度过了开缺回籍养疴最初的恐慌后，他确实希望在实业上有所斩获。

协助袁世凯从事实业的，除了他的老部下周学熙，还有一个新人王锡彤。王锡彤，字筱汀，号悔斋，晚号抑斋行一，卫辉人，生于1866年，小袁世凯七岁。他年轻时与李敏修（名时灿）共斋读书，后一起在家乡从事教育，并参与赈灾等地方政事，还参与主持禹州三峰煤矿公司。

机会总是青睐有准备的人。王锡彤有一位友人王祖同，是河南鹿邑人，1909年初分派至江西任饶州知府，赴任时经卫辉访袁世凯。袁在表明心迹时说"官可不作，实业不能不办"，力言实业关系国家兴衰，询问祖同同乡中有哪些人具有创办管理实业的才能。祖同以锡彤对。袁说见过，"槃槃大才也，第恐不肯助我耳，君为我招之"。王锡彤获知此情，甚为感动，"余思矿务、铁路皆实业事，年来跳身其中，已不作师儒身份矣。惟袁公所创如京师自来水公司、唐山洋灰公司、滦州矿务公司，皆采用新法，规模宏大，余之经验胡足副之。因是踌躇"。后经亲朋分析劝说，特别是他母亲的训导，方才一锤定音："袁公天下豪杰，汝平日所倾佩者。今既见招，奈何不往？且京津虽远，较禹州近也，火车畅行一日可达。何时思我何时可归，我若思儿亦可电召，何惮为？"①袁看上锡彤，除王祖同推荐，还有锡彤事母最孝这个非常私人的因素。

有了王祖同介绍、母亲的支持，王锡彤于 1909 年 6 月专程前往彰德府拜见袁世凯，袁命其住到养寿园畅谈数日。袁世凯告诉王锡彤：

> 罢官归田，他无留恋。惟实业救国，抱此宗旨久矣。所创之实业概畀之周缉之（学熙），缉之以现任臬司，丁忧释服后即当放缺，不定何省，已办之实业弃之岂不可惜。前日缉之来，专为此事研究数日，苦难替人。君幸为我谋之，我知君胜此任也。

袁世凯还对王锡彤说："我知君孝子，求忠臣于孝子之门。"②受袁世凯委托，王锡彤部分取代周学熙原来的角色，在京津唐豫等地帮助袁世凯创办或管理实业。在京师自来水公司、天津启新洋灰公司、天津华新纺织公司等几个大型企业中，王锡彤都是一个很重要的角色，成为袁世凯的账房和经理人。

心在庙堂

袁世凯去职三个月，王锡彤为福公司交涉事去外务部，与外务部左参议周自齐会晤。周在谈话中，"惟疾首蹙额言无办法，且

---

① 《抑斋自述》，第 147 页。
② 《抑斋自述》，第 148 页。

历述自袁宫太保去尚书任，外交上全无可言。洋人到部辄拍案咆哮，有理亦无讲处。公辈欲交涉胜利，只有待袁宫保来耳"。王锡彤闻言不禁吃惊，"部员乃出此言，殊可诧怪。唯细思此言以为滑稽不负责任也，可以为老实话亦未为不可。然福公司交涉终待袁公出山始获了结，则周参议之言是也。当时人心所归，中外所向略见一斑。而摄政王特反之，愈令人生愤慨之心矣"①。

1909 年 10 月 11 日，袁世凯去职十个月，《泰晤士报》发表《中国局势》一文，以为：

> 袁世凯自年初被开缺，就一直在其祖籍省份河南的卫辉府乡下居住，过着平静的生活。他身体健康，看上去比他被罢黜时年轻了十岁。他优哉游哉地消磨着时光，由于许多朋友的支持而志得意满，那些朋友坚信他很快会重回政坛。现在人们普遍认为，由于毫无经验的摄政王所为，帝国中最重要的政治家突遭罢黜，这是个愚蠢的错误，是缺乏爱国心之举。报界曾对直隶总督袁世凯充满敌意，并在其失势时对他猛烈抨击，现在则谨慎地为他返回官场而努力。舆论已向着对袁世凯有利的方向发展。国家迫切地需要他，但尽管他健康状况良好，他肯定会表现出一副得体的不愿意重返政坛的样子。军机处已提议起用他，但他礼貌地予以拒绝了。"足疾未愈"是罢黜他的理由，但在中国，每一个人都知道，那并非真实的原因。而袁世凯拒绝告别田园生活而复出的理由是"足疾未愈"，这也不是真实的理由。除非发生意外，

---

① 《抑斋自述》，第 146 页。

全国人民都确定他能重新掌权。而他的复出将受到所有
关心中国进步的人的欢迎。[①]

袁世凯看到了"以退为进"的好处。他的幕僚、部下也逐步放弃最初阶段的拘谨，重聚袁世凯身边。1910年9月23日为袁世凯生日。"是时，袁公去位已将二载，天下之仰望之者愈众。旧日僚属亦明目张胆复来趋附，不似从前之藏头露尾矣。唯袁公殊淡泊，尝着蓑笠、持钓竿与其兄清泉徜徉洹水之上焉"[②]。那些老部下本来就没有因为袁世凯隐居受到影响，像徐世昌、冯国璋、段祺瑞等人在政治上的地位、影响力不降反升。他们不仅各自掌握着一方权力，而且通过各种关系、渠道，与袁世凯保持着密切往来，寻找各种理由经过彰德府，看望老领导。所谓"日久见人心，患难见真情"，此之谓也。

那时的伦理、政治观念不会要求人们因为政治原因与旧主脱离关系，更不鼓励背叛与批判。为了招待这些不远千里前来看望的旧识新知，袁世凯在彰德府专门设立一家档次不低的旅馆，至今仍在营业。偶一光顾，仍能听到袁世凯和那些客人的故事。

举一个例子。据王锡彤自述：

（1910年2月12日）接袁云台电报，严范孙侍郎来彰，邀余一谈。范孙学问道德，余夙所称北方之泰山北斗者。初以翰林院编修家居，袁公任直隶总督，亲往造其庐，聘为直隶学务长。锐意经营直隶学校，遂为天下

---

① 窦坤等译著：《〈泰晤士报〉驻华首席记者莫理循直击辛亥革命》，福建教育出版社，2011，第63—64页。

② 《抑斋自述》，第156页。

冠。比学部立，又荐擢学部侍郎。袁公上年被斥去官，部下文武皆哗然，辩非袁党。范孙独上书自陈，越格超升实袁所荐，即不自认袁党人，亦以袁党相视，请褫职以去。至是闻袁公移居彰德，特来省视。云台以余与范孙有一日之雅，故特邀往晤。初四日遂至彰德袁邸。时与范孙同来者，林墨卿及范孙之公子约冲、侄公子约敏，因得畅谈。初五日，严、林诸公南游去，复留与袁公谈。因言专制之国无大臣。公曰："何也？"曰："位逼则疑，权重则忌。"公默然。[①]

但袁世凯的威望因被打压而上升，又因清廷此时实在无人，更让袁世凯行情看涨。即便是那些因各种原因与其中断往来很久的人，也渐渐承认袁世凯可能是未来中国一个极为重要的人物。张謇便是一个突出的例子。张謇与袁世凯，青年时代同在吴长庆帐下，甚至有点师生情谊，后来因故中止往来。

1911年5月8日，清廷如约宣布内阁官制及办事章程，裁撤旧有内阁、军机处、会议政务处，新组责任内阁。这是晚清政治改革的巨大进步，然而在名单中皇族、满人比重过高，因而引起汉族士大夫不满。第二天，新内阁宣布将粤汉、川汉铁路修筑权收归国有。

当是时，张謇正因公务沿京汉线自汉口赶往北京，"经过彰德的辰光，就和二十八年以来分道扬镳疏隔已久的袁世凯会面，那知道这无意中的一见，就和下半年的变局引起了很重大的关系"[②]。

①　《抑斋自述》，第 152 页。

②　张孝若：《南通张季直先生传记》，中华书局，1930，第 145 页。

6月6日，仍在途中的张謇致电袁世凯："袁宫保鉴：别几一世矣，来晚诣公，请勿他出。"第二天，"午后五时至彰德访袁慰庭于洹上村，道故论时。觉其意度视廿八年前大进，远在碌碌诸公之上"。[①]

重出江湖

袁世凯人气在上升，而清廷人气在流逝。据张謇之子张孝若观察：

> 到了北京以后，清摄政王和满朝亲贵尊贤礼士的风气，都还做得十足。就是谈到正经事体，仍旧口是心非，当作耳边风一样。我父那时一看国势衰弱，江河日下，只是瞄准了走上那颓败的道儿；丝毫没有因为筹备立宪开国会的新局面，大家有了一点觉悟，振作起来；依然是敷衍颟顸，蠹国病民，自家拼命的自杀自亡，他人是救不来的！但是我父这次到京，还抱着极兴奋诚挚的心意，想打一针最后强心的忠言，来救醒亲贵的沉迷，来保住那将倒的大厦。[②]

在彰德隐居三年，袁世凯身在江湖，心在庙堂。对于清廷，他并没有失望，"漳洹犹觉浅，何处问江村"。他时刻等待着朝廷的召唤，重出江湖，这是一个职业政治家的本能。

---

① 同上。
② 《南通张季直先生传记》，第 146 页。

历史没有辜负袁世凯的等待。1911 年 10 月 10 日（农历八月十九），湖北新军在武昌发难，终于让袁世凯结束了隐居的日子。

武昌起义第二天，农历八月二十日，正好是袁世凯生日。袁家在洹上养寿园祝寿，来了不少幕僚、助手和部下。据王锡彤自述：

> 二十一日（10 月 12 日），闻武昌有乱事，人心惶惶，然群以为袁公必将起用。二十二日（13 日），果有督鄂消息，因力劝其不必应命。二十三日（14 日），庆王派阮斗瞻来劝驾，袁公谢恩折上矣。唯余与云台主张不应清廷之命，因更进迭劝。杨皙子度与斗瞻同来，其主张与余、与云台同。皙子言革命初起，袁公督师必一鼓平之，清之改善殆无希望。余则以为乱事一平，袁公有性命之忧。侍坐再三言之，袁公忽怫然，曰："余不能为革命党，余子孙亦不愿其为革命党。"余知渺小之身牵及云台矣，默然退，拟即返里避之。适赵智庵、张金波来，云：陆军部尚书荫午楼南下督师将过彰，嘱候续息。二十五日（16 日）荫至，袁公仍称病，荫谒于寝室，语秘不得闻。二十七日（18 日）遂返里，邻里咸来问讯。余告之曰："不闻乡里旧传有八月十五日之谚乎？此即是也。各宜镇定，不可惊惶。"[1]

过了几天……

> 九月一日（10 月 22 日），接袁公来电促返。初二日（23 日），赴彰谒袁公。袁公曰："余甚稳健，对于革命

---

[1] 《抑斋自述》，第 172 页。

党决不虐视，请公放心。"初三日（24 日），余遂返京自来水公司，云台已先到京矣。……初八日（29 日），偕云台赴彰，以袁公督师赴鄂，往送也。京汉车上拥挤甚，妇孺尤多。远隔三千里，而逃难者已如此其多，群众心理皆知清之必亡矣。余偕云台、仲仁在一头等房间，闻赵智庵在车役室中，乃邀之来。……袁公札派余随办营务，实亦无事可办。初九日（30 日），袁公南行，送至车上，袁公独招余上车，问有何嘱。余曰：凡事留有余地步。袁公颔之。①

袁世凯面对清廷的政治危机并未幸灾乐祸，既没有试图火中取栗，也没有采纳杨度的建议，利用南方危机推动北京久已停滞不前的政治改革。当然，像王锡彤建议的那样，袁世凯在稍后的行动中，"凡事留有余地步"，并没有将革命党赶尽杀绝，而是顺势而为，尽人事、听天命而已。

---

① 《抑斋自述》，第 173 页。

"晚清皇族"——从改革先锋到反革命

在晚清最后十年的政治舞台上，皇族等贵族出身的一批人始终比较活跃。他们对国际大势有相当深刻的观察，对中国的处境有比较真切的体认，在推行新政—预备立宪这一系列政治改革运动中始终走在前列，是晚清政治改革的主力。如果没有他们的呼吁、推动，没有他们那样近距离地影响最高统治层，晚清的政治变革当然也会发生，但肯定不是已经发生的那个样子。只是这批皇族随着改革的深入也在分化，一旦改革触及体制深层，可能会影响整个贵族阶层的利益时，他们就毫不犹豫地站在了改革的对立面。所谓"皇族内阁"的出现，就政治上来说，是君主立宪政治改革运动的巨大进步，但从权力分享、人人平等的原则来说，则表明以皇族、贵族为推动力的政治改革还有着很大局限。他们看到了体制之弊，也想改革，但他们的底线是不能触动自己的特殊利益，是不能革掉自己，做改革的牺牲品。因而，当改革陷入困境、革命不得不发生时，他们就很自然地从政治改革倡导者、推动者沦为反革命者。后来所谓的"宗社党"其实就是沿着这样一条轨迹发展着，那时他们无论如何不能理解先前倡导改革的激情。

在两千年帝制时代中，所谓"国家"其实就是皇帝及其家族的私产。皇帝、皇族的先人打天下、坐天下，后代皇子皇孙自然就是守天下、保天下。所以，皇族一直是政治的中心，是政治统治的中坚力量。他们对体制的忠诚，他们在关键时刻将冲锋在前，保家卫国，一般是不必怀疑的。但是，出于权力均衡和稳定的考虑，历朝历代对皇族的权力都有所约束，不会容忍这些皇亲国戚对国政进行肆无忌惮的干预或介入。朝廷一般用厚养的办法交换这些皇族手中的筹码，以保持政治上的稳定。

清朝定鼎中原之后其实也是这样做的。清初的议政王大臣会议虽然让来自各部的满洲贵族参与政治，但实际上也是对皇族特权的一种遏制，是以一种集体的力量约束着皇族中的强势者。直至议政王大臣会议解体，清廷的政治权力始终集中在皇帝手里，辅佐皇帝的是一个具有比较广泛来源的军功贵族阶层，而不是皇帝的近亲。

皇族介入实际政治并干预政府运作，实际上是从同治年间开始的。更准确地说，就是1861年恭亲王和慈禧太后等联手发动宫廷政变后，两宫垂帘听政，恭亲王以议政王名义兼领首席军机大臣及总理各国事务衙门王大臣。这个做法虽然符合论功行赏的原则，也合乎当时的政治实际，但其实在很大程度上违反了祖制，属于皇族干政。

政变结束后，皇族干政并没有结束，相反由于慈禧从贵妃变成了皇太后继续操弄权力，政治中心在很长一段时间内应该说有所偏移，这就为皇族持续干政提供了可能。不仅恭亲王继续担负着实际的政治责任，而且其他王爷也在这个过程中纷纷走上前台，或多或少地介入了现实政治。

皇族从事实际政治当然不能说绝对是坏事。有时候，特别是当政治危机发生时，皇族这些人毕竟是朝廷最忠诚的铁杆支持者。我们看到甲午战败后，清国面临一次深刻的政治危机。当政治改革不得不发生时，恰恰是皇族维护着清朝江山的满洲颜色。不论是首席军机大臣恭亲王，还是总理衙门大臣刚毅、直隶总督荣禄，他们在推动新政的同时，都坚守着一条非常重要的政治底线，就是严防康有为等年轻一代政治家以政治变革为名暗度陈仓，"保中国不保大清"。也正是在这一点上，必须承认皇族对体制的政治忠诚度远高于康有为等力主维新的人。

根据康有为、梁启超师徒描绘的故事框架，1898年秋天的政治逆转是因为皇权中心发生了分裂，是皇太后从皇帝手中夺取了权力，是政治复辟。这个故事讲了一百多年，我们不能说这是康、梁师徒刻意造假，以迷惑当世和后世，但康、梁的这个说法确实经不起历史检验。这个故事只是他们的主观臆想。历史真实无须远求，清代官方文书就能讲出故事脉络，即便一些细节可能隐晦不彰。实际情况是，光绪帝知道康有为等人盗用自己的名义、准备动用军队包围颐和园劫持皇太后的消息后分外愤怒，这也是光绪帝后来一再指责康有为等人"陷害朕躬"的原因。

光绪帝的身体状况本来就不太好，一百多天的操劳早已让他心力交瘁，现在又听到康有为等人策划的令人发指的阴谋，不论是生理还是心理都受到了巨大打击。在1898年剩下的日子里，光绪帝生病告假是历史真实。而且到了第二年，光绪帝的病情时好时坏，到了年底，似乎有一病不起的不祥兆头。满洲贵族统治集团在慈禧皇太后的主持下对可能的接班人进行了考察，最终决定立端郡王载漪的儿子为大阿哥进行培养，希望他在光绪帝生病期间能够替代参加一些礼仪性的活动。

己亥立储和随后而来的义和团事件、八国联军事件等，如果从宫廷政治层面说，实际上为皇族更大幅度介入现实政治提供了一个非常重要的契机。虽然有一批皇族成员因为煽动利用义和团排外被判定为"肇祸大臣"受到严厉处分或处罚，然而毫无疑问的是，另外一批具有皇族背景的人却因为这一系列事件逐渐走到现实政治的前台，成为此后政治变革的急先锋。

1901年重新开始的新政，虽然有着复杂的国际背景，是列强政治压力下的产物，但从中国政治发展的内在理路看，这是接续几年前的维新运动往前走。只是从政治主导力量来说，先前的维新运动有一个庞大而无法驾驭的知识群体；而这一次，其主导力量好像牢牢地控制在朝廷手里，汉族大臣和各地督抚都起到了相当大的作用，但朝廷并没有像几年前那样因形势发展而失控。

朝廷的控制力无疑来自满洲贵族特别是皇族力量的增强，满洲贵族这个特殊的群体在政治上的影响力随着这场政治变革在上升。一个最具代表性的事件是，年仅十八岁的醇亲王载沣，在1901年被委派充任头等专使赴德国道歉谢罪。这虽然有德国为君主制国家，不得不遵从皇室礼仪的考虑，但从清廷政治发展的视角看，载沣出使德国其实也有提升皇族成员世俗政治地位以推动政治发展的意思。一趟德国之行为载沣赢得了不少政治资本，为他后来的政治作为提供了一个非常重要的机会。

载沣等皇族成员被清廷刻意提拔起来之后，在政治上确实逐渐发挥了重要作用。1901年开始的新政和1905年开始的预备立宪，几乎全程可见皇族青年才俊的身影。他们可能没有经历汉族大臣在科举道路上一步一步爬行的艰辛，没有汉族大臣的文史功底和才华，但是他们从小长在深宫大院，从小就在政治高层长者身边玩耍，经多见广，举止谈吐也颇有令人自叹弗如之处。所以，他们在政治改革中大胆昌言，痛陈旧体制弊端，呼唤新体制，也确实为政治发展做出过相当重要的贡献。考察宪政大臣端方、戴鸿慈上《请定国是以安大计折》，明确指出中国未来的政治出路只在君主立宪一途，君主立宪的意义并不是立意限制君主权力，而是通过议会和一个负责任的政府分担责任，使君主"常安而不危"。至于载泽，他在奏请立宪密折和面对中，更是对君主立宪的好处做了非常详尽的理性分析，尤其是"立宪之利有三端"的概括从现实主义政治原则上说服了皇帝和皇太后。

如果不是这些皇亲国戚开始觉悟，如果不是他们出面游说，预备立宪或许也会开始，但不可能这么顺利、这样迅速。

改革的深度、广度与限度

在端方、载泽等考察宪政大臣通过秘密或公开管道向朝廷建议实行君主立宪的同时，一大批封疆大吏、中枢大员也通过各种方式建议朝廷勇于改革，实行立宪。1906年8月12日，直隶总督兼北洋大臣袁世凯上奏请求做立宪预备：宜使中央五品以上官吏参与政务，为上议院基础；使各州县有名望的绅商参与地方政务，为地方自治基础。

各方面不断强化的政治压力、载泽等王公大臣的透辟分析，终于使朝廷痛下决心，于载泽呈递密折的第三天即 8 月 25 日毅然宣布按照预先计划继续推动立宪，并加派醇亲王载沣、北洋大臣袁世凯等参与其事。

朝廷之所以在这份谕旨中命令袁世凯参与此事，大概是因为当时袁世凯也有重要建言，俨然成为立宪政治的重要推动者之一。考察宪政大臣戴鸿慈、端方等此时上的《奏请改定全国官制以为立宪预备折》，据说就是他们与袁世凯密商后由张一麟起草的，而张一麟就是袁世凯此时的重要幕僚。这份奏折规范了预备立宪的政治路线图，建议朝廷以日本为榜样，宣布以十五或二十年为期，达成完全立宪。至于这十五或二十年中间的重要准备，奏折建议先从组织内阁作为突破点，也就是将皇室与政府进行必要的区隔，以维护皇室的至上尊严。而组织内阁的入手处，奏折建议从改革官制开始。这大致描绘了一幅不伤筋动骨而又能实现君主立宪的和平改革路线图，因而获得两宫嘉许，遂急召袁世凯进京与王公大臣会商。

8 月 26 日，袁世凯抵京。27 日，他与醇亲王载沣、庆亲王奕劻及世续、那桐、铁良、荣庆、瞿鸿禨、孙家鼐、张百熙、徐世昌等军机大臣、政务大臣、大学士，就考察宪政大臣所提出的十份文件开始了两天的密集讨论。在大的原则上，各位与会者一致赞成朝廷宣布预备立宪，只是在实施步骤的轻重缓急等技术性层面上，各位大臣的看法稍有差别。激进如袁世凯、徐世昌、张百熙及庆亲王奕劻等主张从速实施宪政，略微保守的孙家鼐、铁良、荣庆等强调不要操之过急，力主稳步推进。这里所谓的激进和保守，只是改革的策略而已。在改革大势已经确定的前提下，没有人，至少是这些参与者没有执意反对立宪。他们争论的只是一些具体细节，是策略问题而不是战略问题。在这一点上，应该说皇族和其他人并没有什么分歧和冲突。过去刻意渲染袁世凯等人与皇族载泽、铁良之间的争论，可能有夸大的地方，并非历史真相。

高层会商的结果及时向朝廷详细报告后，1906 年 9 月 1 日，光绪帝钦奉皇太后懿旨，宣布预备立宪正式开始：委派载泽、世续、那桐、荣庆、载振、奎俊、铁良、张百熙、戴鸿慈、葛宝华、徐世昌、寿耆、袁世凯编纂新官制；命端方、张之洞、升允、锡良、周馥、岑春煊选派司道大员来京随同参议；派庆亲王奕劻、孙家鼐、瞿鸿機总司核定；镇国公载泽在御前大臣上学习行走。由此可见，不仅在预备立宪的推动上，而且在后来的实际运作中，皇族和其他满洲贵族都起到了别人无法替代的重要作用。

预备立宪是政治史上的重大事件。过去对这场大变动的评价多有保留，从恶意出发质疑清廷是否有立宪诚意，以为清廷特别是慈禧皇太后对权力的酷爱，使她不可能真的同意让权，也不会真的实行君主立宪分享权力。而后来的突发事件，几乎正面证实了这种恶意推测相当准确。清廷，特别是皇族不知权力分享的真谛，不知君主立宪究为何物。从后来的事实看，这个判断可能是对的。只是在 1906 年的时候，皇族等满洲贵族确实是支持清廷走上政治变革之路的，确实是力主君主立宪、权力分享的。确实有一股反对君主立宪、反对政治变革的力量，但这股力量既不来自皇族，也不来自其他贵族。

1906 年 9 月 30 日，御史刘汝骥上了一个奏折，以为载泽改革密折强调君主在立宪体制下没有政治风险、没有政治责任是不对的，因为没有风险、没有责任就意味着没有权力，意味着大权旁落。因此,他建议朝廷"大权不可旁落,总理大臣不可轻设",若果设之,必将把持朝局,紊乱朝纲,招致内乱。

10月8日,御史赵炳麟也上了一个折子,以为端方、载泽、袁世凯等人提出的政治改革思路是不对的。下议院没有开设就去创设什么责任内阁,将使一切大权归于二三大臣之手。内而各部,外而诸省,皆二三大臣之党羽布置要区。行之日久,内外皆知有二三大臣,不知有天子。

预备立宪开始两天后(9月4日),官制编纂大臣举行第一次会议,讨论相关事宜。紧接着,清廷于9月6日下令成立编纂官制馆,吸收一些宪政专家参与起草。9月18日,他们就拿出了一个初步方案,由载泽领衔呈报朝廷。这个方案只是设定官制改革的大原则,比如在议会还不能很快建立时怎样落实君主主导下的行政与司法分立以及中央部院应该怎样合理设置等。

对于这个方案中的大原则,在此后的讨论中也有相当争论,而且一个最重要的争论就发生在铁良和袁世凯之间。大致上说,袁世凯主张,既然已经就官制改革达成了共识,那么就应该趁着这个难得的机会一步到位。而在当时的中央官制体系中,最不合理的就是权力至大而又无法负责任的军机处。按照君主立宪原则,肯定要设立责任内阁。既然设立责任内阁,就必然要裁撤、合并一些部门。军机处就在这些当裁当并的名单中。

军机处对于满洲贵族来说,是落实权力的具体机构。他们无法想象没有了军机处,只有一个责任内阁,而这个责任内阁将来还要向议会负责。他们担心这样一来必然使君主权力旁落,因而铁良等人坚决反对废除军机处,反对设立责任内阁,力主趁此改革机会削减督抚权力,增加中央权力,设立陆军部统辖全国军队,限制官吏兼差兼职。这是一个收权思路，与袁世凯等人的行政体制改革思路不太一致。

与军机处、责任内阁相仿佛的改革议题还有内务府的设置。既然君主立宪了，也就不存在一个庞大的特权阶层了，内务府在君宪体制下也就没有存在的必要了。以此类推，还有八旗体制。君宪了，八旗也就从原来被养起来的状态中解放出来了。他们应该恢复平民也就是公民的身份，可以经商，可以从政，不再受制于过去的体制。

类似的还有翰林院，还有太监制度的存与废。这些放在一个常态的君主立宪体制下，当然都没有存在的空间和必要了。君主立宪体制下，国家应该负担的只是君主和皇室以及君主的当然继承人，皇室之外的远亲不在此列。那些依附在旧体制下的太监、内务府等，当然不应存在。所以力主彻底改革的人以为，既然改革，何不一步到位，彻底改革呢？

对于袁世凯与铁良以及其他一些人之间的争论，朝廷很清楚。但根据先易后难、稳步推进的原则，清廷很快做出明确的政策界定，划出中央官制改革"五不议"的范围，即军机处不议、内务府不议、八旗事不议、翰林院事不议、太监事不议，不在这些细节上争执，以此减弱改革的压力和阻力，推动预备立宪进程。这是大智慧。也就几年时间，被恭亲王等人视为清朝命根子的军机处，到了1911年第一届责任内阁名单发布时，自然而然地被裁撤合并。波澜不惊，再也没有一个人认为不应该。这是铁良等人在1906年时无论如何也想不到的。

体制忠诚与皇族站位

清廷的改革，不论是行政改革，还是政治改革，无疑都会有不能逾越的政治底线。他们的这些改革都是为了修正旧体制，改变旧体制中不合乎社会需要的东西。但改革从来不意味着统治者从权力体系中自动退出，更不意味着满洲皇族等贵族放弃对清朝的所有权。"保中国不保大清"始终是满洲贵族的心病。任何有可能伤害他们权利的改革，自然都不会被接受。

我们后来者在总结清廷最终失败的教训时，一般喜欢指责清廷在最后时刻不知让权、不知权力共享，特别是满洲贵族到了最后时刻依然斤斤计较、反复折腾。假设这些贵族在改革中不是加强而是逐渐减弱对权力的控制，那么君主立宪或许可以像九年规划或后来调整的五年规划那样顺利实现。历史当然不能假设，而且这个善良的假设也有不合情理的地方。清朝就是这些贵族的祖宗一起打下来的，现在改革了，要君主立宪了，原本就是要让清朝更加好，凭什么要他们这些达官显贵、皇亲国戚退出政坛？而且，既然在预备立宪时就要实现满汉平权，那么他们这些在政治舞台上已经占了位子的人为什么仅仅因为是满人就要出局呢？他们握有权力是一个既成事实，更何况在过去几年时间里，他们这些皇族贵族在预备立宪运动中也是中流砥柱、改革先锋呢？

还有一个重要事实是，在预备立宪的过程中，以袁世凯为代表的平民出身的汉族大臣也确实毫不掩饰对权力的觊觎。1906年关于军机处存废等问题的一系列争论，在某种程度上就意味着满汉官僚之间或许存在着不可调和的利益冲突。平民出身的汉族大臣愈是表现出对权力的急切与渴望，愈使这些皇族贵族心里不踏实，愈觉得这些汉臣居心叵测，好像政治改革本身就是一个阴谋。这种情形在慈禧皇太后和光绪帝在世时当然问题不大。皇太后与汉大臣打交道几十年的经验和光绪帝亲政以来的经历，使他们有办法让这些平民出身的汉大臣忠心耿耿、兢兢业业、任劳任怨，所以朝廷能够在1908年达成君主权力至上的改革共识，能够宣布《钦定宪法大纲》。

然而到了1908年之后，光绪帝不在了，强势的皇太后也不在了，强势的权力中心被弱势的监国摄政王载沣和隆裕皇太后的组合所取代。不论是汉族大臣还是皇族等贵族，似乎都对这个变化缺乏心理准备和调适。特别是稍后的外部危机，尤其是日俄不断在东三省挑起的外交危机，使皇族等贵族在对权力的看法上产生了严重错觉。换言之，如果慈禧皇太后和光绪帝继续执掌政权，贵族心里可能比较踏实。但对于摄政王，他们好像心里并不是太信任，总觉得自己有责任出来协助渡过危机。所以在摄政王接收权力之后，这些贵族为了防止汉族大臣利用机会攫取更大的权力，首先找到一个机会和借口，将袁世凯开缺。在随后的改革中，有意无意让满洲人加强对军权、对中央权力的垄断。皇族中的载涛、载洵在政治上逐渐进步，获得重用。这一方面说明摄政王在政治上的信心越来越弱，不似光绪朝那样重视汉臣、重用汉臣了，另一方面必然使汉臣，尤其是那些逐渐失去权力的汉臣在内心深处生出一种反叛的心理，至少不像先前那样忠心耿耿了。君臣，原本就是一个相对的关系。君信臣，才能让臣忠君。既然皇权中心不再像过去那样信任这些汉臣了，那又怎能指望这些汉臣继续效忠呢？先前早已消失的满汉官僚的矛盾在1908年之后突然明显了。皇族等贵族逐渐上位，占领了一个又一个权力要冲，而汉族大臣则随着袁世凯出局逐渐受到冷落。

从政治忠诚度来说，贵族无疑对体制更加忠诚。他们所鼓吹的变革，所期待的君主立宪，一定是改善满洲贵族对中国的统治，而不是相反，取消或者削弱满洲人对中国的统治。这是一个根本原则问题。汉臣对于中国的未来肯定没有满洲贵族的这些忧虑，无论这些汉臣对清朝的政治体制多么忠诚，多么坚持君主立宪既定立场，在他们思想深处，一定是想着：只要中国好，就是清朝好；只要清朝好，就是皇上好。至于贵族，大约真的不在汉臣或那些立宪党人的思考范围中。

从真正意义上的君主立宪来说，这些想法是对的。君主立宪的实现，就是皇室之外的贵族退出政治舞台。于是，这就产生了一个不可避免的冲突。任何朝着君主立宪原则走去的变革，在满洲贵族看来，都是对他们既得利益的剥夺。所以到了关键时候，到了将要进入君主立宪新时代的时候，清廷宣布成立的第一届责任内阁，其十三名内阁成员中竟然有九名不是皇族就是其他贵族。这就在预料之中了，因为满洲贵族对自家之外的人不信任。在他们的观念中，对体制最忠诚的，一定还是自家人。

认错、妥协及退让

按照君主立宪的一般原则，或者说根据1908年《钦定宪法大纲》的规定，为了保证君主享有至上权威和永远不出错，皇族亲贵不得出任政府要职，不得担任任何拥有政治权力的行政职务。然而，此时的满洲贵族和皇族错误理解了《钦定宪法大纲》中关于皇权至上的另一个规定，即大权统于朝廷，皇帝享有颁布法律、召集解散议会、设官制禄、黜陟百司等权力，以为君主立宪体制中的"黜陟百司"就是皇帝有权任用一切官员。这显然是对《钦定宪法大纲》的误解。

君主立宪政体下的黜陟百司，只是君主根据议会的选举结果，或根据政府的提名，来任命官员，而这个权力显然只是礼仪性质的，并不具有实质性意义。也就是说，皇帝的任命并不是皇帝的决定，而是皇帝根据议会和政府的决定加以宣布，从而使这些政治任命具有神圣性、至上性。所以，君主立宪政体下的黜陟百司和君主专制政体下的黜陟百司具有完全不同的性质。

至于皇族亲贵不得担任政府要职，这是君主立宪政体下的必然规定，主要是为了避免皇族亲贵陷入某些政治的或经济的丑闻。要保持皇室神秘、至上、榜样的功能，就必须在制度上保证皇室亲贵只做好事，不做坏事，比如皇室亲贵可以从事慈善事业、亲善事业，但绝不能担任任何实质性官职。政府或者说国民可以全资将皇室宗亲养起来，就是要使这个特殊的"第一家庭"不发生任何影响国民信仰的丑闻。通观世界各君主立宪国家，其实都是这样做的，这是君主立宪的起码要求。

对于君宪体制的这些要求，皇族和贵族并不是不知道。当第一届责任内阁演变成皇族内阁、亲贵内阁后，皇室出身的内阁总理大臣庆亲王奕劻和协理大臣那桐、徐世昌在第二天就向摄政王提出辞职。这一举动虽然带有传统政治虚应故事的性质，但他们或许多少意识到了问题的严重性。

摄政王当然不会让朝廷的决策朝令夕改，当然不会同意庆亲王等人辞职。但是庆亲王到了第三天，也就是5月10日再次请辞，而且这次请辞的理由很直白，明确表示是由于责任内阁的人员构成太偏皇族成员，这与立宪体制明显不合。现在的中国正处在改革关键时期，决不应该以"皇族内阁"为发端，而辜负皇上的期待和臣民的厚望。皇族内阁既不利于天下，也有害于皇室。奕劻已经说得很明白，但他的第二次请辞依然被摄政王拒绝。摄政王当然明白这些理由，但权衡利害，还是坚持原议，让他走马上任，出任责任内阁第一任总理大臣。

摄政王之所以坚持既定方案，显然有着自己的考虑。第一，现在公布的内阁名单，只是一种过渡时期的过渡形态，还不是完全意义上的责任内阁。第二，立宪国家的政治改革，是排除一切种族身份，所有种族一律平等，所有出身都不再区分贵贱。汉人可以出任内阁总理大臣，满人也同样可以出任内阁总理大臣。立宪政治，人无分贵贱，是对所有人而言，那么为什么要限制皇族成员出任政府要职呢？更何况，从当时实际情况看，这几个出身皇族的内阁成员，也并不是五谷不分的草包饭桶吧？他们毕竟在过去几年的预备立宪运动中冲锋陷阵，做了不少事情。第三，当时中国的政治精英似乎也就是那些人，可供摄政王选择的实在太少了。汉族出身的高官自老一代李鸿章、张之洞相继去世，袁世凯被开缺回籍后，真正有力量有影响的人物实在还没有出来，北洋系自袁世凯以下的政客如段祺瑞、冯国璋等都还不算成熟，汉族士大夫中的杨度、张謇等人给人的感觉还是差那么一个层次。满洲贵族统治集团的人才其实也是如此，自恭亲王奕䜣去世后，中间虽然也出现过端郡王之类的人物，但真正能为清王朝撑起门面的，也就只有庆亲王奕劻。至于新内阁中另外几个贵族新秀，那都是最近若干年着意培养出来的。现在除了他们，也真的没有多少可用之才。

在立宪政体下，当然人人都有从政的自由和权利。只是在君主立宪政体下，皇族出身的人依然享有皇权带来的许多好处和优势。这些人介入实际政治或许会给现实政治带来一些好处，但更多时候则会给皇室带来无穷无尽的负面影响。所以，东西方各立宪国家从来都对皇室成员采取厚养办法，由国家拿出相当钱财让他们过着体面尊严的生活，成为国家名片，从事一些善事，而不让他们介入实际的政治活动，更不会让他们出任政府要职。

只是中国的情形太特殊了。处于过渡期的立宪政体，如果不让满洲贵族承担主要角色，那么他们怎么能够愿意逐步放弃权力呢？说到底，立宪政治就是要逐步削弱乃至剥夺皇帝的绝对权威。如果上来就这样做，又有多少可能呢？所以说，皇族内阁的出现，在当年是个不得已的"赎买政策"。既然先前那么多年都容忍了皇族成员对现实政治的干预、介入，当时又有什么不可以呢？

还有一点值得注意的是，清廷确定的立宪目标已经是不可更易的。1913年就要实行完全意义上的立宪政体，也是确定无疑的。届时，新的政府必须重新组织，而新的政府就是立宪政体下与议会真正对立制衡的两极。如果此时筹建的政府是一个比较软弱、没有效率的机构，那么怎么能够保证两年筹备期内诸多事务能够按时按质完成呢？一个强有力的中央政府，不仅是社会，也是进行任何政治改革所必需的。这场自上而下的政治改革必将遇到无数压力和困难，必将遇到来自皇族的反对和抵制，因为他们毕竟是改革的利益受损者。当皇族成员出面反对时，谁最有力量出面劝阻或反击呢？当然是皇族自身。

实事求是地说，新宣布的责任内阁较之先前的旧体制还是有很大进步的。过去的军机处虽为全国行政中心，但在事实上对全国行政并不负有责任，而只是皇帝的办事机构、秘书处，负责上传下达而已。现在新成立的责任内阁，依然辅弼皇帝，但明确规定了内阁要担负起自己的责任，国务大臣不能再像过去的军机大臣那样遇事敷衍推诿。军机大臣不愿、不敢，实际上也无法承担实际责任，因为所有的决策都来自皇帝。即便是军机大臣的主意，也因为变成了皇帝的意志，而使军机大臣无法继续承担责任了。现在的内阁制下，内阁处于行政第一线，总揽全局，独立决策，许多政策的制定颁布，都是内阁应有的权力和责任。所以，内阁总理大臣、国务大臣就无法像过去那样推诿敷衍。于是，倒阁是立宪政体下最常见的事情。遇到重大政治失误，内阁再也不可能像军机处那样只是局部改组，必须承担责任，这是立宪政体下对内阁的基本要求。所以，内阁成员是不是皇族出身，其实已经没有那么重要了。只是从皇族自身安全来说，皇族成员确实应该遵循清朝早期祖制的规定，不得介入现实政治，不得出任政府要职。

新内阁名单的公布引起了国内外的反感。舆论普遍以为这个名单确实不是一个理想名单，尤其不合宪政原则，不过是过去军机处的班底换个新名字而已。更重要的是，这个以皇族为主的新内阁，恰恰证明了孙中山等人多年来的指责，证明满洲贵族统治集团决不会轻易放弃自己的权力，决不会还政于民，决不会让汉人掌握政府主导权。这此对清廷尤其是摄政王政治威信的伤害都是巨大的，也是此后政治演变越来越不利于清廷的一大关键。

满洲贵族或许真的相信自家孩子最值得信任，或许真的心胸比较狭隘，但是现在确实是弄巧成拙，得不偿失，坐实了革命党人的指责。"皇族内阁"不是一般的有碍观瞻，而且深刻影响了清王朝的政治前程。皇族内阁立即招致各方面的反对。6月10日，都察院代递咨议局联合会《呈请亲贵不宜充任内阁总理折》，以为皇族内阁与君宪体制不合，请求清廷务必尽快在皇族之外另行选派大臣重新组阁。稍后，山东巡抚孙宝琦也向朝廷表达了类似意思。

这些反对并没有引起清廷的重视，摄政王始终不愿接受这些意见裁撤这届内阁。摄政王或许担心政治的恶性互动，因而不愿让步。7月5日，都察院代奏各省咨议局袁金铠等议员请另组内阁的呈书。在这份呈书具名的有四十多人，分别来自奉天、吉林、黑龙江、直隶、江苏、安徽等十几个省份，其言辞也较咨议局联合会先前的折子更为激烈，指责朝廷将责任内阁演变成皇族内阁，适与立宪国原则相违背，这不能不令人怀疑朝廷是否还具有立宪诚意。

袁金铠等人的这次呈书引起了摄政王的注意。但是摄政王不仅没有接受这个批评改组内阁，哪怕只调整几个人，相反，摄政王借题发挥，重申任命百官是君主的权力，1908年的《钦定宪法大纲》对此已写得明明白白，并注明议员不得干预。值此预备立宪之际，凡我君民上下，都不应该超出大纲所表达的共识和范围。而今各省议员一再呈请，几近干政，超出了职权范围，议论渐近嚣张。若不亟为申明，日久恐滋流弊。摄政王重申：朝廷用人，审时度势，一秉大公；各位臣民均当遵守《钦定宪法大纲》，不得率行干请，以符合君主立宪的本意。

如果从国会请愿运动的教训来说，摄政王的坚持或许有道理。毕竟他期待"有计划政治"能够落实，一切都照计划走，不能朝三暮四。第一届责任内阁并不是随意出台的，它是朝廷慎重考虑、全盘统筹的结果，怎能说变就变？然而，由于各方面的压力太大了，庆亲王有点顶不住了，再加上各地抗议铁路国有政策的风潮日趋高涨，所以庆亲王于9月29日奏请开缺。假如摄政王此时借坡下驴，利用这个机会改组内阁，重建政府，或许结局会不一样。然而，不知摄政王出于什么样的考虑，他竟然一口拒绝了庆亲王的辞呈。

清廷错过了一次改组内阁的机会，紧接着就是武昌起义，就是政治危机。在这种状况下，改组内阁更不可能，因为哪一个大臣都不能在这个时候显得自己不出力，显得自己想疏远朝廷。然而，武昌起义原本就是对皇族内阁、铁路国有的抗议，而清廷不愿正面回应这两大问题，只能激起更大范围的反抗。紧接着，湖南、陕西等省相继独立。清廷除了派兵镇压，根本无法拿出能够平息事态的有用办法。

各省危机持续发酵，但在摄政王看来只要中央军在，各省新军或许并不是心头之患。然而让摄政王想不到的是，10月29日驻扎在滦州的第二十镇统制张绍曾联合第二混成协统领蓝天蔚等起兵发难，通电奏请立即实行立宪，又上奏"政纲十二条"。张绍曾等中央军将领的通电直指问题本质，要求清廷明白宣布组织责任内阁，内阁总理大臣由国会公举，国务大臣由总理大臣推任，皇族永远不得充任内阁总理大臣及国务大臣。

中央军发难终于使清廷感到了恐惧。当天，资政院经议决，奏请罢亲贵内阁，特简贤能为内阁总理大臣，并使其组织各部国务大臣，负完全连带责任，以维持现今之危局，团结将散之人心。稍后，朝廷以小皇帝名义下诏罪己，承认皇族内阁多用亲贵是不对的，是违反立宪宗旨的，宣布解散皇族内阁，以袁世凯为内阁总理大臣，军咨大臣载涛开缺。这多少有点认错的意思。

在随后于 11 月 3 日宣布的《宪法重大信条十九条》（以下简称《十九信条》）中，清廷也对未来的政府组成提出新规定：强调总理大臣由国会公举，皇帝任命；其他国务大臣由总理大臣推举，皇帝任命；皇族不得为总理大臣及其他国务大臣并各省行政长官。应该说，这些规定都是对的，基本上满足了先前各方的要求，由皇族内阁引发的政治危机大致可以平息。

清廷匆忙颁布《十九信条》，这是一个重大的政治进步。16 日，袁世凯的责任内阁正式组成。应该说，这两件大事做得相当漂亮，立宪党人的怨言大致平息，中国转向真正意义上的君主立宪只有一步之遥。这一步就是根据《十九信条》召集正式国会。国会召集，就意味着君主立宪全部完成。然而，正式国会究竟是个什么样子，应该怎样召集，在《十九信条》中并没有明确规定。只有第七条说，上院议员由国民于有法定特别资格者公选之。至于怎样公选，这个信条没有进一步的解释。

再看 1908 年的《钦定宪法大纲》。虽然其中多处说到国会功能，但国会怎样组织和召集，也没有具体规定。其"君上大权"部分第四条："召集、开闭、停展及解散议院之权。解散之时，即令国民重行选举新议员，其被解散之旧员，即与齐民无异，倘有抗违，量其情节以相当之法律处治。"很显然，这两个重要文件都没有国会选举的具体办法。

鉴于这种实际情形，资政院于 11 月 5 日议决几件大事。一是奏请清廷准许革命党人按照法律改组为政党。这当然是为议会选举做准备。二是奏请速开国会以符合立宪政体。清廷对这两个奏请都有积极正面的回应，指令资政院从速拟订议决《议院法》《选举法》，办理选举，表示一等议员选定，即行召集国会。君主立宪的可能性依然存在。

南方的要求并不意味着清廷就没有机会。事实上，如果清廷内部给予密切配合，已经就任内阁总理的袁世凯应该还有办法让南方放弃成见，重回君主立宪轨道。所以，袁世凯12月8日在与北方和谈代表谈话时依然强调君主体制是万万不可更易的，因为君主立宪制度是他们那一代许多中国人十几年来的政治追求，是君主专制和民主立宪两个对立体制的中和。袁世凯还表示：我袁家世受国恩，不幸局势如此，更当捐躯图报，只有为此君宪到底，不知有他。袁世凯就这个意思反复陈述数十分钟，语极沉痛，听众也深受感动。因此代表刘若曾、许鼎霖等出来之后无不喜形于色，以为君主制度的保存应该没有什么大问题了，至少在袁世凯内阁任期内已没有什么疑问了。

按照袁世凯定的这个调子，唐绍仪与伍廷芳在上海开始了谈判，君主立宪依然是供讨论的方案。根据随团代表严复的观察，南方革命党人虽然不愿明白表示君主立宪是当时中国的一项重要选择，但言谈举止间，并没有表示对君主立宪的绝对拒绝。南方所竭力反对的，是行君主立宪而辅以袁世凯内阁，似乎对袁世凯严重不信任。南方党人宁愿行共和而立袁世凯为总统，以民主宪纲钳制之，也不愿留君主而用袁世凯为内阁。大约他们担心袁后将坐大，而至于必不可制。

根据严复的观察，无论此次南北冲突如何结束，南方革命党人所必争大约有两点：一是恐事平日久，复成专制，此时朝廷虽有信条，但朝廷皆不可信，须有实际的钳制措施方能使他们放心；二是党人须有的确可以保全性命之方法，以谓朝廷累次失大

102

信于民，此次非有实权自保，不能轻易息事。党人的目标不是对着袁世凯，而是对着朝廷。根据严复的研判，如果继续沿用君主制，则小皇帝的教育必从新法，海陆兵权必在汉人之手，满人须规定一改籍之制。严复的观察是对的，关键是清廷必须拿出诚意重建信任，而这个诚意最具体的表现，就是尽快进行议会选举，构建一个正式的民选国会。然而在这一点上，清廷内部强硬派，也就是那些死硬皇族，有自己的看法，不愿让步。这就彻底惹恼了南方革命党，还有那些立宪党人，甚至还有北洋系新军将领。他们以为清廷是故意拖延时间，继续耗下去意义不大。12月20日，唐绍仪在第二次谈判中发表了一通他个人赞同共和的看法，这在很大程度上意味着君主立宪越来越不可能。

唐绍仪的这通言论是否有其他背景，我们不太清楚。但我们知道就在这一天，军事强人、湖广总督兼北洋第一军总统段祺瑞指派高级幕僚廖宇春、靳云鹏等，与黄兴的特别顾问顾忠琛谈判，达成确定共和、优待皇室、先推覆清廷者为大总统、组织临时议会及南北满汉军出力将士各享其应得之优待并不负战时害敌责任等五项共识。这基本上确定了清廷的结局。

段祺瑞之所以走到这一步，根据他于1912年2月5日发布的通电，主要原因还是皇族的败坏与阻挠。为清廷计，为皇室计，只有走上这一步。至此，尽管皇族中的强硬派筹组什么宗社党来反抗，但他们已经很难翻盘，毕竟军队主力不在其手中。皇族从改革先锋彻底转向了反革命，他们已经失去人心，没有多少活动空间，更不要说胜利的机会了。

南北和谈中的袁世凯

武昌起义爆发后，赋闲三年的政治强人袁世凯受命出山，全权处理武昌兵变以及由此引起的全国性危机。袁世凯在此后一百多天中殚精竭虑，谋划良多，也几次争取到南北和解的机会。然而到了最后，清廷还是在全国的一片反对声中轰然倒台，整个中国的政治权力转到袁世凯手里。这个故事与历朝历代的禅让故事高度相似，再加上几年后袁世凯又将"中华民国"国号擅自改定为"中华帝国"，因此袁世凯的形象越来越像欺负孤儿寡母的曹操，袁世凯在南北和谈中的一切作为也就都带有阴谋的意味。其实，一百多年后平心静气回望这段历史，应该承认袁世凯在南北和谈整个过程中有权变、有手腕，但一定要说他有预谋或阴谋，好像理由还不那么充分。

只知君宪，不知有他

袁世凯奉命出山时，国内外舆论就有许多猜测。其中一个最重要的猜测，就是袁世凯会利用这个机会公报私仇，报复摄政王三年前让他开缺回籍养疴的羞辱。最极端的猜测，就是袁世凯可能会利用南方压北方或利用北方收拾南方，统一南北，但不是统一到清廷，而是统一到袁世凯手中，将清朝变成袁氏天下。即便不更姓易代，袁世凯也将像曹操当年那样，保留一个不中用的皇室，而将朝廷的实际权力集中在自己手里。

这些猜测当然自有逻辑和论据，这种故事在中国历史上确实一再发生。只是这一次并非如此，因为三年前摄政王将袁世凯开缺这个故事本身可能就不那么真实，否则就不容易理解为什么三年来袁世凯身在江湖，依然心系庙堂，对朝廷一系列重大决策也都曾表示过态度。而且，按照过去所说的这个故事脉络，既然摄政王如此嫉恨袁世凯，为什么没有在过去三年中对袁世凯动过脑筋、打过主意？为什么允许南来北往的政客、学人与袁世凯自由交往？历史没有那么多阴谋，历史可能就是那样平平常常。袁世凯下野就是一个老臣面对一个更年轻的主子时主动放弃权力，这才是中国王朝政治的精髓。所以当王朝遇到巨大困难时，这些老臣依然会义无反顾，重出江湖。

正如重出江湖的袁世凯自己所说，除了君主立宪这条道路外，他不知道还有什么办法可以拯救清王朝。他在获得朝廷授权后，一方面组织北洋军加大对武昌的包围和进攻力度，另一方面利用一切人脉与湖北军政府及黎元洪沟通。武昌起义的主力是湖北新军，新军原本就是朝廷支柱。袁世凯相信，现在之所以闹到兵戎相见，绝对不是简单的军事哗变，而是具有深刻的政治背景。简单地说，这个背景就是清廷在君主立宪政治改革进入攻坚阶段时倒行逆施。一个皇族内阁摧毁了立宪党人、新军将领对朝廷的信心，摧毁了立宪党人、中产阶级分享权力、参与政治的希望；一个铁路干线国有化政策从经济上剥夺了立宪党人、中产阶级分享发展成果的机会。各方相互激荡，终于导致如此复杂的局面。

针对这种情形，袁世凯给的办法并不复杂。他对朝廷的建言是，利用武昌危机推动改革，履行承诺，实行真正意义上的君主立宪，而不是虚情假意糊弄立宪党人；对于南方，他劝黎元洪等造反者想想，大家十多年来一起追求君主立宪，不就是因为民主立宪、民主共和太过激进不合乎中国国情，而君主专制太过老套无法满足中国需要吗？现在君主立宪改革到了危机关头，对于朝廷的一次失误，我们为什么不能稍加原谅，给其一次改正的机会？为什么一定要推倒重来，一切从头开始呢？

在软硬两方面的压力下，特别是到了10月底滦州兵谏发生后，朝廷确实有所醒悟，下诏罪己，承担责任，宣布废除皇族内阁，重回君主立宪轨道，宣布《十九信条》，宣布皇族不再过问政治。至此，由皇族内阁、铁路国有引发的政治危机大体消除，剩下的就是按照君宪主义原则构建一个全民选举的国会。所以到了这个时候，黎元洪和湖北军政府对袁世凯的君宪主义要求也就没有不答应之理，何况黎元洪参加革命本来就有点被迫和无奈呢！11月7日，也就是武昌起义不到一个月的时候，黎元洪向袁世凯的信使王洪胜表明了自己的心迹：重回君宪主义不是问题，问题是朝廷在整个事情结束后不得秋后算账，打击报复。

黎元洪的忧虑是人之常情，清廷在这方面也有秋后算账、打击报复的不良记录。袁世凯对此大包大揽，表示只要重回君宪主义立场，一切问题都好说。11 月 11 日，袁世凯派遣刘承恩、蔡廷干两个心腹与黎元洪等人面对面谈判。刘承恩等人向南方代表介绍了袁世凯的方案，希望湖北新军弟兄看在过去十几年共同追求君宪主义的份上，给朝廷一次弃恶从善、改邪归正的机会。至于南方的利益，袁世凯也有暗示，表示黎元洪等人都是国之栋材，将来一定会重用。

当然，袁世凯的口头承诺并不是黎元洪和湖北军政府答应重回君宪主义的理由，更直接的原因还是北洋军大兵压境，湖北新军根本不是对手。还有一个原因是，不论黎元洪，还是湖北立宪党人，过去若干年毕竟都是君宪主义者，现在有了这个难得的机会，为什么一定要放弃呢？

君主，还是民主

在与黎元洪及湖北军政府达成某种协议后，袁世凯很快北上，接受清廷举荐及资政院选举，筹组新内阁。11 月 16 日，面目全新的内阁班底正式出场。国人眼前一亮，无不以为持续一个月的政治危机总算有了化解可能。

新内阁出台后，袁世凯成了清廷名副其实的代言人和实际操盘者。南北之间的谈判，也很快由南方革命党人与清廷之间，转化为与袁世凯内阁之间进行。只是南方的形势在过去十几天里迅猛发展，黎元洪所能答应的条件虽然没有变化，但在上海被革命党人于 11 月初光复后，南方势力东移上海、南京，湖北渐渐边缘化，先前所说的条件是不是还被接受成为一个问题。

南方情形的变化，并没有改变袁世凯君主立宪的信念。他在敦促清廷加快立宪步伐的同时，也在想法与南方革命党人取得联系，准备谈判。前提条件依然是维护清廷统治，建构一个真正意义上的君主立宪国家，实现那一代人的政治理想，尽快重建秩序，恢复和平。

维护清廷的政治架构，对袁世凯来说应该是一个负责任的立场。正像他在11月21日回答伦敦《泰晤士报》记者提问时所说的那样：中国如果真的在这场革命中剔除清廷，那么很可能走上动荡不安的乱局，进而因政局不宁影响世界经济，招致列强干预甚至瓜分；中国在政治上的最好选择就是君主立宪，只有君主立宪方才有力量、有办法保全中国。

袁世凯之所以这样回答，是因为武昌起义引发多米诺骨牌效应，各省相继独立。人们已经渐渐感到清廷过去几年所推动的君主立宪虽然取得了不少进步，但统治阶级的惰性和本质使满洲贵族到了关键时刻掉链子不给力。与其和这个自私的贵族集团争君宪，不如直接进入民主共和，构建一个人民当家作主的新时代。12月5日，各省都督府代表联合会对南北议和提出了几项先决条件：一是推翻清廷，实现共和；二是礼遇皇室旧人；三是以人道主义对待满人。

各省都督府代表联合会的方案是否可行暂且不谈，但毕竟南方联合起来提出了谈判条件。谈判本来就是一个讨价还价的过程。有谈判条件就有了谈判的可能，这是对袁世凯出山以来和平呼吁最直接、最正面的回应。

针对各省都督府代表联合会的条件，袁世凯在英国公使朱尔典的帮助下于同一天向朝廷上报了一个应对方案。这个方案的基础依然是君宪主义。只是为了让南方革命党人更加信服、愿意让步，袁世凯在这个方案中向朝廷格外强调君宪主义的实质在立宪而不在君主，希望清廷不要再以假招子蒙骗世人了。时不我待，真的错过这次机会，后悔都来不及了。

袁世凯的这个方案究竟深藏着什么东西，我们并不太清楚，但清楚的是袁世凯拿着这个方案与摄政王面谈后，摄政王干脆辞职不干了。其中的曲折是非，虽然不太被人知道，但是摄政王的下野，无疑为和平解决南北纷争、解决武昌起义以来的政治危机提供了一个重要机会。隆裕皇太后就此告诉袁世凯：好了，现在你可以大胆去做了，我只是一个妇道人家，没有什么政治经验和政治常识，一切都拜托你袁世凯了。

有了皇太后的充分授权，袁世凯于 12 月 7 日组建了一个庞大的和谈代表团，自己身兼全权大臣，委派最亲近的心腹唐绍仪为代表，又委派两个最信任的师友幕僚严修、杨士琦参与讨论，邀请陈宝琛、严复等学界名流为代表或观察员。代表团南下前，袁世凯和他们交底，反复告诫：对于北方来说，君主立宪是条不可逾越的政治底线。只要南方同意这一点，其他问题都可以谈。袁世凯相信，只要朝廷拿出诚意加快君主立宪步伐，完成立宪最后一道程序，即选举和召集国会，那么，两个多月的南北纷争一定会结束，中国一定会在新的台阶上继续前进。

对于通过谈判解决政治纷争，袁世凯信心满满。一百多年后重新观察，很容易发现袁世凯之所以这样信心满满，不仅因为他发自内心地认为君宪主义是化解时局危机的唯一出路，而且在他的背后还有列强的认同、支持，甚至可以说正是列强认为中国应该维持一个君宪主义的国家体制，才使袁世凯对此信心满满。同时，还有一个值得注意的现象是，过去的研究以为南方革命党人是铁板一块，以为他们都主张走向共和民主，都主张废除君主。这个说法其实是不对的，至少是不全面的。独立十四省的情况非常复杂，并不是所有省份的领导权都在革命党人手里，而且有许多省份之所以宣布独立或反正，其实就是担心革命党人起义，是反被动为主动。所以在独立十四省中，也不乏主张君宪主义的声音。这些都是袁世凯力推和谈，坚持君宪主义的依据。

袁世凯试图通过君宪主义化解危机得到各方面支持，南北正式会谈、私下会谈确实一度期待通过君宪主义解决问题。根据随团代表严复的就近观察，南方革命党人深知形势发展到现在已经非常危险，势穷力屈，非早了结，中华必将不国，故谈论虽有争辩，却无骄嚣之气，而有忧深虑远之机。南方革命党人虽然没有明白确认君主立宪就是解决危机的唯一方案，然察其语气，他们也没有坚决排除以君宪主义作为化解危机的一个选择。只是在南方革命党人看来，他们对行君主立宪而辅以袁世凯的责任内阁难以接受，故坚决反对。南方革命党人以共和民主为主旨，北方告以国民程度不合，南方竭力不承认；问其总统何人为各省党人所能同意者，则以袁世凯对。南方革命党人宁愿实行共和而以袁世凯为大总统，以民主宪纲钳制之，不愿保留君主而以袁世凯为内阁，恐其后将坐大，而至于必不可制。其中的奥秘，严复认为非常令人疑惑。

严复的观察是对的。南方革命党人虽然信仰共和民主，但对君主立宪并非全面排斥。只是君主立宪不能再是原来的设计，以满洲人为君主的立宪政体看来已经很难满足南方革命党人的期待，君宪主义似乎真的将要成为往事。

12月20日，南北和谈第二次会议在上海举行，北方首席代表唐绍仪最先发言。他认为，在君主还是民主的问题上，确实不必再过多争论，孰优孰劣因国情因时势而决定。虽然他是代表朝廷前来谈君主立宪，袁世凯临行前的交代也强调君主立宪是谈判底线，但是就个人立场看，他在美国接受教育，知道民主共和与君主立宪之间的差别，因此也就比较倾向民主共和，以为中国应该建立民主共和的政治架构。

唐绍仪的谈话显然超出了袁世凯内阁和朝廷的授权，他似乎不是朝廷代表，而是南方发言人。其实，唐绍仪这番谈话也有深意在。因为自从南北开谈后，最大的胶着与困难，其实就是君主立宪第二步，即正式国会的选举与开张。

对于皇室和隆裕皇太后来说，君主立宪已经不是问题，皇权的保全、皇室的尊严都会在君主立宪框架内得到保证，但是皇族这个既得利益集团确实很难割舍祖祖辈辈所享有的政治经济特权。他们已经因为袁世凯责任内阁的成立而在内阁中除名了，现在如果再将他们在议会中所能享有的特权一并勾销，使他们这些祖祖辈辈高高在上的贵族沦为一般平民，和一般平民政治家一样去竞选打拼、争取选票，确实有点为难他们了。

按照预备立宪过程中资政院的政治架构，两百名议员中只有一百人是各省咨议局选举而来，另外一百人均为钦选议员。这些钦选议员并不一定都是皇族，但是皇族在这一百人名单中享有特殊权利，不必竞争、不必竞选则是毫无疑问的。现在的关键，就是怎样处置这件事，怎样在未来的政治架构中，既实现君主立宪的安排和原则，又能兼顾这些贵族的利益，假如有人想到这一点的话。

可惜的是，按照清朝君主立宪的最初设想，君主立宪不仅要消弭各族之间的差异，而且要消弭贵族与平民之间的不平等。大家都是平等的国民了，竞争竞选也就一视同仁了。理论上当然可以这样说，但理论上的平等毕竟无法遮蔽事实上的不平等。由于反对者没有向这些皇族提出一个可以接受的赎买条件，这些皇族就向朝廷施加压力，在君宪主义第二步也就是最关键的国会选举上设置障碍。唐绍仪之所以在第二次会谈中谈及共和制的好处，大概应该考虑从这个背景去理解。他大约觉得皇族的做法稍嫌过分，但是没有办法应对，只能请求南方，将究竟实行君主还是实行民主的问题交给国民会议去议决。这才是唐绍仪发言的真实用意。

南方的共和要求随着孙中山的归来越来越强烈，唐绍仪也随时将南方的要求和行动向袁世凯和朝廷报告。12月27日，眼见着南京临时政府就要成立了，唐绍仪急电袁世凯转报朝廷，强调民军坚持共和，请朝廷立即明降谕旨，召集临时国会，决定国体。28日，袁世凯将唐绍仪的电报报告朝廷，建议朝廷尽快召集王公会议，请旨以决大计。

对于袁世凯的这个请求，隆裕皇太后爽快答复，很快召集王公大臣会议，明白告诉袁世凯：君主民主，我与皇帝无所容心，并不懂得，袁世凯可以此意电令唐绍仪转告伍廷芳，召集国民大会公决国体。只是清廷的这个让步太迟了。两天后，革命党人在立宪党人的支持下，在南京成立临时政府。君主立宪至此已经毫无机会，只能等待着进入历史。

立宪党人支持孙中山成立临时政府也有一个附加条件，即逼退了清廷之后就应该将政权移交给袁世凯。因为在国内外政治势力看来，只有袁世凯有力量收拾旧河山，恢复秩序，重建和平，南京临时政府只是发挥逼退清廷的功能。所以，孙中山在宣布成立新政府时，不仅放弃了先前十七年一直坚持的"驱除鞑虏，恢复中华"的政治理念，而且明白宣布只要清帝退位，他就自动解职，推举袁世凯为"中华民国"大总统。

孙中山的这个宣言符合立宪党人的方案。严复早些日子通过观察就得出了这样的结论，即南方革命党人宁愿让袁世凯当共和国的总统，也不愿意让清廷继续存在，由袁世凯当内阁总理。只是这样一来就将袁世凯逼到一个非常尴尬的境地。他原本不想充当历史上欺负人家孤儿寡母的角色，结果还是成了曹操第二。

对于孙中山的提议，袁世凯并没有接茬。1912年1月4日，也就是孙中山就职第四天，袁世凯径直向南方谈判代表伍廷芳发了一份电报，指责南方公然违背了南北双方达成的谅解，单方面决定国体和政体。袁世凯指出，国体问题必须由国会或国民大会解决，这是伍廷芳和南方代表都签字承认了的。现在正当大家商量怎样进行时，你们竟然单方面宣布成立什么政府，这显然违背了先前的承诺。袁世凯的指责不能说全无道理，毕竟双方曾经就未来政体达成过共识，确实希望交给一个国民大会去解决。

孙中山有段至理名言：世界潮流，浩浩荡荡，顺之者昌，逆之者亡。中国古代圣贤也一再告诫国人：识时务者为俊杰。从这个视角进行观察，我们应该说袁世凯在辛亥那一年的政治表现还是值得称道的。尽管他没有在武昌起义之后迅即迎合共和、投奔革命，尽管他在那之后两个多月中一直站在革命的对立面，但他确实坚守了做人的原则，受命于危难之中，确实想救清王朝于将倒。

然而形势比人强。在经过两个多月的战火、争夺和几轮谈判后，君宪主义理想逐渐破灭，共和民主的思想渐渐深入人心。更重要的是，清廷毕竟是由满洲贵族组成的利益集团主导，两百多年来积累的社会矛盾到了这个时候更显得格外突出。在关键时候，亲贵内阁就是不愿向广大人民开放政权，铁路收归朝廷就是与民争利。这两项新的弊政唤起了人们的历史记忆，先前久被淡忘的"扬州十日""嘉定三屠"又都非常清晰地呈现在人们面前。于是在经过两个多月的战争与谈判后，反满的情绪不仅没有获得必要舒缓，反而日趋高涨，先前并没有多少种族见解的立宪党人也逐渐转向了民族主义和民权主义，满洲贵族和皇帝成了非去不可的两个东西了。在这种形势下，袁世凯只是坚守。便即他真的像满洲贵族中有人所要求的那样，拿起大炮去猛烈轰击南方革命党人，其后果也必然像袁世凯所认识的那样，革命党人或许能够杀绝，但能把那些民众都杀死吗？你们要我袁世凯去讨伐黎元洪、程德全，我可以办得到。但你们要我袁世凯去讨伐张謇、汤寿潜、汤化龙、谭延闿等，我袁世凯实在是办不到，因为他们代表了老百姓。老百姓是斩不尽杀不绝的。

因此，在勉力支撑至1912年1月中旬之后，各地的反叛根本没有停息，反而愈演愈烈，袁世凯实在有点支撑不下去了。他于1月16日与内阁大臣联衔向朝廷上了一份密折，分析了当前形势，建议朝廷尽快召集皇族会议，讨论究竟是否能够接受南方民军提出的共和方案，如果不能接受，那么应该怎么办。

在这份密折中，袁世凯详细回顾了南北议和的全过程，强调现在是海军尽叛，军饷无着，强邻虎视辽东，库伦不稳，人心涣散，继续僵持下去对谁都没有好处。为朝廷计，为皇太后和皇上计，袁世凯态度明确，建议接受南方民军提出的优待皇室条件，这样不仅能保证皇室的尊严和体面，也能为清王朝历来宣扬的"爱民如子"树立一个典范，提供一个证据。

在袁世凯的劝说下，清廷皇族进行了评估，最后还是由隆裕皇太后拍板接受妥协。一个王朝走入历史，袁世凯也就由君宪主义转向共和。只是正如许多人所意识到的那样，袁世凯的"共和"与孙中山等人的共和还是不一样，他充其量只是"一个有限的共和主义者"。

洪宪王朝——袁世凯的"自毁游戏"

2016 年是袁世凯去世一百周年，也是"未遂的王朝"洪宪王朝夭折一百周年。一百年过去了，对袁世凯该骂的都骂了，现在应该可以心平气和地追问：洪宪王朝、帝制复辟究竟是怎么一回事？

在过去的三十年，我一直比较关注对袁世凯的研究。我自己最早讲袁世凯的文章是 20 世纪 90 年代初发表的，主要讨论辛亥革命后为什么会持续出现帝制复辟思潮，甚至一次又一次出现帝制复辟运动。洪宪王朝是其中一次。哪怕袁世凯失败也没有完全阻止某些中国人对帝制的期待，没有完全阻止帝制复辟。1917 年，张勋拥戴清废帝溥仪复辟，这算是民国初年最后一次影响巨大的复辟事件，尽管时间很短。此后，重回帝制的可能几乎被完全封死，这是政治上的情形。

至于从文化上和思想上，真正将帝制观念从中国人的大脑中逐渐驱除，让中国人不再希望恢复帝制，应该归功于陈独秀在 1915 年创办的《新青年》杂志。它的创刊标志着新文化运动的发生。而新文化运动发生的直接动因，就是袁世凯的帝制复辟。

如果历史主义地讨论问题，那么袁世凯的帝制自为，可能并不是简单地恢复一家一姓之天下，而是面对乱局寻找一个解救之道。袁世凯帝制复辟的政治诉求，就是要建立一个强有力的中央政府。这是武昌起义之后，绝大多数中国人的共同认识。只是袁世凯的做法不太对，因而引起巨大反弹，直至毁灭。

袁世凯之后，张勋之后，进入20世纪20年代，中国人向苏联学习，找到了"以党治国"的办法，帝制复辟彻底消停。如果袁世凯之前知道"以党治国"这种方法，那么他断然不会称帝。"以党治国"是十月革命以后才有的事情，袁世凯显然不可能知道。

从大历史的观点看，袁世凯是近代中国转型期杰出的政治家。我们现在所知的有关他的形象都是负面的，原因是什么呢？我以为这始于1913年的"二次革命"。宋教仁被刺事件发生后，南方的孙中山、黄兴组织江西等省都督起兵反袁。我们过去一直将这个行动叫作"二次革命"。几年前，我在一个论坛上说，如果我们将这次反袁视为"二次革命"，那么袁世凯对南方的强力镇压就是"反革命"。显然，这样的表述是有问题的。

那么应该怎么准确地来表述呢？这是这么多年来我们要推动研究事实本身的原因所在。我们应该有一种超越性的眼光，超越袁世凯和那一代人的恩怨来研究。我们之前讨论的问题都是袁世凯和孙中山之间的问题。如果我们不能用超越的眼光来看他们，就很难看清历史真相。这种研究，不是为袁世凯翻案，也不是批评孙中山。

孙中山在袁世凯之前是政治上的少数派。革命党在袁世凯去世之前二十年的发展中，并不是中国政治舞台上的中心力量。

1894 年兴中会成立后，一直到 1907 年，革命党才开始发动大规模暴力革命，之前一直不是中国政治的主流。孙中山和黄兴策动"二次革命"失败后，孙、黄的政治处境更加困难，被排挤出政治的主流。

直到袁世凯去世之后，中国政治形势才慢慢变化。北伐之后，国民党夺得了政权。在这个漫长的历史发展过程当中，袁世凯被描述成一个我们今天知道的大概形象。

过去讲到 1894 年甲午战争，袁世凯所呈现给我们的是负面的形象，因为他在之前的十年中处理朝鲜问题有欠妥当之处。我们今天的研究所得到的结论并不完全是这样的。1894 年之前的十年，袁世凯对朝鲜的发展，其贡献还是有的，这是第一个问题。

第二个问题是，他是否在 1898 年的戊戌变法当中出卖了维新派。据我研究，真实情况是他知道康有为的政变计划，作为清朝的"副部长"（兵部侍郎），如果去报告也是无可指责的。更何况，袁世凯是"有密未告"，因为他不同意谭嗣同的武力夺权计划。他不同意，就意味着谭嗣同们不可能成事，因而也就没有必要大舌头似的到处乱说。还有一个问题是两宫死因。据现在的研究，基本可以证明这跟袁世凯没有关系。

武昌起义发生后，袁世凯认为这是反朝廷的事情。在受到清廷召唤后，他又出山了。当时清廷的改革已经裹足不前，袁世凯希望利用外部压力推动改革发展。到 1911 年 12 月，和平谈判不能实现君主立宪后，袁世凯接受了部下段祺瑞等将领的"强硬性"建议，放弃清廷，走向共和。

在清末民初很长一段时间里，"非袁莫属"是朝野各界及外国关注中国问题者的一个基本共识。在清末十年，袁世凯做了大量工作，有效推动了君主立宪。进入民国，应该说，袁世凯是一个"有限的共和主义者"。在走向共和的大势之下，他承担起了这个责任，但很快袁世凯感受到了当时政治架构的不足。

实事求是地说，袁世凯做临时大总统时的《中华民国临时约法》（以下简称《临时约法》）是有问题的，这是因人制法最典型的一个案例。好在《临时约法》的期限是一年，要求十个月后临时大总统召集国会，制定正式的民国宪法。然而，这个临时宪法在一年之内出现了问题，袁世凯在第一个任期就换了三届内阁。问题的起因就是总统权限的不完整。按照《临时约法》的规定，总统发布的重大命令必须由国务院、国务总理或国务员副署，否则就不生效，所以没有给予总统充分的授权。

1912 年 10 月，依照《临时约法》的规定，袁世凯以临时大总统的身份发布总统令，召集国会，制定国会的选举办法。国家选举气象大好，大家主动选举，竞争也很激烈。这是中国历史上的第一次大规模选举，虽有贿选和假票现象，但是均遭到非常严厉的处理。国民党通过组合成为了第一大党，宋教仁当选为该党代理理事长，之后便风尘仆仆地到处参加选举。通过 1912—1913 年的选举，中国人的力量都被动员起来了。那是充满希望的一年。然而，1913 年 3 月 20 日，上海发生了宋教仁被刺案。那时普遍的看法是，作为国会第一大党的领袖，宋教仁将竞选总理，他能威胁到的只能是现任国务总理赵秉钧。换言之，宋教仁此时的风头不管怎样强劲，都不是去与袁世凯争总统；他只能是袁世凯的盟友，而不是袁世凯的政治对手。这一点袁世凯很清楚，不可能去杀一个对自己无害的人。宋教仁也清楚，所以他在生命的最后时刻依然请黄兴代为致电袁世凯，请求袁世凯继续推动宪政，如期召集国会，为中国制定一部好的宪法。

与宋教仁的判断不同，孙中山觉得袁世凯脱离了共和轨道，所以他就组织国民党进行反袁起义。这时，"中华民国"已经组成一个合法政府，无论如何不会允许境内发生暴力革命，不会容忍用暴力推翻自己。这个道理太简单了。

面对南方革命党人可能发生的暴力反政府事件，袁世凯在北京向外国记者说：孙、黄如果执意暴力起事，那么政府一定不会放过他们，一定会动用一切力量予以镇压。袁世凯认为，胜算在他这边。事实也确实这样，孙中山、黄兴在"二次革命"后威望一落千丈，甚至成为众矢之的。整个国民党受到了很大质疑。

4月8日，宋教仁去世后不久，"中华民国"第一届国会正式召开。宋教仁就是要从上海到北京参加这个会议而被杀的。国会的议程：一是选举大总统；二是制定一个永久的"中华民国"宪法。如果没有发生宋教仁案，那么，这两件事情会有一个圆满的结果。宋教仁案之后，如果当时参、众两院尽自己的职责，为国家制定一个永久宪法，再去制定一个好的总统选举法，那么，中国应该可以渡过宋教仁案引发的危机，宋教仁案就只是一个司法问题。7月1日参议院和众议院互选三十名议员成立一个宪法起草委员会来制定宪法。根据颁布的宪法起草委员会条令，任何其他力量不得干预宪法起草委员会的独立性，两院的议员可以旁听但没有发言权。到10月，宪法草案大致完成。

民国元年以及民国二年，中国政治面临的困境就是因为最高权威的分裂，大总统没有最高权力。国会被召集起来制定宪法，然后选举总统。而宋教仁案后，根据特殊国情，各党协商，由国会先选总统，再制定宪法。袁世凯是总统的不二人选，于10月

10 日就职，成为"中华民国"第一任正式大总统。

袁世凯当选就职后，宪法还在制定中，但当时的方案又没有解决之前遇到的问题，而且有一些议员意在遏制总统的权力。因此，袁提出了一个方案：总统拥有公布宪法权；在未来行政架构中，总统拥有绝对权力，只对国会负责，而不是让国务院、国务总理分享权力，分割权力。

宪法起草委员会对袁世凯的建议案不予讨论，而是坚定不移地公布了他们制定的宪法草案。由于这个宪法草案是在天坛的一个会所制定的，因而历史上习惯称之为"天坛宪草"。

"天坛宪草"是一个很不成功的宪法草案，没有根据民国建立两年来的实践对《临时约法》进行修正，而是坚守了《临时约法》的权力构架，继续让议会、国务院、国务总理分割大总统的权力。假如袁世凯遵守这样的宪法，那么在他的任期内，其施政情形与民国元年、二年没有多大差异。换言之，就是什么事情也别想干成，中央政府将陷入无休止的政治冲突中。

袁世凯无法接受"天坛宪草"，但他确实不该向各省都督、民政长呼吁，将各省军政民强势人物引进来一起讨论"天坛宪草"。各省都督、民政长原本就对民元以来的省议会非常不满，因而他们随声附和，异口同声反对"天坛宪草"，要求袁世凯解散国会，收缴国民党议员的证书徽章，处置参与南方革命党人反袁起义的国会议员，从而引发了一场严重的"国会危机"。

国民党议员的离开，使国会无法继续履行职责。袁世凯在幕僚们的建议下，以政治会议行使国会功能，制定了一部《中华民国约法》。这部约法在历史上被称为《袁记约法》，其含义就是太过于迁就总统的利益与权力。

《袁记约法》缓解了民国初年部分的政治紧张。但紧接着，第一次世界大战爆发，中国选择了中立，而德国、英国、俄国诸大国都是参战国，它们的一个战场就在中国土地上。

日本以"英日同盟"的理由介入了战争，把山东的胶州湾从德国手中接管了。1915 年，日本提出了"二十一条"。在之前的二十年中，中日关系发展很密切。

"二十一条"第一条是山东问题，日本要求继承德国在山东的特权。第二条是满蒙问题，要求承认日本在东北南部和内蒙古东部的各项特权。第三条是汉冶萍公司问题，要求其成为中日合办公司。第四条和第五条对中国大有伤害，这是从国家利益角度得出的结论。日本要求中国沿海港湾、岛屿概不租借或让与他国，聘用日本人为国务顾问，合办警政和兵工厂，日本人在中国内地有开矿、筑路、设厂、传教等特权。日本强词夺理，让袁世凯觉得日本要灭亡中国。于是，袁有意识地把条约内容向其他大国泄露，争取他们的同情，尽管之前日本要求这些内容是保密的。袁世凯也是想通过这种方式挽回流失的人心。4 月底日本因为世界舆论对其不利，于 5 月 7 日给中国下了最后通牒。袁世凯于 5 月 9 日答应了日本的很大一部分要求，并悲情透露这是国耻。

中日谈判将近结束的时候，杨度上了一个内参，抛出"君宪救国论"，主张中国要想强大，不被别国欺负，必须重走君主立宪的道路。袁世凯很欣赏这篇文章，于是一些人开始朝着君主立宪的方向运作。杨度找严复讲：中国目前的形势很是严峻，究其原因是大总统的权力受到各方面制衡，无法发挥。中国不应该搞共和体制，而应该复辟君主制。

严复从来就不是一个共和主义者。他在武昌起义发生后始终认为，中国应该坚持君主立宪体制，假如大家都觉得小皇帝不合适的话，那么可以考虑重新选举一个成年皇帝，也可以废止摄政王的权力。严复认为，蒙古、新疆、西藏这些新开辟的土地所臣服的是清朝皇帝，如果中国废除帝制，让清朝皇帝退位，那么这些边地可能会脱离中国。严复的预感迅速得到验证。很快外蒙古宣布"独立"，甚至比"中华民国"南京临时政府成立还早了一天。基于这样的认识，严复自然不会反对杨度的"君宪救国论"。

杨度从严复的话中获取了动力。紧接着，他又找孙毓筠、李燮和、胡瑛、刘师培等人讨论，并进而组织"筹安会"。筹安会的出现，是一个很严重的事件。但这个事件一方面迎合了袁世凯的心理，另一方面确实属于民国政治的自由权利，无法从法律层面予以禁止。但是这样的公开讨论、鼓吹影响很坏，进而在知识界、政界形成了一个复辟帝制的风潮。以至于冯国璋见到袁世凯当面就问袁是不是想做皇帝，袁世凯讲这是外界的谣传，表白他从宣读临时大总统誓词时开始，已经不再认同帝制了。有人认为袁世凯是在欺骗冯国璋。其实不然，如果他真要做皇帝，事先就应该跟这些好兄弟讲清楚争取他们的支持。但是袁没有，说明他当时还未有称帝的想法。这是 1915 年的 6 月。

而他的大儿子袁克定此时弄了一份报纸，不断刊登一些诸如外界人士希望袁称帝的消息，致使袁世凯误判了当时的形势。同时，当时所聘请的一些宪法顾问如古德诺、有贺长雄也认为当时的中国走共和之路有些早了，重回帝制不失为一个好办法。况且小皇帝还在宫中，在这种环境之下，重回帝制也不是不可以。

各方面舆论推动着民粹，希望袁世凯称帝的请愿书络绎不绝飞至他的面前。写请愿书的人甚至包括后来被称为"反袁英雄"

的蔡锷、唐继尧。这让袁世凯以为大家都期盼他称帝，袁世凯后来崩溃的原因也在于此。

在筹备洪宪王朝时，袁世凯要封他的亲家黎元洪为亲王，被黎元洪拒绝了，但这没有引起袁的重视。段祺瑞对袁世凯忠心耿耿，看到袁世凯被蒙蔽却听不进去建议，便请病假归隐去了；严修是袁世凯的家庭教师，之前常常来见袁世凯，在袁筹备帝制期间却再不登门；徐世昌看到这个形势也回家写字、编书去了，不掺和这个事情。这些事也没有引起袁世凯的注意。

当一切筹备妥当，袁世凯于 1915 年底宣布明年改元"洪宪"，洪宪王朝进入成立前的倒计时。就在这时，让袁世凯无论如何想不到的是，赞成重回帝制的蔡锷，却与唐继尧、梁启超等人宣布反对帝制复辟，讨伐袁世凯，护卫国体。

好在袁世凯并没有一意孤行，他发现不仅国内政治家反对帝制复辟，列强实际上也很少赞同中国重建帝国。于是，袁世凯让一切称帝活动停了下来，只当这件事没有发生。他既然没有称帝，没有登基，那么他理所当然还是共和国的大总统。

袁世凯的打算引发了南方讨袁派的不满。此时的袁世凯陷入了困境中：是下野成为一个老百姓，还是继续做大总统呢？但是到袁世凯去世为止，仍没有找到解决的办法。今天很公平地说，如果当时袁世凯什么都不管了，那么必然会引发更大规模的内战。假如当时袁世凯没有去世，不当总统了，而要选出一位新总统的话，那么，他的威望可能会重新恢复。但是，历史是不能假设的。

有一个传闻讲，袁世凯家族的人寿命都较短，用喜事冲一冲会好一些，但是没有成功。我分析，袁世凯临死前对自己的所作所为是极为后悔的。他一生很少做错事，却在老年做出了这样的荒唐事。袁世凯本有希望做中国的"华盛顿"，大家对他的期望也很大。1912年，袁世凯发通电讲，我不会做中国的"拿破仑"，即使我做不成中国的"华盛顿"。大历史的局限下，他无法把握自己。袁世凯最后的结局是一个悲剧，而洪宪王朝给中国的教训也是很深刻的。

辛亥大牌局中的段祺瑞

1911 年发生的中国革命，是各派政治势力的一次正面角逐。这些势力在关涉民族大义、国家根本利益，尤其是人民福祉的问题上，各有坚持、各有让步。然而由于多年来阶级斗争史观的深刻影响，特别是由于辛亥以后政治纷争中的利益纠葛，我们在很长时期内对辛亥年中国政治发展的内幕不甚了了，对许多人物的政治选择不太清楚。比如在这长达一百多天的胶着中，起关键作用的段祺瑞，由于其后来的政治立场，不仅与孙中山领导的革命主流为敌，更在"三一八"事件中被鲁迅痛批，因此，其在辛亥年的所思所想与作为，我们都不太清楚了。我们不知道他在辛亥年的心迹，不知道他为什么最早安排南北秘密交涉，最早向清廷发出退位通牒，又最早警告南京临时政府要善待清廷。段祺瑞是辛亥政治转折的操盘手，是时局转折中的关键人物。在某种意义上说，辛亥年的转折与发展，其实就掌握在这个北洋系强人手里。

战争并非解决危局的唯一手段

段祺瑞生于 1865 年，辛亥革命发生时四十六岁，职业军人出身，先后就读于天津武备学堂和柏林军事学院，被誉为"北洋三杰"之一，又被称为"段虎"，是北洋系中排名仅次于袁世凯的重要人物。

与湘军、淮军将领相比，袁世凯、段祺瑞这一代新军人已与先前的旧军人明显不同了。他们不再是单纯的鲁莽武夫，不再是嗜血如狂的杀人魔王。他们在东西洋近代思想的影响下，拥有相当民主的思想理念，知道中国应该走的政治方向。他们是近代中国军人中的佼佼者，尽管他们并没有完成近代中国军队现代化转型，为后世中国遗留了战乱的种子，但他们本身并不是战乱的根源。

如果从政治派系归属说，段祺瑞属于李鸿章的嫡系。只是到了 1896 年，他因荫昌推荐前往天津小站追随袁世凯练兵，渐渐受到袁世凯重用，逐步成长为袁世凯不可或缺的左膀右臂，成为晚清民初政坛上袁世凯的重要政治盟友。此后，他追随袁世凯赴山东镇压义和团，赴直隶及中央练兵处协助袁世凯创办、主持各军事学堂和训练军官。北洋系许多重要军官，说起来都算是段祺瑞的门生故吏，彼此有着非同寻常的缘分和师生情谊。

1907 年，袁世凯调任军机大臣兼外务部尚书；翌年，又因各种原因被开缺回籍养病。清廷乘机对军队系统进行了一次大清理、大调整，但段祺瑞并没有因此受到多大影响。1909 年他复任新建陆军第六镇统制；翌年因督办北洋陆军学务有功，赏头品顶戴，加侍郎衔，外放任江北提督，驻防江苏。

在江北提督任上，段祺瑞好像也没有做什么事情。他或许也认为那是个虚职，不军不民，根本无法有所作为，只能耐心等待机会。

机会总是有的。1911 年 10 月 10 日，湖北新军举事，成立湖北军政府，推新军协统黎元洪为都督，向朝廷叫板，要求朝廷兑现政治改革的承诺，撤销皇族内阁，调整铁路干线国有化政策，平息国内骚乱，恢复国内和平。

对于湖北军政府的要求，清廷并没有听进去。清廷依然按照过去的老办法，兵来将挡，任命陆军部大臣荫昌率部南下，强力镇压。

荫昌出身八旗，但与汉族下野大臣袁世凯有着非同一般的亲密关系。在袁世凯担任山东巡抚时，荫昌曾帮助袁世凯在山东主持军务。借助袁世凯，荫昌与北洋系有着非同寻常的关系。他曾担任北洋武备学堂总办，北洋系的一些重要将领像冯国璋、段祺瑞、王士珍等说起来还是他的学生。可是，荫昌毕竟没有打过仗，没有指挥能力和军事才能，最多只是一个纸上谈兵的主儿。他之所以能够出任陆军部大臣，主要是凭借他的满洲血统和留学德国的背景。

荫昌是个有自知之明的人，在受命前往武汉收复失地途中，不忘绕道彰德请教袁世凯。袁世凯告诫他，湖北新军举事情形复杂，他们不是要求加薪，不是要求升官，而是要求政治改革，所以对湖北新军不好鲁莽行事，不好武力镇压。再加上荫昌统率的军队都是袁世凯旧部，唯袁世凯马首是瞻，荫昌根本指挥不动。所以，武昌起义并没有因为荫昌前往镇压而结束。

朝廷似乎也没有指望荫昌能够平息这场军事哗变，所以在命令荫昌率部前往武昌不久（10月14日），就起用三年前因病回籍的袁世凯为湖广总督，授权节制湖北各军，督办剿抚事宜，并起用同样赋闲已久的岑春煊为四川总督。

在接受了朝廷的任命后，袁世凯在彰德老家进行了周密准备，就政治解决和军事部署做了安排。在政治解决方面，袁世凯建议朝廷，接受湖北军政府的要求，同意并着手准备在次年即1912年召开国会，组成真正意义上的责任内阁；宽容武昌兵谏官兵，解除党禁。至于军事部署，袁世凯建议朝廷，以军咨使冯国璋为第一军总统，速赴前敌；以段祺瑞为第二军总统，陆续开拔。在此之前，江北提督段祺瑞已经接受袁世凯的召唤，秘密从任所日夜兼程赶往彰德府，参与袁世凯的政治军事谋划。

段祺瑞在接受了朝廷的任命后，并没有像冯国璋一样立即开赴前线。因为在这个政治军事敏感期，突然发生了吴禄贞被刺案。段祺瑞受命转往北方处理此事。

11月16日，袁世凯就任内阁总理大臣，重组内阁。袁世凯以为，湖北新军和各地新军起义、反正，其实都不是真的要推翻朝廷，只是要朝廷兑现承诺，从事改革。因此，对于这些起义、反正不能像过去对待反叛者那样，完全以武力镇压，而必须诉诸和平方才能够解决。所以，他在让冯国璋大打了一场，赢得对汉口和汉阳的控制权之后，就让段祺瑞上场，实际上就是要以柔性手腕化解危机。

11月17日又建议朝廷让段祺瑞署理湖广总督。在北军控制了武昌前线局面后，12月9日袁世凯调冯国璋回京担任禁卫军总统，调段祺瑞接任冯国璋第一军总统遗缺。这实际上将湖广地区善后及南北交涉等事宜一并交给段祺瑞打理。

南北密谈：从君宪到共和

段祺瑞是北洋将领中肯动脑子、善于学习并具有新思想的人物。他想必知道战争永远只是政治上不得已的手段，军事家的最高境界是不战而屈人之兵，和平是解决一切冲突的最佳选择。所以，段祺瑞于11月28日抵达汉口接任湖广总督后，立即下令停止炮击武昌，暗示其部下可以通过各自的关系与湖北新军进行联系，寻求解决方案；强调武昌起义只是体制内的一次兵谏、一场哗变，是对朝廷改革不力、改革失误的抗争；强调南北新军在这一点上是一致的，也就不一定要兵戎相见。

武昌前线的和平攻势，当然不会是段祺瑞的个人决策与行动，而是袁世凯整体谋略的一个组成部分。就在段祺瑞就任湖广总督的同一天，袁世凯奏请朝廷颁发上谕，命刘承恩、蔡廷干前往武昌，继续开导革命党人，重回君主立宪的政治轨道，重开和谈。

刘承恩、蔡廷干与黎元洪之间的接触与谈判获得了预期效果。经过武力压制和好言相劝，黎元洪和湖北军政府在大原则上同意接受袁世凯的建议，南北和解，推动朝廷兑现政治改革的诺言，重回君主立宪的轨道。

然而，南北新军的共识并不被朝廷中的强硬派所接受。这批强硬派就是后来的那批宗社党人，也就是皇室之外一个小范围利益阶层。这批强硬派执意反对真正意义上的君主立宪，因为一旦真正意义上的君主立宪实行了，他们所享有的政治的、经济的一切特权也就终结了。君主立宪可以保护和尊奉的只是君主和皇室，皇室之外的一切宗室、王公等，当然都不再享有特殊的权利。这就是南北之间始终无法达成妥协的根本原因。

南北无法妥协，关键就在于清廷中的强硬派不愿让步，而不是皇室，不是隆裕皇太后，更不是那个什么都不懂的小皇帝不愿让步。于是如何迫使清廷中的强硬派让步，成了时局化险为夷的关键。正像后来的思想家鲁迅所说，中国人的性格总是喜欢调和折中的。就像对待一座腐朽的房子，你要让他拆下窗户，那他是一百个不情愿、不乐意；但是，你如果让他直接拆了房子，那别说拆窗户了，他甚至连门都愿意拆掉。这就是南北僵局无法化解时的情形。

鉴于这样一种情形，要想打破僵局，唯一的出路就是逼迫清廷中的强硬派让步。于是，我们看到南方革命党人、立宪党人及新军之间酝酿着两个比较鲜明的政治谋略，开通了两条各具特色、相互平行的谈判渠道。

一条渠道是唐绍仪与伍廷芳大张旗鼓的高调谈判。作为袁世凯的总代表，唐绍仪率领庞大的议和代表团浩浩荡荡从北京至武昌，再至上海，营造和平气氛，稳定各地局势。但这场谈判从一开始就很艰难，主要障碍就是真正意义上的君主立宪方案并没有得到清廷强硬派的认同，不得已转而以民主共和去冲击君主立宪，逼迫清廷强硬派让步。这是公开的、透明的谈判，虽然各方私下有交易有妥协，但谈判大体处在公开状态。

与公开谈判几乎同时的另一场谈判是秘密进行的，这场谈判的主导者就是段祺瑞。根据袁世凯幕僚原初的规划，南北和谈化解危机原本就不是一个单轨策略。当君宪主义不被朝廷中的强硬派接受时，以共和替代君宪，或者说以共和去冲击朝廷中的强硬派，倒逼他们同意接受君宪主义的方案逐渐浮出水面。

这场秘密谈判的主事者是南北军人。北方军人有段祺瑞的手下靳云鹏、曾毓隽、徐树铮、廖宇春。廖宇春早年留学日本，后协助冯国璋、段祺瑞办理北洋陆军速成武备学堂等，此时为直隶陆军小学堂总办。靳云鹏为段祺瑞的老部下，深得段祺瑞的赏识与器重，与徐树铮、吴光新、傅良佐同列，被视为段祺瑞皖系"四大金刚"，时任北洋军第一军总参赞官。曾毓隽的职务为参议官，徐树铮为总参谋官，都是段祺瑞身边的重要人物。他们与北京红十字会负责人夏清贻一起商量了一个和平方案。

廖宇春、靳云鹏和夏清贻等人认为，现在南北兵力相当，长此下去，不是造成南北分裂，就是和平遥遥无期，受难的还是老百姓，是全国人民。现在南方革命军的宗旨就是实现共和，而这一点北洋军并不反对。北洋军只是忠于袁世凯才与革命军作战，所以如果南方能够推举袁世凯为大总统，则共和可望，和平可期。他们以此意上报段祺瑞，获得认同，因为段祺瑞当然知道战争的后果，知道最终的结局只能如此。

有了段祺瑞的首肯，廖宇春等人来到上海找到顾忠琛。顾忠琛毕业于安徽武备学堂，曾任江浙联军攻打南京的参谋总长，此时为黄兴的特别顾问。廖宇春等人向顾忠琛说明来意，而顾忠琛很快意识到这是南北和解的一个重要机会。

顾忠琛的这个反应是对的。因为，黄兴早在湖北与黎元洪联合抵抗北军打击时，就有过类似的想法与方案，以为南北之间的和解可能还要从袁世凯身上寻找出路。所以，黎元洪、黄兴等人收到袁世凯南北和谈的书信后，于11月8日、9日分别复信劝说袁世凯离开清廷，赞助民军，表示一旦民军有机会建立中华共和国，就一定推举袁世凯为第一任大总统。

黎元洪、黄兴的主张并没有被袁世凯接受。因为，袁世凯此时心中还是期待以君主立宪体制的真正实现作为化解危机的唯一方案，毕竟这个方案已经提出十年了，也是他们那一代人的共识和目标。何况现在机会来了，虽说是一场政治危机，但化危为机，也不失为一个重要选项。所以，袁世凯重出江湖担任内阁总理大臣后，确实在很长一段时间里一意孤行坚守君宪主义立场，直至清廷内部的强硬派不愿让步，袁世凯的想法才开始变了。

以袁世凯为新政府第一任大总统的方案原本就是黎元洪、黄兴的构想，只是当时条件不具备而无法实现。现在段祺瑞的代表向顾忠琛重提这个方案，深知此事来龙去脉的顾忠琛没有不同意的道理。顾忠琛代表黄兴表态说，袁世凯如果真能像各位所说的那样颠覆清廷，为民造福，那么他出任大总统一职，南方革命军一定会全力支持。黄兴获知这个情报后也表示，自己之所以在过去几天不愿接受南方各界拥戴出任什么临时总统，其实就是虚位以待袁世凯。现在机会终于来了，所以黄兴授权顾忠琛与廖宇春等人在上海甘肃路文明书局进行谈判，并于12月20日达成五项秘密协议：第一，确定共和政体；第二，优待皇室；第三，先推覆清政府者为大总统；第四，南北满汉军出力将士各享其应得之优待，并不负战时害敌之责任；第五，同时组织临时议会，恢复各地秩序。

廖宇春、顾忠琛的这个方案是经过段祺瑞同意的，但这个方案在多大程度上代表了袁世凯的意思，历来众说纷纭。许多人认为这个方案就是袁世凯内心所想，只是段祺瑞悟了出来，代为执行而已。这当然是一种值得注意的揣测。不过更值得注意的是，当靳云鹏奉段祺瑞的命令携带这个方案前往北京向袁世凯禀报，请其赞成共和、重建秩序时，袁世凯还是发了一通脾气，强调我袁世凯为清王朝总理大臣，焉能赞成共和，有负重托?

袁世凯的气愤应该是真实的，但他稍后的变化也应该同样是真实的。袁世凯气愤是因为这毕竟有损个人形象，这是一个政治家最忌讳的东西。靳云鹏对此做了详细的解释，特别强调这个方案已经得到段祺瑞等军方将领的首肯，甚至会说这就是段祺瑞等将领的指示。

靳云鹏的这个说法当然是有事实根据的。段祺瑞等武昌前线的将领是袁世凯最仰仗的一支力量，甚至可以说就是老袁的生命和根基。那么，这些高级将领都这样认为了，这样去做了，如果袁世凯继续坚持先前的立场，结果会怎么样呢? 袁世凯接着又问: 南方革命党人有这样的建议不稀奇，北方军人有这样的想法似乎还不可能，大家都是为朝廷效力，怎么能有这样的想法呢? 段祺瑞究竟是怎样考虑的呢?

对于袁世凯的疑虑，相信靳云鹏早就和段祺瑞等人对过口径。靳云鹏毫不含糊地回答说，段祺瑞统率的第一军全体一致，主张共和，并拟推举宫保为临时大总统。袁世凯对此仍不敢太相信——军心为什么会突然变成这个样子，这样做的后果你们想过吗? 这将把我袁世凯置于何种境地，这不是让我袁世凯不忠不义，让我背负欺负人家孤儿寡母的罪名吗?

对于袁世凯的这段表白，研究者根据其后来的所作所为，认为是虚情假意，是其政治上不诚实的表现，甚至说袁世凯真是老奸巨猾，竟然对北洋嫡系都不愿说真话、露真情。其实这种说法还是值得探讨的。那时还是帝制时代，像袁世凯这样的传统政治家更注意维护自己的政治信誉和政治形象，现在事情既然闹到了这个份儿上，相信袁世凯生气也并非完全是做作。由此可见，袁世凯从君宪向共和的转变，或许有段祺瑞的敦促；而段祺瑞的态度或许又受袁世凯的暗示。只是史料阙如，这中间的细节我们已经不太容易描述了。

最后一击：巩皇位而奠大局

经过两个多月的战火、争夺和几轮和谈之后，清廷内部的强硬派总是慢半拍，总是不愿一次性让步，民众的君宪主义理想逐渐破灭，共和民主的思想渐渐深入人心。

在勉力支撑至 1912 年 1 月中旬之后，各地的反叛根本没有停息，反而愈演愈烈。袁世凯实在有点儿支撑不下去了，便于 1 月 16 日与内阁大臣联衔向朝廷上了一份密折，分析当前形势，建议朝廷尽快召集皇族会议，讨论究竟是否能够接受南方民军提出的共和方案，如果不能接受，那么应该怎么办。

在这份密折中，袁世凯详细回顾了南北议和的全过程，强调现在是海军尽叛，军饷无着，强邻虎视辽东，库伦不稳，人心涣散，继续僵持下去对谁都没有好处。为朝廷计，为皇太后和皇上计，袁世凯建议接受南方民军提出的优待皇室条件，这样不仅能保证皇室的尊严和体面，也能为清王朝历来宣扬的"爱民如子"树立一个典范，提供一个证据。袁世凯说，我朝继承历代帝系，师法孔孟，以为百王之则，是民重君轻，圣贤业已垂法守。根据与南方民军谈妥的条件，民军表示他们会尊重历史，尊重皇室，尊重清王朝的过去。现在南北战争已经僵持数月，东西友邦均因战祸而付出了相当代价。列强之所以还乐于调停，是因为他们看到南北纷争说到底只是一个政治制度的变革和改善，所以还能坚守中立，不介入干预，但是如果这种僵局不打破而持续下去，谁也没有办法保证列强不出手，毕竟他们在这里有着重大经济利益。到那时，列强恼怒，南方民军抱怨，都会将朝廷视为乱源，视为罪恶之首。感情既恶，谁又能保证朝廷未来还会享有什么样的优待条件，谁又有办法去约束和规范南方民军的行动呢？袁世凯说到这里，不露声色地警告道：读法兰西革命史，假如法王路易十六能够早点儿顺应舆情，接受妥协，何至于让其子孙后代一起受戮？现在南方民军所争者政体，而非君位；所欲者共和，而非宗社。我皇太后、皇上何忍九庙之震惊，何忍乘舆之出狩？必能俯鉴大势，以顺民心。袁世凯给隆裕皇太后戴上了一顶高帽，端看满洲贵族统治集团如何回应。

1912 年 1 月 16 日，袁世凯在养心殿和隆裕皇太后谈完话，中午时分从宫中出来，行至东安门外丁字路口的时候，却意外遭到革命党人张先培、黄之萌等人的炸弹袭击和追杀。袁世凯侥幸逃脱，但他的护卫管带袁金标被炸成重伤，袁金标的坐骑被当场炸死，另外还有两名亲兵被炸身亡。

革命党人的炸弹确实震惊了袁世凯。他借着这个机会向朝廷提交了一个报告，从此不再去宫中上班，每天躲在自己家中的地窖里处理公务。袁世凯的这些做法当然不是装给别人看的，这说明他个人对于形势的估计也并不是那么乐观，或者说他并没有稳操胜券。

意外的炸弹当然没能阻止南北和谈的脚步，清廷本身也在评估究竟是应该继续做最后的挣扎，还是应该以人民的福祉为最高诉求，退一步结束纷争，重建秩序与和平。根据袁世凯的建议，隆裕皇太后于 1 月 17 日召集宗室王公御前会议，讨论是否同意南方的条件以及应该如何应对等问题。但在连续几天的密集讨论中，主张主动退位以保全皇室的观点并不占上风，逐渐占上风的反而是那些宗室王公中的强硬派。他们不仅纠集起来大闹庆王府，指责庆亲王奕劻与袁世凯和南方革命党勾结出卖朝廷，而且主张为保卫清王朝不惜焦土抵抗、鱼死网破。他们相信只要能够坚持三个月或半年，全国各地就一定会出现勤王之师，就一定会出现第二个曾国藩，就一定能重现半个世纪之前洪秀全闹事时的局面，以时间换空间，朝廷占有足够的行政资源，一定会成为最后的赢家。

清廷内部强硬派的说辞不能说全无道理，然而如果真的这样打下去的话，那一定是全国一片火海，一定是人民遭殃。列席会议的外务部大臣胡惟德、民政大臣赵秉钧、邮传大臣梁士诒在发言中强调，现在的形势不是朝廷能不能打得过南方革命党，而是我清王朝人心已去，君主制度已经很难保全了。为朝廷计，为皇太后和皇上计，他们恳请诸位皇亲国戚转变观念，赞同共和，以维持大局。

一个老大帝国，人家说让结束就结束，也确实太难堪了。既没有兵临城下，又没有短兵相接，被刀架在脖子上，所以朝廷并没有因为几位大臣的恳求而痛下决心，就此同意。相反，清廷在随后几天调整了布局，以会办江防事宜、江南提督张勋护理两江总督，以山东布政使张广建兼署山东巡抚，赏协统领吴鼎元陆军副都统衔，会办山东防务，大有调整阵容、重整旗鼓的味道。

然而，这一切确实都太迟了。还是 1 月 13 日那一天，清驻俄公使陆徵祥联合驻外各清使电请清帝逊位，体制内的逼宫行动至此正式开始；22 日，清朝驻意大利公使吴宗濂致电内阁代奏清帝，呼吁朝廷从速宣布共和，间不容发，以全满汉两族；同一天，出使日本大臣汪大燮致电内阁代奏，以为举国趋向共和，明诏取决国会，昭示大法，光垂史册，也是保全皇室的唯一机会，倘相持，为祸烈，建议朝廷驾幸热河，以全皇裔而保国境。也就是几天时间，清王朝出使意、日、美、德、奥等诸大国使臣都向朝廷表达了同样的意思。言下之意，朝廷如果不这样办，他们就可能会转而服务于南京的"中华民国"政府。这对清廷来说确实是一个致命的打击。

更严重的打击还在后面。22 日，隆裕皇太后责成内阁大臣胡惟德等仍按照先前议定的办法与南方革命党继续寻求解决办法，看看是否能够将清帝退位的事情交给一个比较正式的国会去讨论。这个意见不能说毫无道理，但这必然意味着时间将向后拖延，谁也无法保证在未来这段时间里会发生什么。另外，正像袁世凯稍后所指出的，南方革命党已经同意清室优待条件，如果将清帝是否退位交给一个还不存在的国会去讨论，将来讨论的结果是清帝不退位还好，假如清帝仍必须退位，那么谁能保证这个还不存在的国会将继续履行清室优待条件呢？

清廷的犹豫是可以理解的。如果没有外力的推动，仅仅靠清廷内部讨论，谁也无法说服宗室王公主动放弃权力，退出政治舞台，毕竟这是一个具有两百多年历史的王朝。所以能不能有一个外力，又成为时局转折的关键。

对于中国的政治变动，外力也一直有干预，但毕竟这个事情是中国人的事情，外国人也不好干预太甚。在许多人看来，真正有力量能够化解危机，推动朝廷的只有军队，只在北洋。1912 年年初，先前发动滦州兵谏的张绍曾与张謇商量出一个新思路，希望以军方力量迫使清廷让步。1月11日，张謇致电袁世凯，表示自己将前往武昌找段祺瑞和黎元洪等人谈谈，希望他们能够以军人身份干预政治，要求清廷接纳国民会议办法，否则南北僵局打不开，影响至大。

根据张謇的安排，资政院议员兼张謇的高级顾问雷奋前往汉口拜谒了段祺瑞。段祺瑞大致同意了张謇的意见，所以几天后，张謇再电袁世凯，请由军人干政，化解危机，重建和平。

1月23日，段祺瑞以代理湖广总督的身份向内阁及军咨府、陆军部发了一份电报，报告前线军心不稳，官兵多与南方革命军有勾连，甚至有相约反叛朝廷等情形。段祺瑞表示，共和思想现在已经深入军队将领的脑髓，颇有勃勃不可遏之势。我段祺瑞职任所在，唯有旁引远喻，力为维持，只是不知道这样是否能够持久有效。他请求朝廷就战和问题、君主还是民主问题尽快决策，以稳军心。

军心不稳的，可能还不止湖北前线，于是朝廷在第二天（24日）发布了一个通告，告诫全国军民不要轻信浮言，更不能转相煽惑，以维秩序。

朝廷的谕旨或许有自己的道理，但实在没有办法平息混乱，稳定军心。就在朝廷谕旨发布的同一天，段祺瑞也给内阁发了一个电报，说他记得朝廷先前发布过一个谕旨，表示将政体付诸公决，以现在人民的趋向，何待再卜。段祺瑞说，事已至此，真的是禁不住流泪。只是现在各将领不时找他，表示人民进步，非共和不可，且兵无备补，饷械缺匮，战守无具，败亡不免。稍一迟回，恐怕山东、安徽、河南等地也将独立或出问题，到了那个时候，皇室的尊荣，势必因之而减，瓜分惨祸，将在意料之中。段祺瑞强调，我辈死不足惜，将何以对皇室，何以对天下？已与各路将领熟商，责以大义，令其镇静，而竞刺刺不休，退有后言。尽管如此，段祺瑞表示，只要朝廷方面不出大的问题，前方将士总归会以大局为重。无奈朝廷这几天传出来的消息太令人失望了，不少皇亲国戚想着法地阻挠共和，前方将士多愤愤不平，要求代奏，要求联衔。否则，压制则立即暴动，敷衍亦必全溃。鉴于前方军心不稳，段祺瑞给内阁打招呼，表示他可能很快与前方将领联衔陈请代奏。

段祺瑞的电报引起了朝廷的恐惧。徐世昌、袁世凯、冯国璋及陆军部大臣王士珍等第二天立即联衔电复，劝说段祺瑞谨慎行事，不要轻举妄动。他们指出："忠君爱国，天下大义；服从用命，军人大道；道义不存，秩序必乱。不为南军所俘，便为乱军所胁；利害昭著，万勿误岐。我辈同泽有年，敢不忠告，务望剀切劝解，切勿轻举妄动。联奏一层，尤不可发，亦不能代递。我军名誉，卓著环球，此等举动，玷辱无余。倘渔人乘此牟利，大局益不可保，务望转饬诸将三思。"

徐世昌、袁世凯等人的劝说并没有打消段祺瑞干政的念头。1月27日，段祺瑞以会办剿抚事宜第一军总统官名义，率清军将领提督姜桂题、张勋，副都统段芝贵，布政使倪嗣冲，陆军统制官曹锟、王占元、李纯、陈光远、孟恩远，第一军总参赞官靳云鹏，参议官吴光新、曾毓隽，总参谋官徐树铮，陆军统领官鲍贵卿、卢永祥、李厚基、何丰林，巡防统领王汝贤、赵倜等四十七人电请立定共和政体，以现内阁暂时代表政府，以巩皇位而奠大局，明降谕旨，宣示中外。

不忘旧主：尊重历史与现实

段祺瑞等北洋将领的致命一击对于清廷来说虽然太过沉重，但实际上还真的让清廷解了套，在一定程度上保证了皇室的尊严和体面，实现了段祺瑞等将领所期待的"巩皇位而奠大局"，以一种非常规的办法实现了君主立宪梦寐以求的理想。假如废帝溥仪后来不是受到外界蛊惑从事复辟，也许"紫禁城的黄昏"可以一直那样美丽。

在段祺瑞呼吁书上签名的，几乎包括了湖北前线清军所有将领，这就将清廷逼到了一个死角。打吧，那些八旗子弟早就被长期执政的优越环境给腐化掉了，早已没有努尔哈赤时代的英气和智慧；王公贵族除了吃喝玩乐，没有几个懂政治、懂军事，更没有几个能够上马提枪为皇帝卖命。一个存在了两百多年的清王朝成了任人宰割的羔羊，而作为这个庞大帝国的当家人，隆裕皇太后要不是因为幼主太小，估计连死的心都有了。两百多年的统治怎么就养了这些没用的人呢？怎么突然发现稍微能干的大臣都是汉人呢？可惜，这一切觉醒都来得太晚了，离清王朝的终结只剩下一道程序了。

1月29日，与袁世凯关系密切的杨度在北京成立"共和促进会"。这对一直主张君宪主义的杨度来说是一个重大转变，标志着他已经从原来的君宪主义立场向民主共和的立场转变，当然也在某种程度上预示着袁世凯在转变，整个中国恐怕都在发生巨大的转变。杨度强调不能以党见之私招瓜分之祸，先前大家主张君主立宪是以救国为前提，而不是以保存君主地位为唯一目的；是以保存君主地位为手段推动政治改革，而绝不愿以杀人流血去保留君主的地位。现在的中国已经错过了君主立宪的良机，南方革命党武装起义之后，就意味着君主立宪走到了绝境。现在南北分裂，国将不国，要想拯救中国，保全中国，保全皇室，唯一的出路就是接受南方的条件，走向共和。舍此，南北并败，满汉俱亡。

杨度等文人的发言只是在讲一个道理。这个道理或许还不足以打动清廷，特别是清廷中的那些顽固派、保守派，或许他们内心深处还存着某种侥幸。然而，段祺瑞的北洋系再次向朝廷展示肌肉，告诉朝廷不要再存有什么幻想。2月2日，姜桂题、段祺瑞、冯国璋致电各路统兵官，期盼北方军界联合团体，集体发声，以厚武力。同一天，段祺瑞的全权代表吴光新、徐树铮等与湖北军政府代表孙武等密切磋商退兵办法。双方达成妥协，如果朝廷不能在旧历年即2月17日之前转向共和，那么段祺瑞的北洋军将挥师北上，直捣龙庭，而湖北军政府和南京的"中华民国"临时政府将作为后援予以支持。孙中山、黎元洪等南方领导人都同意了这个方案，承诺一定支持段祺瑞和北洋新军走向光明，投诚反正，绝不会在段祺瑞军队挥戈北上时袭击后方。于是，清廷终结的时间表从这时开始倒计时，辛亥年的事情一定要在辛亥年结束，满打满算也就只有半个月的时间了。

南方的武力威胁当然也不是说到就到。鉴于当时的实际态势，清廷当然也知道南方民军的力量并没有那么大，再加上时值冬季，南方人真的打到北方也不是那么容易。所以，朝廷在获悉段祺瑞与黎元洪、孙中山等人合作的消息后，不是马上宣布安排善后，而是由隆裕皇太后于2月1日主持召集近支王公及国务大臣御前会议。讨论的结果是准备采用虚君共和政体，并筹商宣布召开国会、颁发君主不得干预国政诏旨等事宜，以保留君主地位的虚君共和政体应对南方及部分清军将领所要求的完全共和。这个主张当然有点儿一厢情愿的味道了。

清廷的拖延主要还是因为朝廷内部特别是王公贵族实在不愿就此罢手，不愿就此丢弃两百多年的江山，然而各方面的压力和不满也使朝廷招架不住。所以到了2月3日，朝廷又发布了皇太后懿旨，对两天前的决定再做让步，表示现在时局阽危，四民失业，朝廷亦何忍因一姓之尊荣，贻万民以实祸？唯是宗庙陵寝，关系重要以及皇室之优待、皇族之安全、八旗之生计、蒙古回藏之待遇等，均应豫为筹划，所以耽搁了一些时间，现在责成袁世凯全权研究一切办法，先行与民军商酌条件，奏明请旨。这又将皮球踢到了袁世凯的脚下。

说句实在话，开创一个王朝不容易，结束一个王朝也很难。袁世凯在接到皇太后的命令后，当天（2月3日）迅即与南方总代表伍廷芳取得联系，并按照先前数次谈判的结果，提出综合性的清帝退位条件：甲，关于大清皇帝优礼之条件九款；乙，关于皇族待遇之条件四款；丙，关于满蒙回藏各族待遇之条件七款。

伍廷芳在上海收到这些文件后，于4日下午会同袁世凯特别代表唐绍仪及汪精卫前往南京向孙中山做了汇报。当天晚上，孙中山召集"中华民国"临时政府各部总次长在总统府讨论。5日上午，南京临时参议院开议孙中山交议的优待清室各条件，孙中山委派胡汉民、伍廷芳及汪精卫到会说明。参议院对这些条款逐条讨论，将《关于大清皇帝优礼之条件》改作《关于清帝逊位后优待之条件》，并对原案中尊号、岁费、住地、陵寝、崇陵工程、宫中执事人员、清帝财产、禁卫军等项做了修改，删去第八款"大清皇帝有大典礼，国民得以称庆"。会议否决了丙案，以为关于满蒙回藏之待遇，实为民国五族共和应有之义，与优待清帝无涉。

临时参议院会议第二天（2月6日），南方议和总代表伍廷芳将这个修正案电告袁世凯。袁世凯在收到这份电报后，立即委派梁士诒携带这些文件进宫觐见隆裕皇太后，请旨验准。皇太后依然坚持应该保留"大清皇帝尊号相承不替"等三项条件。

退出后，梁士诒便将隆裕皇太后的意思向袁世凯做了转达，大约也劝袁世凯还是想办法说服南方接受这些面子上的条件，反正清廷决定退位了，这些枝节末叶也就没有什么大不了的了。

梁士诒的建议无疑是一个比较厚道的主意，也就很容易为袁世凯所接受。袁世凯按照这个意思迅即密电唐绍仪，嘱他务必劝说伍廷芳和南方革命党人不要在这些枝节末叶上纠缠，对清廷能让一步就让一步，强调"大清皇帝尊号相承不替"这个提法万难更改，并按照皇太后的意思，建议将文件中的"逊位"二字改为"致政"或"辞政"。袁世凯诚惶诚恐，真诚希望伍廷芳和南方革命党人能够从大局出发予以理解，在不影响大原则的前提下尽量满足清廷的要求，尽早结束南北纷争，结束战乱。

对于清王朝的尊重，其实也是尊重历史的一部分。不管怎么说，清廷在这个历史关键时期，因为隆裕皇太后深明大义，制止皇族中的强硬派，接受了和平方案，如果一味对清廷的历史彻底否定或者给予羞辱，那么即便那些投诚反正的立宪党人、新军将领也难以接受。

在袁世凯与伍廷芳密商的同一天（2月8日），冯国璋、段祺瑞等北洋军将领六十四人联名致电伍廷芳，表示优待清室条件中的"大清皇帝尊号相承不替"应请仍照朝廷提供的原文不要更改，"逊位"这样带有刺激性的词语无论如何都不能出现在正式文件中，否则很难说服军界同仁。

军人一旦干政，就力量巨大。你可以说是南京临时政府对北洋军人的愤怒给予善意回应，也可以说是南方革命党人对北洋军人的屈服和顺从，总之，冯国璋、段祺瑞等军界将领的建议得到了南京革命党人的极端重视，所有条款都按照袁世凯、梁士诒、冯国璋、段祺瑞等人的建议予以恢复和保留，最具刺激性的字眼"逊位"改为"辞位"。这也算是北洋老将对清廷旧主子的最后一次回报和效忠。

2月9日，伍廷芳代表南京临时政府将清帝退位条件最后修正案电达袁世凯；紧接着，唐绍仪和张謇也相继发来两份加急电报。唐绍仪的电报强调南方独立十四省军民以生命财产力争数月，其实目标就在一个"位"字，因此他请求袁世凯务必说服清廷接受"辞位"这个措辞，并及时发表。否则，如稍不忍，南方不满，转生大乱，一切谈判得来的东西再成泡影，得不偿失。唐绍仪还在电报结束处表示，他个人已经言尽意竭，因此请求袁世凯只能这样做，不要再为这个事情给他打电报、发指示。

张謇在电报中也说，南方最后修正案中之所以同意种种优待条款，主要是因为条款中有了"辞位"二字，这两个字的代价不可估量。这是南方革命党人同意妥协的前提和根本。张謇恳请袁世凯想尽一切办法务必说服清廷接受这个措辞，否则，迁延两误，败破大局，战火重开，一切从头开始，追悔莫及。

唐绍仪、张謇等人的警示无疑是严肃的。袁世凯遂于2月10日召集内阁各部大臣及近支王公会议进行讨论，详细介绍了南方的意见，并表明自己的妥协立场，以为在能让则让的原则下接受和平，这对朝廷、对国家都有利。会议经过慎重讨论，还算比较

145

顺利地接受了南方的这个最后修正案，第二天（11 日），该案获得了隆裕皇太后的认可。清帝退位，民国建立，1911 年中国革命终于以暴力发难，以和解结束。

一方面，段祺瑞等新军将领要求清廷在辛亥年底前做出决断，真的使清廷感到了恐惧，清帝退位的时间距离年底还有五天，由此可见段祺瑞等人的力量；另一方面，清帝退位诏书及相关安排，没有再提及孙中山等革命党人先前一再鼓吹强调的"驱除鞑虏，恢复中华"等口号，没有再对清朝的历史污名化，而是参照段祺瑞等人的要求，给予这个将要结束的王朝应有的尊严，尊重了现实，也尊重了历史。在这个微妙的转变谈判中，我们清晰地感觉到了段祺瑞等新军将领的深刻影响。

从革命到宪政——宋教仁的心路历程

　　武昌起义爆发后，宋教仁无疑是南北双方最活跃的政治人物之一。他不仅第一时间赶赴武昌前线，参与制定军政府第一个基本法，而且很快成为南方新政府的核心人物，在南京临时政府政治架构方面提出许多重要创意，充分展示了其宪政理论及实践方面的才能。只是南京临时政府不足以统一中国，也没有资本南北分治，不得已，南方革命党人只能接受南北妥协，接受袁世凯出任"中华民国"大总统重建统一。在这个转化过程中，南方革命党出身的许多领袖像孙中山、黄兴等，都因各种原因渐渐淡出，唯独宋教仁面对新的政治架构兴致盎然，极为亢奋，似乎终于找到了现代中国政治的钥匙。1912年，宋教仁下最大决心，用最大力气，合并诸多小党，用同盟会的名义与这些友党一起重建一个全新的国民党，发誓通过选举成为议会第一大党，和平夺取政权，而不再像过去那样通过革命暴力打碎国家机器。宋教仁因为这些想法与做法在过去很长时间里被讥讽为"超级议会迷"，但最近若干年评价有变，他被誉为"近代中国民主宪政的先驱"之一。其实，如果从宋教仁的全部历史看，革命只是他实现中国宪政的一个手段；革命不是目的，宪政才是宋教仁的终极期待。

走向革命

辛亥后百年意识形态重塑，使我们越来越不太清楚革命前那些志士仁人究竟为什么闹革命。他们难道就是为革命而革命吗？显然不能这样理解。

其实，革命的发生，主要是因为清廷不改革。

1894年，孙中山发奋为雄，昌言革命，就是因为他看到满洲贵族统治的清朝不仅黑暗，而且腐朽。中国之所以在战场上打不过日本人，不是因为中国技不如人，兵不如人，而是清朝政治统治太腐败，太黑暗。所以即便只有一个人，他也发誓要革命到底，一定要推翻清朝的腐朽统治。

由此我们可以知道革命的发生，主要还是因为统治者不思进取。统治者如果居安思危，如果奋发有为，如果注意社会公平和秩序平稳，被统治者就没有革命的理由，更没有革命的机会。

历史上不存在天生的革命者，所有的革命者都是被动的。不仅孙中山如此，宋教仁等革命者莫不如此。宋教仁生于1882年，是19世纪晚期典型的"八零后"。他成长的年代，经过大挫折、大波动，出现过"同光新政"的辉煌，紧接着就是甲午战败、马关之耻，就是维新时代，就是义和团战争，就是新政改革。这就是宋教仁那代"八零后"的成长背景。

1902 年，新政开始的第二年，二十岁的宋教仁前往武汉报考新式学堂。这表明他对传统士大夫的成长道路已经失去了兴趣，或者说走传统的科举取士道路已经意义不大，不再对宋教仁这代青年有多大吸引力。

宋教仁在武汉如果不是遇到了黄兴、刘揆一、章士钊、陈天华等人，或许应该在新学道路上前行。然而当他遇到这几个人之后，不期然走上了反清革命的道路。

中国为什么会在 1903 年之后发生反清革命呢？清廷不是在 1901 年就宣布新政了吗？不是在政治体制、地方自治、新式教育方面都有很多改革了吗？既然改革了，为什么还要革命呢？

这确实是一个悖论。改革本来是为了反制革命，本来就是被革命逼出来的。清廷虽说宣布新政了，实行改革了，但先前因种种原因而对政治极端冷漠的知识人也重新复苏了，政治热情也在这个过程中再度激活了。正因为这样，人们的视野已经打开，已经知道世界大势，知道东西洋立宪各国真实情形，清廷已经宣布的改革政策当然无法满足革命者的诉求。所以在 1903 年，不仅宋教仁、黄兴等人闹革命，在上海的章炳麟、邹容也在鼓吹革命，鼓吹造反，鼓吹推翻清廷。先前孙中山"一个人的革命"正在逐渐变成民族的觉醒。

按照清廷的方案，所谓"新政"其实只是一场行政体制的改革，只是统治集团内部权力的调整，并不是真正的政治体制改革，并不涉及统治权力的弱化或让渡。这是引起这批革命者不满的最大原因。而且，在新政改革发生前，经过 1898 年秋天的"六君子"事件，经过 1900 年的义和团战争，许多汉族知识分子对于满人极端失望，而新政给予稍微宽松的政治空间，遂使这些人有可能将这种失望释放出来，转化为一场运动。

再从国际背景看，1900年义和团战争留下了非常严重的后遗症。沙俄乘机占领东三省迟迟不愿归还，这也是许多青年知识分子对清廷不满的原因。稍后，日本宣布为中国索要东三省主权而与俄国开战。[①] 更重要的是，东邻日本竟然以一个小岛国打败了大俄国。不唯如此，对中国人来说，日本赢得这场战争是一个重要指标，使中国人突然想起十年前日本也是以一个小岛国打败大中国。日本人少国小，为什么能在十年之内连败中俄两个大国？日本究竟凭什么这样牛气？中国为什么不行？日俄战争，尤其是日本人的胜利，深深震撼了中国人。

正是在这样一种政治背景下，革命者相聚东京。他们先前或许期待过清廷"自改革"，或者是从"革政"走上革命，但在日本成功模式的启发下，他们觉得中国要强盛，要雄起，就必须革命，继续指望那个不断令人失望的清廷已经没有用了。中国人必须自己救自己，必须革命，必须推翻清朝在中国的政治统治，这就是宋教仁这批青年走上革命道路的重要背景。宋教仁这批青年革命家组织成立同盟会，号召国内外的革命者联合起来，团结起来，摈弃偏见，一致对抗清廷。

在这种气氛下，宋教仁一面在日本法政大学研读法律，一面和那批闹革命的朋友一起创办了《二十世纪之支那》，提倡爱国主义，鼓吹革命独立，主张仿照世界先进国家，构建一个常态的"完全国家"，实行民主共和，进而使中国成为20世纪世界舞台上的第一流强国。

---

① 此次日俄战争实质上是日本和俄国为争夺在中国东北的利益而战。——编者

遗憾的是，《二十世纪之支那》第二期因刊登批评日本政府对华政策的文章，被日本政府取缔。但 1905 年底，《二十世纪之支那》更名为《民报》继续出版，是同盟会的机关报。这是宋教仁对中国革命的巨大贡献。

暂且革命

我们过去说同盟会在 1905 年成立是反清革命的高潮。这是对的。因为同盟会的成立，确实标志着反清革命进入高潮阶段。从革命意义上说，这是清廷不改革或假改革的必然后果。既然清廷不改革、假改革，当然就得承担被改革、被革命的后果或压力。

事情从来都具有两面性。清廷不改革、假改革激起了革命高潮，革命高潮反过来必然反制清廷，促使清廷改革，进行真改革，否则就只能等着被改革、被革命。而且，革命高潮的形成得益于日俄战争，日俄战争也对清廷形成巨大刺激。清廷统治者先前打的算盘是大俄国将战胜小日本，假若如此，清廷变革的压力就可以缓解。现在一切都反了，俄国失败了，也开始革命了，沙皇也只得宣布改革了。俄国的情形同样深刻影响着中国。清廷终于感到了更大的变革的压力，于是在 1905 年派遣亲贵五大臣出洋考察宪政。等到这些大臣考察归来，清廷接受他们的建议，于 1906 年 9 月宣布预备立宪，计划在一个不太长的时间里重建国家体制，目标就是日本式的君主立宪。

清廷预备立宪改革改变了中国的历史进程。追随孙中山、黄兴、宋教仁他们闹革命的人中，有许多人原本就不是坚定的革命者，他们之所以跟着起哄，跟着闹革命，主要的原因就是清廷不思进取、不愿变革。现在朝廷同意变革了，同意以日本为蓝本搞君主立宪，他们还有什么理由继续革命呢？于是，同盟会领导层的相当一批人，诸如刘师培夫妇、章炳麟等，都在考虑以怎样一种方式放弃革命，回归体制，参与变革；或者即便不参与变革，不回归体制，也不必继续闹革命了，总应该给朝廷一个改革的机会。于是，反清革命仅仅辉煌了一年多一点时间，就从高潮落到低潮。

在这个过程中，宋教仁的思想也有很大变化。宋教仁在日本研究的是法政，思考的都是宪政问题。他之所以在先前那样激进地参与革命，主要是因为他遇到了黄兴等一批革命党人并与之做了好朋友以及清廷不改革。现在，既然清廷开始宪政改革了，既然有了回归体制的机会，既然革命因预备立宪陷入低潮，那么，宋教仁理所当然要考虑自己的前程，考虑自己能为国家做点什么贡献。这是人之常情。历史上从来没有一成不变的革命者，没有只知造反不知妥协的革命党人。宋教仁这个转变很正常，一点都不让人奇怪。

1907年，宋教仁前往吉林进行政治活动，其本意是到那里发动"马贼"起义。根据刘师培分析，"马贼"是宋教仁活动的背景与靠山，就像孙中山依靠华侨、黄兴依靠会党一样重要。至于宋教仁的动机及背景，也应该与徐锡麟、秋瑾及孙中山、黄兴策动的起义相似，都是为了拯救革命，挽回人心。

到了吉林，宋教仁无意中发现了日本人的一个巨大阴谋，这使宋教仁的计划随之改变。留居在那儿的日本人企图通过篡改历史，将图们江以北、海兰江以南的中国延边领土说成是朝鲜"固有领土"。而朝鲜此时为日本的殖民地，日本由此就可以"名正言顺"地将这块地方收入囊中。这块地方位于现在的延边朝鲜族自治州，包括延吉、汪清、和龙和珲春四市县。日本人单方面称这块地方为"间岛"。

针对日本人的阴谋，敏锐的宋教仁利用自己的国际法知识，通过对中日朝历史文献进行详细检索与考订，证明这块土地至少从唐中叶至明末，一直属于中国固有领土，不特与朝鲜国家绝无关系，即便朝鲜居民也不曾在这个漫长的时间段中到这些地方居住过。

除国际法知识外，宋教仁还大量运用中日朝文献进行佐证，甚至使用了现代语言学方法，写成一部天才著作《间岛问题》，但宋教仁并没有利用这部著作去批判清廷卖国。宋教仁写成这本书后，据说有日本人愿意高价收购，也有出版商愿意炒作，但都没有打动宋教仁。

宋教仁另有想法。他通过私人关系将这部后来命名为《间岛问题》的文稿送交中国驻日本公使李家驹，或者也曾希望李家驹将这部著作呈送现在的军机大臣兼外务部尚书袁世凯。袁世凯现在是清廷当朝政治红人，政治地位和政治影响力远远超过他的老师李鸿章和太老师曾国藩。

我们当然不能说宋教仁将这部书稿作为投奔袁世凯的"投名状"，但历史确实就这样蹊跷。李家驹看到宋教仁这部书稿后感慨万千，想不到革命党人中还有这样有思想、有才华的青年人。李家驹迅即安排抄写两份送回国内，一部交给吉林边务督办陈昭常，一部送给外务部，转呈外务部尚书袁世凯。郑孝胥通过其他渠道也见过宋教仁的这部天才著作，并在不同场合为这部书鼓掌喝彩。

郑孝胥此时为预备立宪公会会长，不仅在中国知识界为名人，而且是此时与朝廷关系比较近的人。

袁世凯对宋教仁的研究格外欣赏，除了利用宋的这些研究成果与日本人进行谈判维护中国主权外，也托人郑重邀请宋教仁回来参与外务部工作，答应给他四品衔。这在当年绝对是进入了体制内的"高干"序列，由此可见袁世凯对宋教仁是怎样的欣赏。

宋教仁收到袁世凯的邀请后究竟有什么样的反应，我们现在不太清楚。只是根据宋教仁被刺去世后革命党人的回忆，宋教仁好像对袁世凯的邀请不屑一顾。徐血儿《宋渔父先生传略》说清廷欲请宋教仁任外交，"先生不为动"。于右任也说宋教仁对袁世凯的邀请没有回应。至于后来袁世凯通过驻日公使表示愿意支付两千酬金，也有人说被宋教仁拒绝。还有传闻说，宋教仁面对这些诱惑，曾大义凛然地表示自己费尽心血写作《间岛问题》，只是为中国争土地，而非为个人赚稿酬。

如果我们考虑到这些看法均出现在一个特殊背景之下，这个背景就是革命党因宋教仁被杀，正准备与袁世凯闹决裂，正准备开始"二次革命"，那么这些说法其实是相当可疑的。因为道理也很简单，假如宋教仁无意回归主流社会，无意像刘师培那样回国参与变革，参与立宪，那么为什么不能公开刻印此书？公开出版既有利于传播正确知识，也有利于中国政府对日谈判，更重要的，不是还可以顺带批判清廷卖国、清廷无能吗？

显然，过去的说辞有不够周密之处。宋教仁不是不想通过此书回归主流，只是自己的革命党领袖身份在回归主流时遇到了问题。即便清廷不介意他的过去，革命党人也很难容忍宋教仁走上这一步。就像刘师培夫妇一样，宋教仁真要踏上回归主流社会的路，很可能也就踏上了一条人生不归路。

宋教仁没有接受袁世凯的邀请回归主流，但宋教仁与袁世凯惺惺相惜、相互欣赏应该由此开始，这也为他们后来的合作埋下了伏笔，尽管宋教仁暂且留在了革命阵营，暂且继续革命。

转向宪政

宋教仁因种种原因无法回归朝廷参与变革，参与立宪，暂且留在革命阵营继续革命。其实，革命者此时对于究竟什么是革命，什么是改良，并不是那么清楚，并非具有明确概念。即便理论水平超强的梁启超，其实也是一会儿革命，一会儿改良，至于那些追随他的立宪党人、新军将领以及一切关心中国未来政治前途的人，其实在这一点上都是比较模糊的。革命与改良，并不是非此即彼，绝对对立。只要遇到合适的机会，革命与改良照样可以合一，可以相互接纳。这在宋教仁身上有着非常明显的体现。

据记载，宋教仁没有像刘师培等人那样回归朝廷参与宪政，而是在体制外继续革命。但是革命究竟会产生什么样的结果，革命究竟能否成功，其实宋教仁和许多革命者一样，心中并没有谱。只是由于清廷在君主立宪最后时刻失误连连，反而使革命者等到了机会。

1911年10月10日，武昌起义，湖北军政府成立。宋教仁受军政府邀请，第一时间来到武昌参与工作，受命主持起草《鄂州约法》，为军政府的存在提供了一个非常重要的法律依据。《鄂州约法》对于湖北军政府乃至稍后独立各省而言都具有根本法地位或借鉴意义。

从文本进行分析，《鄂州约法》并没有什么革命气息，通篇所体现的只是近代立宪政治必须具备的"三权分立"原则。约法规定新政府以都督为行政中心，都督与议会、法司共同构成最高权力中心，行政权由都督及其任命的政务委员行使，立法权属于议会，司法权归属于法司。很显然，宋教仁主导起草的《鄂州约法》与孙中山一直倡导的三民主义、五权宪法，还有军政、训政及宪政三阶段革命理论毫无关系。这套立宪架构的法律体制，在本质上与清廷正在进行的君主立宪一脉相承。如果要说区别的话，《鄂州约法》只是剔除了君主，权力来源归属于人民，不再是君主立宪，而是人民立宪而已。很显然，宋教仁的这套思想并不是同盟会，甚至不是华兴会的政治主张，反而与袁世凯十多年来提倡、推动的君主立宪改革有许多契合处，由此也就预示着宋教仁与袁世凯在未来具有合作的可能性。

后人大多夸大湖北军政府的革命性质，夸大宋教仁身上的革命性质。其实，就宋教仁个人而言，他确实在过去很多年参与革命，领导革命党人反对清朝的斗争，但是宋教仁在骨子里只是一个宪政主义者。他多年来对西方近代宪政理论的研究和认知，使他确信中国应该走宪政的道路。

湖北军政府的中心地位很快就被上海取代了。11月中旬，宋教仁离开武昌转往上海，开始在那里为筹建中国的新政府殚精竭虑，费尽心力。1912年元旦，"中华民国"临时政府在南京成立，孙中山出任临时大总统，宋教仁被任命为法制院院长，负责新政权的法律制定。

在筹备南京临时政府时，宋教仁的设想是内阁制。后来许多人以为宋教仁之所以这样想，是因为他想当第一任内阁总理。其实这是不对的，即便宋教仁当上第一任内阁总理，宪政专家宋教仁也一定清楚他不可能永远当总理。如果从政治架构角度说，宋教仁的主张其实就是希望构建一个稳定的宪政架构。内阁可以不断地倒阁、组阁，但大总统在选举出来之后，一个任期内是不变的，是稳定的。这就是一种宪政主张，主张一种有限的政府权力。

宋教仁的这个主张因为孙中山的归来而没有实现。孙中山顺利当选为南京临时政府大总统，临时政府也就改为总统制，孙中山拥有最大权力。然而，孙中山当年提出这样的动议时，无论如何想不到他很快又会被迫放弃权力。南京临时政府必须终结，必须将权力转移给在北京成立的袁世凯政府。

用孙中山的话说，为了防止袁世凯滥权，孙中山利用临时大总统的权力，向南京临时参议院提议修改组织法，将新政府由总统制改为内阁制。这是民国历史上第一次因人修法，为后来开了很不好的先例。不过，这从另一个方面证明了宋教仁先前的主张相当合理。

袁世凯的"中华民国"政府成立后，孙中山宣布退出政治，宣布竭尽全力从事民生，用十年时间修筑十万里铁路。黄兴接受袁世凯的任命，出任南京留守，负责南京临时政府及南方军人遣散等工作。更多革命者比如李燮和等，始终抱着功成身退的心态，或解甲归田，或专心从事专业。对现实政治格外热心，以为可以一展抱负的革命党领袖层面的人物，大约只有宋教仁。其他如蔡元培等，毕竟是教育专业人士，而非专业政治家。

宋教仁热心政治，是因为他的宪政立场，而宪政的原则在竞争。只有政治上的合法竞争、和平竞争，而不是暴力革命，方才是宪政原则。基于这样的理由，宋教仁先是接受袁世凯的邀请，出任唐绍仪内阁的农林总长。

担任内阁总长显然不是宋教仁的政治理想。他的政治理想或许正如许多朋友比如章太炎所猜测的那样应该是内阁总理，而章太炎也确实认为宋教仁有总理之才，这样的判断相信宋教仁也一定听到过不少。别人的判断恭维加上自己的认知，促使宋教仁找到一个机会就辞去了总长职务，专心致志去实现自己的政治理想。这是一个职业政治家应该做的事。

民国政治在宋教仁看来就应该是政党政治，政党政治的要点就是责任内阁，大党组阁。所以，宋教仁在1912年7月退出政府之后，就将全副精力专注于政党建设，参照同盟会旧有架构，并以同盟会的名义，邀请各友党、小党合组一个大的国民党。参与宋教仁国民党的小党有国民公党、国民共进会、共和实进会、统一共和党等。他们于1912年8月召开合并成立大会，宣布国民党的成立，推举孙中山为国民党理事长，但实际主持人当然还是宋教仁。很显然，宋教仁希望继续利用孙中山的政治号召力去从事和平竞争的民主宪政。

筹组政党，参与议会选举，是民国元年中国政治的奇观。几百个政党仿佛在一夜之间蜂拥而出，然后整合合并，渐渐形成一些具有独立政见、具有相当知名度的大党。宋教仁领导的国民党就属于这样的政党，他的目标就是要在年底即将到来的国会议员选举中谋取议会多数，然后组阁。

宋教仁的想法没有丝毫错误，他对民主政治和宪政的忠诚与期待也非常令人佩服。在很长一段时间里，宋教仁风尘仆仆，东奔西走，纵横捭阖，既以合法手段争取议会多数，也像一切民主起步时代的政治家一样操控选举，比如在湖南选区。他也曾与反对者发生肢体冲突，而且不止一次。这些其实都是民主初潮时的正常现象，历史上从来没有任何一个国家、一个地区的民主能一步到位，发展成熟。不论宋教仁有多少不足或问题，都必须承认他是中国民主初生时代的弄潮人，是中国民主政治最重要的先驱者之一。

遗憾的是，历史并没有让宋教仁的理想变成现实。当他对议会多数信心满满时，一颗罪恶的子弹击中了他。宋教仁倒下了，民国元年刚刚开启的民主政治进程戛然止步，孙中山拍案而起，"二次革命"爆发。中国迅即进入一个政治动荡的年代。

严复的预言与坚守

1911 年，辛亥年。这一年，严复年近六十。中国人从来就说"六十花甲子"，严复确实觉得自己到了晚年了。年初，他被朝廷授予海军部一等参谋官，也算对他毕生的职业生涯有个圆满的交代了。此外，严复还是资政院议员，且在学部名词馆、币制局、中央教育会等处兼职或兼差。严复功成名就，是真正的社会贤达，具有巨大的社会影响力。然而就在这一年，严复和中国人却遇到了巨大的政治变动，统治中国两百六十八年的清王朝面临巨大的政治危机。

老牌君宪主义者

严复是老牌的君宪主义者。他始终认为：革命、共和、民主等都是理论上的虚构，并不具备历史的或现实的意义；革命党人所鼓吹的民族主义，其实只是一种狭隘的种族主义，不仅无法拯救中国，反而会将中国拖进一个无底深渊。严复强调，中国国情确实具有不一样的地方，但如果听任民族主义敌对情绪走向极端，那么不仅当政的满人没有办法抵抗，毫无防卫的力量，连蒙古、新疆、西藏等地区的周边族群都很难找到归宿，无法与广大的汉人一道组织一个广袤的共和国家，因为这里有民族、感情、习俗、宗教乃至法律上的差异与障碍。严复预感，当中国不得不进入共和国家时，周边族群的可能出路就是携广袤地域和众多人民转投某一大国或独立。这种事情一旦发生，"分裂中国"的老问题就来了。这就不是中国的出路，而是中国的灾难，是中国的毁灭。

不幸的是，中国政治发展沿着严复的预言反向运动。到了1911年革命却成了重要选项。对于这一点，严复并没有刻意攻击革命党和孙中山，他认为君宪主义危机发生和排满主义盛行，其主要根源在于满洲贵族的无能和自私。

根据严复分析，君宪主义之所以在光绪帝和慈禧太后相继去世不久后陷入危机，武昌起义之所以发生并全国响应，第一因为摄政王及其大臣极端无能；第二因为心怀不满的新闻记者给老百姓头脑中带来了无数偏见和误解；第三因为秘密会党和在日本的反清学生酝酿已久；第四因为在那之前几年间长江流域饥荒频仍以及商业危机引起恐慌和各口岸信贷紧缩。

在严复看来，这些因素中最重要的是第一条，摄政王及其大臣自私和无能。严复指出，清廷在十多年前接受德国和日本的建议组建一支现代化军队是对的，将权力尽可能收归皇室和中央也不算太错，只是满洲王公在做这两件事情时没有从国家根本利益去考量，而带有非常自私的倾向。政府以三分之一的财政收入改编军队，不是将这支军队改造成国防军，而是弄成了皇室私家卫队，以为这样一来就可以将壮丽的城堡建筑在磐石之上。摄政王自封为大元帅，让他的一个兄弟统帅陆军，让另一个弟弟统帅海军，天真地以为这样至少不愁没有办法对付那些叛逆子民。摄政王做梦也没有想到，恰是自己倚仗的东西有朝一日反而转向猛烈地反对自己。摄政王不知道，这支技术上强大的新军，早已被数百个新闻记者的宣传攻势瓦解了。

尽管如此，严复依然认为，只要谨慎操作，君宪主义成功的概率依然巨大。但是倒霉的盛宣怀和他的铁路干线国有化政策为各地不满民众提供了口实和机会。要是朝廷知道如何对付四川民众，事情或许好办些。而清廷因为懦弱、自相矛盾而无所作为，结果导致四川暴乱。革命党人那时在为各省咨议局的联合而工作，并在新军中加强了活动，于是军人哗变，武昌失守。

军人的介入使问题的处理困难百倍。前往武昌镇压哗变的新军敢于第一次起而抗争，宣称中国人不打中国人，暗示自己与南方新军是同种同族。北方的军队也杀机毕露，发动兵谏。民族主义简直就像一个法力无边的魔王，霎时间将苦心经营两百多年的帝国推向绝境。

一个不祥的预言

在军队压制下，清廷被迫退让，于10月30日下诏罪己：发誓永远忠于、服从即将召集的国会，不让任何皇室成员进入内阁；宣布对所有政治犯，甚至那些反对皇帝的革命者实行大赦；宪法由议会制定，并将被无条件接受。

这三条宣布太重要了，但确实太晚了。严复非常遗憾也非常痛心地表示，如果一个月前做到这三条中的任何一条，中国历史都不会这样发展下去。然而历史往往会重演，和18世纪末路易十六的所作所为如出一辙。所有这些都太迟了，没有明显效果。所谓《十九信条》在严复看来根本不是宪法，这不过是将专制政权从皇帝手里转移到国会，根本无法给中国带来持久稳固，因而不是进步。

对于清廷空前的政治危机，作为资政院"钦选议员"的严复忧心忡忡，但对中国由此变为共和政体，则无论如何不愿认同。严复主要担心国民程度不具备，中国要想走上共和道路，至少需要三十年积累和训练。严复指出，按目前情况，中国不适宜有一个像美利坚合众国那样完全不同的、新形式的政府。中国人民的气质和环境将需要至少三十年的改变和进化，才能使他们适合于建立共和国。共和国曾被几个"轻率"的革命者如孙中山和其他人竭力倡导过，但为任何稍有常识的人所不取。根据文明进化规律，最好的情况是建立一个比目前高一等的政府，即保留帝制，但受适当的宪法约束。当然，严复也强调，即便保留帝制形态，也应该使新帝制较旧帝制结构更灵活，更能适应环境变化，有助于推动社会进步。

历史当然没有按照严复期待的方向走。在武昌起义爆发后，由于清廷迟迟拿不出实质性让步方案，皇族和其他贵族不愿按照君主立宪原则分享权力，于是南方独立各省不断加码，不断施压，中国走上民主共和的可能性越来越大。在这种情形下，严复认为，中国如果就此强行建立共和体制，那么必然会引发一轮持久的边疆危机，还可能引发大规模民族冲突，冤冤相报，极可能对中国未来产生极为深远的负面影响。一百多年过去了，我们不能不承认严复的这个判断太具先见之明了。

按照严复的期待，武昌起义发生，南方各省独立后，大家都应该创造条件让交战双方坐下来谈判，让各方力量都在人道和"世界公益"的立场上，提出友好建议，达成和解，适可而止，不是一方吃掉另一方，而是双赢共赢，至少不能一家绝对输。否则，中国就会因这场革命走向瓦解、走向崩溃。

严复认为，中国此时还不是真正意义上的近代民族国家，中国周边的那些部落族群在文化心理上还没有明确的国民身份认同。中国此时如果一定要构建一个现代民主共和国家，那么就要有这些周边族群脱离中原的心理准备，就要承担起这个巨大损失。

为什么会这样呢？严复强调，清王朝的创建者满洲人原本就是少数族群。清王朝在过去两百多年开疆拓土，使中国疆域极大拓展，蒙古、维吾尔等周边族群渐渐开始或已经内附。但是我们不要忘记，这些周边族群内附是其领导人对满洲贵族最高层的认同，并不是对中原文明的认同和接受。因此如果听任革命党民族主义情绪走向极端，那么满洲人确实毫无防卫能力，但是，只认同满洲人的周边族群又将以何处为归宿？他们会同汉人一道组成一个广袤的共和国吗？

为国事奔走

严复发出上述疑虑是在 1911 年 11 月 7 日，此时南北和谈还没有开始。然而，此后局势发展，不幸被严复言中。

滦州兵谏发生后，清廷下诏罪己，宣布改革，重回君宪，袁世凯受命筹组责任内阁取代皇族内阁。时局因此而生变，和平可期。

11月16日，面貌一新的专家型内阁名单发布，皇族、皇室成员均退出。国内外都对中国寄予新的期望，相信袁世凯一定能扭转大势，劝说清廷继续前行，一个全新的君主立宪体制一定能很快建立起来。

政治上的曙光引起了严复的关注。在过去一个月，风信极恶，南方各省相继独立，资政院民选议员作鸟兽散。在这个时候，为安全起见，严复随着人潮离开了北京，逃往天津。现在形势好了，资政院恢复工作了，严复也在这个时候回到北京。

新任内阁总理大臣袁世凯是严复的老朋友。12月2日，袁世凯召见严复，听取老朋友对时局的高论。严复知无不言，言无不尽，提出这样几点建议。

一、一定要竭尽全力阻止皇室离开北京，前往热河，以为如此无助于形势好转，反而徒生困难。皇室还是中国政治的中心，是人心凝聚处。

二、新政府要加大信息透明度，尽快适应信息自由的社会环境，主动将政府计划告诉报界、告诉人民。信息的充分发布有助于缓解社会冲突，有助于让许多误解消失于无形。

三、新政府要最大限度罗致人才，尤其是流亡海外的梁启超这样的人才应尽快罗致到京。

四、要收拾人心，重振人民的信心。这件事现在由皇室去做可能迟了，但在内阁、在政府还为时不晚。

五、严复建议袁世凯政府尽快宣布一些革新措施一新耳目，比如废除太监制、废除跪拜礼等，可能都是当务之急。

严复的这些建议在多大程度上获得了袁世凯的认同，我们并不太清楚。但我们知道，严复很快被邀请作为南北议和政府代表团"各省代表"之一，与唐绍仪、杨士琦、严修、傅增湘、章宗祥、张国淦等议和成员一起于12月9日南下武昌，参与谈判。

登车伊始，代表团领队唐绍仪就剪掉了清朝顺民的标志大辫子，而严复直至到上海与南方党人见面，都依然保留着这个标志。唐绍仪的行动被舆论界解读为比较进步，识时务识大体，倾向共和民主；而严复的坚持，在老朋友郑孝胥看来，明显表示"不主共和"，不事新朝，依然坚守君主立宪政治立场。

袁世凯邀请严复参与议和谈判，除了其政治态度和资历外，可能还有一层原因，就是严复与黎元洪有着不一样的师徒情谊。黎元洪毕业于北洋水师学堂，是严复的学生。基于这层关系，严复一行抵达汉口后，遂于12日下午与唐绍仪等渡江，前往武昌与黎元洪等人会面，劝说黎元洪重回君宪，反复解释只有君宪主义才能从根本上为中国开辟一个新时代。

严复等人的劝说在一定时间里起到了非常重要的作用。黎元洪和武昌革命党人确实在会晤时表示可以考虑重回君宪体制，只是要求清廷必须彻底改革，不能再耍什么新花样、假招子。

对于黎元洪的反建议，严复感同身受。他以为，重回君宪主义的前提当然是清廷彻底改革、悔过自新。他对清廷的建议是，根据文明进化规律，最好的情况是建立一个比目前高一等的政府，即保留帝制，但受宪法约束；尽量使新帝制结构富于弹性，比较灵活，能够比较容易适应环境，发展进步；可以废黜摄政王；如果有利，可以迫使幼帝逊位，由议会、皇室详加讨论，遴选一个成年皇室成员接替幼主。

对于严复等人的劝说与建议，黎元洪等表示相当认同，他们清醒地知道现在的中国已严重分裂，如不及早了结，中国即便不会迅速亡国，也有一场大灾难。所以，黎元洪等人在谈判时虽有辩争，却无骄嚣之气，而有忧深虑远之机。这是严复等人的观察。

黎元洪在与严复、唐绍仪会晤时，虽然没有明白确认重回君宪，但根据严复的感觉，察其语气，重回君宪在黎元洪那里并非不可商量，并非毫无回旋可能。只是黎元洪和南方革命党人在具体条件上还有一些想法，以为如果继续保持君主立宪体制，那么在内阁构成上就要有更加周密的考虑。

至于共和民主问题，黎元洪等南方革命党人也向严复等做了解释。严复等人回应说共和民主这些制度或许是个好制度，但可能与中国目前的情形不合，与国民程度不合。对这些理由，革命党人当然不愿承认。假如一定要走向共和，一定要建立一个民主共和国，那么究竟应该由谁去承担共和国总统大任呢？南方革命党人则坦然以袁世凯对。他们宁愿要袁世凯当总统成立新国家，以民主宪纲约束袁世凯，也不愿保留君主而用袁世凯为内阁总理大臣，以为若如此，袁世凯将来势必坐大，未来更不可收拾。

根据严复的记录，黎元洪等人在同意重回君宪时，格外重视究竟怎样才能保证重回君宪后不被朝廷继续糊弄，而且坚持朝廷特别是袁世凯政府必须对未来政治架构有个承诺，无论如何不能事平日久，复成专制，必须要有制度保障。还有，鉴于朝廷累次失信于民，这一次好不容易闹到现在了，必须有什么办法担保朝廷不能再失信，更不能秋后算账。

重回君宪主义露出了曙光，和平解决武昌事变的前景越来越明朗。不过，这个看法只是黎元洪和湖北方面的，至于南方其他派别，尤其是革命党人控制的上海，究竟会有什么样的要求也很难预测。

鉴于武汉的谈判只能这样，而更多南方代表都已前往上海了，再加上南方谈判代表伍廷芳在上海，东南名流张謇、赵凤昌等也无法前往武汉，所以南北和谈迅即转往上海。12月18日，南北双方代表在那里举行了第一次会议。

严复随代表团到了上海，只是在第一次会议后，就因事返回北京。在上海的短暂时间里，严复通过各种方式表达了对中国未来政治架构的基本看法，以为中国只有坚守君主立宪这条路才有希望，共和政体不适合中国，至少在目前看来如此。严复的理由是，清廷尽管很腐败无能，但是未必如批判者所说的那样坏，"今日政府未必如桀"，而革命党人虽然有高远理想，共和民主也是那么诱人，但是"革党未必如汤"。中国的出路不在遇到目前这样一点困难就绕道转向，君主立宪政治架构已经探索十多年了，是国人共识，应该给个机会尝试一次。

但形势比人强。12月25日，严复离开上海返回北京。几天后，孙中山在南京成立"中华民国"临时政府。紧接着，南北各方达成和解协议，清帝退位，优待皇室，五族共和，袁世凯出任"中华民国"大总统。这一切虽然不是严复的理想，不是他的君宪原则，但事已至此，这些妥协似乎也是一个可以接受的选择。因而没过多久，严复欣然接受大总统袁世凯的任命，接管京师大学堂，坦然进入新时代。

从章太炎的视角观察 1913 年中国政治变动

1913 年，民国二年，这是一个不平常的年份。中国在经历了两年前的国体变更后，大致比较平稳地度过了民国元年。一个没有皇帝的中国照样生机勃勃，各党各派使出浑身解数做着自己愿意做的事情，建成一个民主的、共和的中国应该不会有什么大问题。然而，就在大家都为中国前途庆幸、祈祷的时候，中国在1913 年却遭遇了国体变更后第一次巨大的政治挫折，中国的政治前途由此变得格外渺茫，后来中国的各种歧路在 1913 年都能找到一点端倪。不过，在目前条件下，描述 1913 年中国政治变动的全景可能比较困难。假如从一个人，比如从章太炎的视角观察 1913年中国的政治变动，或许能给我们一点有益的启示。

期待袁世凯

章太炎是货真价实的"排满"主义者。他投身革命比孙中山晚了几年。当孙中山发起成立兴中会的时候，章太炎还在诂经精舍冥思苦读。他那时的人生目标中似乎根本没有"排满"、革命，尽管他在后来反复讲述其童年所受到的民族主义教育和启示，但其实这都是根据后来经历而重塑的童年故事。

真正诱导章太炎走上"排满"革命道路的是1900年的义和团运动。义和团引来了八国联军，清廷面临重大政治危机，两宫"西巡"，国将不国。一大批汉人士大夫试图借机颠覆清政府，在上海发起成立"中国议会"，以重建一个新政府，取代流亡中的朝廷。这是多数与会者的想法。然而章太炎此时最为极端，认为应该趁此机会，成立一个新的中国政府，直接替换掉满洲人建立的清朝。

章太炎的极端思想引起了革命党人的注意，也引起了清政府的注意。此后，章太炎的"反满"革命思想日趋激烈。清廷数次追捕，章太炎数次流亡，直至1903年因《苏报》案入狱三年。章太炎由一个名声不大的政治异见者，渐渐变成了著名革命领袖。1906年章太炎走出牢房，直接被孙中山派人接到东京，出任《民报》主编。

不过，章太炎与孙中山的合作时间并不长。随着日俄战争结束，俄国开始了改革历程，亚洲在其启发下也开始觉醒。1905年，清廷派遣大臣分赴东西洋考察宪政。第二年，清廷宣布开启宪政改革进程，清廷的政治变革使革命发生了重大逆转。大部分革命者原本只是出于对国家前途的关切，因为清廷不改革而参加革命，现在，朝廷改革了，他们基本上也就满意了，争先恐后回国参与变革了。

清廷的变革有效分化了革命队伍。章太炎与孙中山等人从此开始分道扬镳，甚至一度彼此视若仇雠。正因如此，等到武昌起义爆发，章太炎回国，却并没有站在孙中山一边支持南京临时政府，而是几乎从一开始就唱衰革命，以为"革命军起，革命党消；天下为公，乃克有济"，坚定不移地站在孙中山、革命党的对立面，坚定不移地期待中国在革命后建立专业的执政团队，坚定不移地转投袁世凯，将中国的未来和希望寄托在袁世凯身上。

"非袁莫属"是清末民初那个短暂时期中国人的一般共识，章太炎认同这个共识一点都不奇怪。更何况，章太炎所在光复会的基本宗旨就是"以身许国，功成身退"，并没有革命党人打天下坐天下的意思。

章太炎的思想倾向是当时国内知识界一个具有共性的主张。当清帝退位，重新统一后，究竟应该建立一个什么样的国家？是一个弱势的松散联盟，还是一个强有力的中央政权？鉴于俄国正在策动外蒙古"独立"，日本正在加强在东北地区的活动，几乎所有负责任的政党、个人都主张加强中央集权，建立一个强有力的中央政府。这是章太炎此时政治构想的大前提，也是他无法认同南京临时政府的一个原因。

坐而言，起而行，是章太炎的人生特色。当他意识到袁世凯是中国未来的希望时，便理所当然觉得自己有责任去帮助他、支持他。1912 年 3 月 1 日，章太炎发布通告，宣布将自己参与创办并主持的"中华民国联合会"与"预备立宪公会"合并，组建"统一党"，宗旨为统一全国建设，强固中央政府，促进完美共和政治。第二天，章太炎在联合改党会议上发表主题演讲：强调统一党不取急躁，不重保守，唯以稳健为第一要义；强调统一党集革命、宪政、中立诸党而成，无故无新，唯善是与，立论不近偏枯，行事不趋狂暴，在官不闻贪佞。

统一党的主体为立宪党人，如程德全、张謇、熊希龄、汤寿潜、赵凤昌、唐绍仪、汤化龙等，都是治国良臣、能臣，一时之选。他们在感情上亲近袁世凯，甚至可以说统一党就是袁世凯可以凭借的政治力量，是"总统党"。

既然决定支持袁世凯，章太炎对袁世凯就显得格外热情。他在民国初建的那些日子里，殚精竭虑为袁世凯出谋划策，提供一个又一个建议。

对于章太炎的拥戴和建议，袁世凯感激不尽，投桃报李，于4月9日聘请章太炎为总统府高等顾问。章太炎觉得很有面子，欣然答应，没有再像孙中山几个月前聘请他担任同样职务时那样婉拒，那样扭捏。此后，章太炎坚定地站在袁世凯一边，成为民初政争中最拉风的一个重要人物，为袁世凯威望的提升与维持贡献不小。

章太炎在许多问题上的建议都是从大总统立场进行考虑的。袁世凯对章太炎充分信任，在章太炎逗留北京的那些日子里，数度邀请章太炎到总统府畅谈。章太炎有时代表大总统巡视南北，联络各方，像是大总统特别代表或特别助理。

民国元年很快就要过去。按照南北和谈时的规划，国会将要选举，正式大总统也要选举。为了这些选举，袁世凯请章太炎到东北地区观察情形，疏通关系，以为选举做准备。章太炎到东北，每与人接谈，必盛称袁世凯功德，以为现在麻木不仁之中国，必须要有袁世凯政权这样的"开明专制"。

章太炎东北之行不仅帮助了袁世凯，而且使他个人对东北的战略地位有了新的认识，所以他回到北京不久，便接受了袁世凯的任命，出任东三省筹边使。

出任东三省筹边使应该是章太炎与袁世凯反复协商的结果，也是章太炎的自愿选择。他多次建议袁世凯殖边，开发东北，巩固东北，以防止、抵制日俄对东北的觊觎和蚕食。

东北危机由来已久，早已成为袁世凯的一块心病，沙皇俄国利用中国内乱策动外蒙古"独立"，而日本也不断扩大在东北的利益。现在有章太炎这样的人愿意前往东北从事积极的建设，袁世凯何乐而不为。几经磋商，袁世凯同意设立新衙门——东三省筹边公署。东三省筹边使，其职责就是代表中央政府全面负责和协调东三省的管理和开发。

1912年底，章太炎带着随从离开北京前往长春。1913年的上半年，章太炎基本上都在东北度过。应该承认，章太炎在那段时间尽心尽力，尽职尽责。他把工作重心放在调查研究和资源勘查上，既委派专人调查并绘制边境详图，以划清国界为筹边的入手办法，又派员对东三省矿产资源和可开垦荒地进行详细勘查，期待在摸清东三省家底的基础上逐步形成开发方案。

对于东北的开发和未来建设，章太炎有着非常好的构想。然而仅仅过了七个月时间，从来没有从政经验的章太炎就对官场各种各样的规则、潜规则感到很不耐烦；袁世凯的中央政府也没有像原先承诺的那样支持到位；而东三省的政治架构、行政体制更使章太炎有心无力，许多计划永远只是计划。这不能不使章太炎失望、伤心。到了1913年6月，当袁世凯的财政总长梁士诒刻意阻挠东三省筹措资金的计划时，章太炎于 6 月 18 日愤而辞职，大骂梁士诒不是东西。章太炎发给袁世凯的电报说：

只管推宕，不要你的钱了。

"宋案"：另一种观察

章太炎愤而辞职，除东三省工作根本推动不了的原因外，可能还有一个重要背景，就是宋教仁被杀。

宋教仁是同盟会－国民党的重要领袖，也是议会政治的热情参与者。面对第一次国会选举，宋教仁信心百倍，南北奔波，东西奔走，就像许多民主国家的政治家一样，到处去争取选民、争取选票。应该说在当时的政治家中，宋教仁最像政治家，他距成功登上内阁总理的位置只有一步之遥。

然而，就这一步却永远阻断了宋教仁的议会梦，甚至一度阻断了中国人对民主政治的追求和梦想。1913 年 3 月 20 日，宋教仁在上海车站被刺身亡。这对中国人特别是南方革命党人来说，无疑是晴天霹雳，促人猛醒。

当宋教仁被刺时，章太炎还在东北。他根据各方面情报认为，宋教仁被刺肯定是一起政治谋杀，而指使者就在北京。他虽然不能肯定这件事与袁世凯有直接关系，但他相信刺杀宋教仁的主谋一定是北京的"佞臣"。章太炎大声疾呼，要舆论界主持正义，揭露真相，认真监督，追究真凶；对于南方革命党人，章太炎竭诚呼吁唯有各党中革命人才纠合为一，辅以学士清流，介以良吏善贾，则上不失奋斗向上的精神，下不失健全的体魄。只有这样，中国的政治问题或许能够找到出路，或许能够平稳度过"宋案"带给中国民主政治的困扰期。

基于这些判断与考虑，章太炎于宋案后离开东北赶赴上海，与国民党人孙中山、黄兴、陈其美等一笑泯恩仇，继续先前的合作，接受孙中山对宋案的判断，以为当时中国政治上最严重的问题还是腐败与专制。如果中国不能从根本上铲除腐败与专制，如果继续容忍这些"国病"于中央，那么什么民国，什么共和，其实只是一块空招牌，民主共和依然是一场空想一场梦。

章太炎认为宋教仁血案绝对不是一起简单的刑事犯罪，而是政治谋杀，而且这起谋杀的主谋一定来自北京。这是章太炎与孙中山等南方革命党人的判断相近、相似的地方。只是章太炎在没有更明确的证据时，没有像孙中山那样坚定地将矛头指向袁世凯，以为袁世凯就是这一事件的主谋，负有不可推卸的责任。章太炎认为，即使宋案的直接受益者或许是袁世凯，袁世凯的政治智慧也不会让他这样愚蠢。所以章太炎对北京的指责注意分寸，留有余地，只是说这些事情都是那些"佞臣"所为。这些"佞臣"，据章太炎说，就是总统府秘书长梁士诒、参谋部次长陈宦、拱卫军司令段芝贵和国务总理赵秉钧等所谓"四凶"。

与章太炎的主张不同，国民党人特别是孙中山坚决主张武力讨伐袁世凯。黄兴原本主张法律解决，主张不破坏《临时约法》的政治框架，以合法的途径进行抗争。也就是说，国民党应该利用宋案与袁世凯进行斗争，不要再像民国元年那样一味吹捧袁世凯，一味颂扬什么"非袁莫属"。但是，这种斗争应该止于法律范围内，要斗而不破，要限定在议会、舆论的界限里，无论如何不能拿起枪，像当年对付清廷那样对付袁世凯。然而，黄兴并没有说服孙中山，孙中山的主张渐渐在党内占了上风。

章太炎是一个说话比较苛刻的人，他很少赞美别人，总是贬损别人。民国的政治家、学者，被他贬损的不知凡几，受到他赞扬的却屈指可数。宋教仁却是章太炎一直看好的政治家。在东京的革命党人中，他独独看好宋教仁。他认为宋教仁绝对具有宰相的能耐和风范，如果给宋教仁一个机会，宋一定会将中国引领到一条正确的政治轨道中。

如今宋教仁遇刺，章太炎虽说不上与袁世凯闹翻，但他对袁世凯门下的那些宵小格外反感。假如宋教仁之死真的与袁世凯有关，那么以章太炎的性情、行事风格，他肯定不会放过袁世凯。从章太炎的实际反应看，宋教仁案的真凶可能就是民国法庭认定的，与内阁总理赵秉钧有关，与袁世凯无关。

袁世凯不是宋案的直接受益者。即便宋教仁竞选成功，组建议会第一大党，也只是组阁，在大总统袁世凯底下办事，而不是去与大总统较劲。而且宋教仁与袁世凯早在前清时代就建立了良好的互动关系。所以章太炎尽管介入革命党人对宋案的处理，但他并不认同孙中山等人的判断。这应该是我们今天重新思考宋案的一个可供参考的方向。

最近若干年，又有另外一种说法，以为宋教仁被杀，可能是革命党内部的一次火并，与孙中山等人尤其是陈其美有关。

其实，如果从章太炎的视角观察，就会发现这个看法很难成立。章太炎此时虽说与孙中山等人一笑泯恩仇，不计前嫌，共同处理宋案及其相关问题，但是按照章太炎的性格，假如宋案真与孙中山、陈其美有关，那么他不论出于哪个方面的考虑，都会拍案而起，怒斥孙、陈。章太炎的性格使他必须这样做，他更不会知假作假，一方面与孙中山一起为宋教仁之死悲哀，另一方面替他们隐藏着这样大的秘密。历史研究确实要在不疑处有疑，但处处怀疑，可能也是一个误区。

善后借款

孙中山、国民党因宋教仁之死渐渐走上武力抗争的道路，但他们并不是袁世凯所说的那样：孙黄二人只会捣乱，不懂建设。他们之所以奋起抗争，最主要的原因，还是来自北方的刺激。

1913年4月26日，袁世凯指派国务总理赵秉钧、外交总长陆徵祥、财政总长周学熙为全权代表，与英、法、德、俄、日五国银行团的代表进行谈判，至次日凌晨，终于达成总额两千五百万英镑的《善后借款合同》。

根据这个合同，借款的主要用途为四大方面：一是整顿和建设"中华民国"行政机构，毕竟这个新政府刚刚创建，有一系列事情要做；二是支付结束南京临时政府（主要是遣散南方军队）所需的款项；三是偿还前清积欠的外债和赔款，因为"中华民国"是清朝的法律继承者，这是"中华民国"应该履行的法律义务；四是履行南北妥协时"中华民国"对清室优待条件中的承诺。一百多年后，实事求是地说，新成立的"中华民国"百废待兴，这笔借款并不容易达成，却非常有用而且必要。

从这笔款项的四个用途看，主要是要解决辛亥革命的遗留问题，特别是结束南京临时政府重建一个统一政府的问题。其实最先想到借款的，还是孙中山的南京临时政府，只是五国银行团不太愿意与南京临时政府打交道，所以还是等到袁世凯政府成立，谈判方才有机会开始。

假如不发生宋案，国民党对这个借款合同不是同意而是期待。现在宋案发生，一切都不一样了。尽管袁世凯政府反复解释此款项的用途并没有变化，一定还会优先解决南京临时政府善后事宜，最大限度合理遣散那些已经用不到的军队，但袁世凯政府的解释无法说服孙中山及其他国民党领导人。他们将善后借款与宋案合并在一起考虑，以为善后大借款是个阴谋，是袁世凯个人欲望的大暴露，袁要以国家的名义扩充其私人的北洋军队，准备与国民党人彻底翻脸，进行武力镇压。基于这种担心，孙中山、黄兴以及具有国民党身份的江西都督李烈钧、广东都督胡汉民和安徽都督柏文蔚一致通电，一方面反对善后大借款，一方面要求严究宋案主凶，暗示宋案与袁世凯有着直接关系，善后大借款是个大阴谋。

在大家都有诚意的时候，什么事情都好说。几个月之前，孙中山还在不厌其烦地劝说各位同志相信袁世凯，现在则到处指责袁世凯不可信。从天使到魔鬼，这在孙中山和革命党人那里无须转折和铺垫。国民党下决心武装抗争、武装反袁，阻止袁世凯在独裁道路上越走越远，这是孙中山的说法。而袁世凯好像此时也有点失去理智，以为孙中山、黄兴等人太过分，反复声明假如孙中山、黄兴和国民党胆敢起兵闹事，扰乱政治和社会，那么他必将以"中华民国"的名义出兵讨伐，绝不客气。政局危机越来越不可收拾。

居间调停南北

在南北纷争日趋严重时，章太炎并没有坚定地站在南方国民党人的立场上，当然也没有站在袁世凯的立场上，他似乎对南北双方都有点儿不满意，都有点儿看不上。章太炎能够看上的只有黎元洪，所以他在南北纷争日趋紧张的日子里，只愿意与黎元洪保持一致，甚至愿意站在第三者的立场，努力调解南北纷争，希望双方都不要诉诸武力，还是回到国会中和平解决。

当南北分歧越来越严重，调解无望时，章太炎的方案也在变化，以为既然纷争不可调解了，那么就尽量保全大局吧！为了大局与和平，章太炎请求大总统袁世凯退位，并声明不再出面竞选总统，像前临时大总统孙中山一样，退居民间。这是对北方的要求和期待。

对于南方，章太炎也多有批评，希望南方还是要采用和平方式，不要擅自用兵。当然，不管怎么说，南方毕竟处于在野弱势地位，章太炎的批评矛头主要还是对着北方，想法运动各方面力量迫使袁世凯下野，善意地期待以袁世凯下台换取大局和平。

章太炎的思路或许是一个解决方向。如果是一个成熟的民主国家，遇到宋教仁案这样一时说不清、道不明的突发事件，有牵连的行政负责人或许会自动辞职，化解危机。政治家就要有政治家的担当。然而中国刚刚走上民主道路，袁世凯自信宋案和他无关，因而没有辞职的必要。如果仅仅为了避嫌，他周围的那些既得利益者也无论如何不会让袁世凯这样做。于是，和平的劝说不可能奏效，还必须另想办法。

在当时的政治领袖中，既然袁世凯不行了，孙中山也不在章太炎的考虑范围，能被他看上眼的，也就只有一直居住在武昌的副总统黎元洪了。于是，章太炎从上海专程前往武昌，希望黎元洪能够以廓然大公之心，出面参与竞争大总统，以此拯救国家危亡，拯救刚刚诞生的共和国。

黎元洪在人品上或许像章太炎所恭维的那样，为一忠厚长者。然而，正因为这个品格，黎元洪清楚自己根本不是袁世凯的对手。尽管章太炎在武昌盘桓了二十多天，说了很多话，但黎元洪始终不敢就此明确表态。即便被逼到最后，黎元洪也只是建议章太炎不妨趁着进京接受"勋二位"的机会劝劝袁世凯，袁公如果能够听进去谏言，也就不必大事更张，另选总统了；假如袁公执意不听，那就再按章太炎的意思办。

有了黎元洪这个态度，章太炎于 5 月 28 日抵达北京，准备近距离观察袁世凯的态度，也准备正面尝试着调解南北纷争。在与袁世凯会面或面向报界时，章太炎一再强调南北纷争更多地来自误会，南方国民党、孙中山对政府施政方针有所不满，但绝对不是截然反对，更不是谋反叛乱。这是站在南方立场上说给袁世凯听。

至于政府施政方针和施政效果，章太炎认为确实存在一些问题，不应回避。政府将内部纷争作为敌对势力去打压，甚至准备用武力去对付，去剿灭，显然是不对的。章太炎指出，袁大总统的长处在军事、外交两个方面，政府应该在这两个方面多用力，要用武力去抵御沙俄对外蒙古的威胁，要用外交去维系外蒙古不被沙俄掠取。

在北京的那些天，章太炎日趋失望，越来越觉得南北纷争和平解决的可能性相当渺茫。对于北方，对于袁世凯，章太炎觉得只有任其跳梁，他们终将自杀，有个三五年时间，或许能够从黑暗到光明；对于南方国民党人，章太炎有了更多期待，希望他们团结起来，合力监督政府，或者南方各省将被打烂，但黑暗到了极端，或许会出现新机。

历史发展不幸被章太炎言中。袁世凯自以为不是宋案主谋，自以为居于道义和正当地位，所以面对南方的反对，不愿妥协，不愿让步，反而步步紧逼，挑起事端，相继罢免李烈钧、胡汉民等人的都督职务，逼迫国民党人走上武装反抗的道路，于是有了"二次革命"。

民国囚徒

"二次革命"爆发后，章太炎迅即发布宣言，号召各地共同起兵讨袁。只是他也没有坚定地站在孙中山、黄兴一边，他期望黎元洪此时能够借机大胆站出来，利用由统一党改组的共和党开辟第三条道路，既抛弃北方的袁世凯，也不要南方的孙中山。

然而，民国元勋黎元洪并没有按照章太炎的思路去行动。孙中山纠集的"二次革命"主力，也不过是一批乌合之众，一触即溃。"二次革命"很快失败，孙中山、黄兴等流亡国外。

章太炎自认为没有参与孙中山、黄兴的"二次革命"武力倒袁，不过是在这个事件中发布了几个宣言。他反对袁世凯的一些做法，但自认与孙、黄有别，所以在"二次革命"结束后，章太炎并没有选择流亡。

确实，章太炎不是"二次革命"的发起者，但他用自己的文字反袁也是事实。更严重的是，他的共和党只是在为黎元洪抬轿。因此，在袁世凯的幕僚看来，章太炎不愿离开中国流亡海外，但谁也无法保证这个"章疯子"什么时候犯病，什么时候发作。于是，章太炎极端讨厌的"佞臣"之一陈宧向袁世凯献策，说为防患于未然，应该将章太炎管制起来。陈宧对章太炎非常了解，他以"二次革命"后政治形势急剧变化为由，邀请章太炎以共和党党魁的身份前往北京。

章太炎是个坦诚磊落的人，收到陈宧的电报后并没有多想，认为自己有责任前往北京主持共和党党务。共和党是民国政治架构中的合法政党，甚至被认为是"准总统党"，所以他根本想不到此次北上会有风险，会有小人对他使阴谋。他认为，"二次革命"的结果对孙中山、黄兴等人来说未免有点太惨了，但"中华民国"的政治气候或许会因为排除了这些暴力反抗者而变得温和起来。果如此，民国政治毕竟是政党政治，那么在未来的总统选举中，共和党一定会有所作为。

1913 年 8 月 11 日晨，章太炎兴冲冲地抵达北京，迅即入住化石桥附近的共和党总部。这个地点大约在现在的西交民巷一带。

刚刚住下来的章太炎还没有来得及进行任何政治活动，就发现自己和共和党总部已被警方控制起来了。警方的理由是章太炎参与了"内乱"。不过，警方秉承袁世凯命令，也没有过分为难章太炎。袁世凯希望章太炎在此后的政治活动中能够站在政府一边，无奈章太炎根本不吃这一套。就这样，章太炎被袁世凯莫名其妙地软禁在北京了。

章太炎没有料到，袁世凯竟然将自己扣在北京软禁了三年之久。三年中，章太炎软磨硬泡，装疯卖傻，大闹过，大骂过，但就是冲不出军警的包围。到了后来，章太炎几乎彻底失望，自杀，绝食，抗争，什么样的手段都使了，依然无法逃脱。章太炎真的心灰意冷了，死也死不了，出也出不去，只有几个弟子找他聊聊学问，三年就这样荒废过去了。

　　章太炎的1913年，是中国政治的一个标杆。他在年初毫无保留地拥戴袁世凯，"二次革命"时有选择地中立，然后下半年被袁世凯莫名囚禁。一个发明了"中华民国"名号的人，一个真正的民国缔造者，竟然在1913年成为"民国囚徒"。"非袁莫属"已成过去，中国政治的新路在哪里？各方面必须重新思考。

梅光迪与胡适——"五四"新文化的发生

"五四"新文化运动原本集结了左、中、右各色人等。对于文学，这些参与者都有一个应该改良的共识，唯一的差别只是如何改。然而等到"后五四时代"，陈独秀、胡适等人成了"五四"新文化运动的正统，一切与其意见不符的人，差不多都被视为新文化运动的对立面。这显然不对。比如梅光迪，就不像胡适以及许多研究者所描述的那样冥顽不化，固执己见。

梅光迪是胡适的安徽同乡，字迪生，一字觐庄，宣城望族梅氏后人，生于1890年，比胡适长一岁，与胡适差不多同时赴美留学，师从哈佛新人文主义大师白璧德，专攻英美文学。

胡适与梅光迪专业相近，他们也已经相互认识一段时间了。尽管二人不在一个学校，但通过书信往来，不时交换对学术问题的看法，并在很多方面拥有共同的兴趣。

共同的兴趣并不意味着意见趋同。恰恰相反，共同的兴趣让这些自以为饱学的年轻一代更容易标新立异，独树一帜，甚至刻意表达反对意见，以为诤友。

由于早期比较特殊的经历、人脉关系以及知识训练，胡适比较早地意识到中国文学、文字需要改革，否则很难适应传播现代文明的现实需求。据胡适后来回忆，大约在1915年初，他对这些问题渐渐形成了自己的看法，对他造成直接影响的人是清华学生监督处书记钟文鳌。钟文鳌是一个基督徒，深受传教士和青年会的影响。他在每月给在美各地官费留学生寄发经费时，总是夹寄有关社会改革的宣传单。这种宣传单有各种花样，大致内容不外乎：不满二十五岁不娶妻；废除汉字，取用字母；多种树，种树有益。

钟文鳌的热心宣传并没有在留学生中引起什么波澜，甚至许多学生不满他这种青年会的宣传办法，更不满他滥用职权。终于有一天，钟文鳌在宣传单中说中国应该改用字母拼音，理由就是方块字太难，要普及教育，非有字母不可。

胡适原本是一个热心社会改良、社会改造的人，但不知道为什么他不能容忍钟文鳌的这种热心与虔诚。当他又一次收到钟文鳌寄来的汉字改革宣传单时，突然动怒写了一封信回敬，大意是指责钟文鳌这种不通汉文的人，不配谈改良中国文字的问题。要想谈这个问题，就必须先下几年工夫，把汉文弄通了，那时才有资格谈汉字是不是应该废除。

这种高人一等的盛气凌人不是胡适的风格，所以信寄出后，胡适就感到后悔。不过，由此也引起胡适另一层反省，既然指责别人不够讨论的资格，那么自己是否够资格呢？如果自己够资格，为什么不用点心思去研究这个问题呢？

有了这层反省，胡适就和他的好友赵元任商量，希望将"中国文字的问题"列入当年美东中国学生会"文学科学研究部"年会的主题,由胡适与赵元任分做两篇论文,讨论这个问题的两个方面:一、如何可使吾国文言易于教授;二、吾国文字能否采用字母制,及其进行方法。商量的结果,前一篇由胡适负责,后一篇由赵元任分担。赵元任后来觉得一篇论文说不清,于是连做了几篇长文,论证中国文字可以采用音标拼音,力主中国文字改革的方向就是汉字拼音化、罗马化。所以,赵元任后来就成为中国文字改革运动中非常重要的人物。

胡适的论文大致有这样几层意思。

一、汉字是否真的阻碍了文明的传播,不利于教授?

二、汉字之所以不易于普及,其原因不在文字本身,而在教授方法的不完善。

三、旧的教授方法之弊有以下几点:

1.根据自己早年接受教育的经验,胡适认为,汉字乃是半死的文字,不当以教授活文字的方法进行。这里的所谓"活文字",即是指日用语言之文字,如英文、法文,如中国的白话文;而"死文字",则是指希腊文、拉丁文等非日用文字。所谓"半死的文字",就是说其中还有一些日用成分在,如"犬"字是已死之字,而"狗"字仍是活字;"乘马"是死语,而"骑马"是活语。旧的汉字教授方法不明此意,以为"书读百遍,其义自见"。这显然是有问题的。所以胡适建议汉语教学应该像教授外国文一样,须用翻译的方法,将死文字翻译成活文字,像旧教育中的"讲书",要让学生充分理解死文字的活意义。

2.汉字是一种视官(视觉)的文字,非听官(听觉)的文字。凡一字有二义:一为其声,一为其义。无论何种文字,皆不能同时兼及声义两个方面。字母文字能传其声，不能达其意；象形、会意的文字，但能达意而不能传其声。汉字在后来的发展中，逐步失去象形、会意、指事的特长，而教授者并不明白这一道理，于是使中国文字既不能传声，又不能达意。所以胡适建议，中国文字教学中应该加强字源学的研究，当以古体和今体同列教科书，让学生先学象形指事之字，再学会意、形声之字。后来的小学语文教学似乎真的循着这个方法进行。

3. 受《马氏文通》的启发和学习英语的经验教训，胡适认为中国文字本有文法，这是学习文字语言的捷径，所以他建议将汉字文法学列为汉语教学的科目。

4. 胡适指出，中国人向来不用文字符号，致使文字不容易普及；而文法又不研究，不讲究，遂使学习汉字成为相当困难的事。所以今后应该加强文字符号的研究和运用，以求文法明显易解以及意义确定不易。那几年，胡适正热心为中国文字创造种种标点符号，期待以标点符号弥补汉字在表意、文法方面的不足，以方便文字的学习和使用。应该说，标点符号的创造和推行，是胡适对中国文化发展的巨大贡献。

按照胡适自己的说法，他并不反对汉字拼音化，但他的历史训练使他具有一定的保守性，使他觉得汉字的拼音化可能并不那么乐观，并不那么容易推行。汉字终究是庞大中国内部联系的纽带，终究不可能被废弃而选择一种拼音文字。不过，他那时也没有想到白话文完全可以替代文言，所以胡适当时能够想到的就是根据自己早年接受教育的经验，改良文言的教授方法，使汉文比较容易教授，容易掌握。

钟文鳌的刺激使胡适意识到中国文字可能并不像近代以来许

多维新志士所期待的那样，可以通过拼音化改变难学的困境，以提升文化普及的速度和程度。中国文字的未来出路究竟何在，胡适也没有明白的方案。只是他在 1915 年的夏天，确实意识到中国文字可能分为死的和活的两个方面，白话是活文字，文言是死文字。

那年暑假，胡适的朋友任鸿隽、梅光迪、杨杏佛、唐钺等正在纽约附近的小镇"绮色佳"（Ithaca）康奈尔大学度假。胡适的观点引起了他们的兴趣，也引起了他们的争论。梅光迪无论如何不能同意胡适的判断，以为中国文字是半死或全死的。他的驳斥引起了胡适的反省，往复论战也使他们的观点越走越远。梅光迪越辩越趋于保守，而胡适在防守中也就越来越趋于激进。

胡适与梅光迪的争论逐步从文字问题转向文学，涉及中国文学的存废等大是大非问题。这是一个巨大转变。在这个转变过程中，胡适常常表达中国文学必须经过一场革命的意思，"文学革命"的口号就在那个夏天由这样几个青年在异国他乡乱谈出来了。

9 月 17 日，梅光迪将赴哈佛，胡适做了一首长诗送行。诗中有两段很大胆的宣言："梅生梅生毋自鄙！神州文学久枯馁，百年未有健者起。新潮之来不可止，文学革命其时矣！吾辈誓不容坐视。且复号召二三子，革命军前仗马棰，鞭笞驱除一车鬼，再拜迎入新世纪。以此报国未云菲，缩地戡天差可拟。梅生梅生毋自鄙！作歌今送梅生行，狂言人道臣当烹。我自不吐定不快，人言未足为重轻。"

在这首诗里，胡适第一次使用了"文学革命"。胡适坚信，中国历史上的文学创作，由唐诗变为宋词，并没有什么玄妙的道理，只是作诗更近于作文而已，更近于说话。近代诗人喜欢做宋诗，其实他们并不明白宋诗的长处在哪里。宋朝大诗人的绝大贡献，只在打破六朝以来的声律束缚，努力造成一种近乎说话的新诗体。胡适此时的主张，显然受到宋诗的深刻影响，所以格外强调"要须作诗如作文"，反对任何方式的"琢镂粉饰"，以为琢镂粉饰只会导致"元气"的丧失，并不是诗的最高境界。

如果延续《诗经》、汉赋、六朝诗，特别是唐诗、宋词、元曲的理路进行考量，我们应该承认黄遵宪的"我手写我口"以及胡适的"要须作诗如作文"思想的合理性。这既符合进化的观念，也是历史发展的事实。文学为人的心声，文学在反映心声的时候，不可能反复琢磨、雕琢，而是脱口而出，直率表达。然而这种文学理念无论如何不能被梅光迪接受，他在忙过了开学之初的功课后，遂于1916年春致信胡适，表达自己的不满，以为诗文截然两途，自古依然。"诗之文字"（poetic diction）与"文之文字"（prose diction）自有诗文以来（无论中西）已分道而驰。所以中国求诗界革命，当于诗中求之，与文无涉。若移"文之文字"于诗即谓之革命，则诗界革命不成问题。中国诗界现在之所以需要革命，在诗家为古人奴婢，无古人学术怀抱，而只知效其形式，故其结果只见有"琢镂粉饰"，不见有真诗，且此古人之形式为后人抄袭，陈陈相因，至今已腐烂不堪，其病不仅在古人之"琢镂粉饰"。

在梅光迪等朋友的反复刺激下，胡适的思想在1916年春天发生了一个根本的变化，起了根本的觉悟。他曾经想过，一部中国文学史只是一部文字形式（工具）新陈代谢的历史，只是"活文学"随时起来替代了"死文学"的历史。文学与生命全靠能用一个时代的活的工具来表现一个时代的情感与思想。工具僵化了，必须另换新的、活的。这就是"文学革命"。

直到这个时候，胡适才认为他将中国文学史的本质看明白了，终于认清从宋儒的白话语录，到元明时期的白话戏剧和白话小说这类俗话文学才是中国文学史上的正统文学，代表着中国文学革命自然发展的趋势。也直到这个时候，胡适才坦率地承认中国今日所需要的文学革命不是别的，只是用白话去替代古文的革命，是用活的工具去替代死的工具的革命。

1916 年 3 月，胡适在写给梅光迪的信中简略梳理了自己的思路和新见解，指出宋元白话文学的重要价值。梅光迪究竟是研究过西洋文学史的人，他在回信中表示很赞成胡适的意见，以为文学革命自当从"民间文学"入手，且唯非经一番大战争不可。骤言俚俗文学，必为旧派文家所讪笑攻击，但这种攻击不仅无损我辈主张的价值，反而在无意中扩大了我辈的影响。

这封信当然使胡适激动不已，毕竟先前竭力反对他的梅光迪以"我辈"自居，以新派自居，以反对旧派文家攻击讪笑为己任。这不能不使胡适狂喜，更坚定了他对中国文学史的认知和对文学革命的信心。4 月 5 日，胡适充满激情与自信地写下自己的心得：

> 文学革命，在吾国史上非创见也。即以韵文而论：三百篇变而为骚，一大革命也。又变为五言、七言、古诗，二大革命也。赋之变为无韵之骈文，三大革命也。古诗之变为律诗，四大革命也。诗之变为词，五大革命也。词之变为曲，为剧本，六大革命也。何独于吾所持文学革命论而疑之？
>
> 文亦遭几许革命矣。孔子以前无论矣。孔子至于秦

汉，中国文体始臻完备，议论如墨翟、孟轲、韩非，说理如公孙龙、荀卿、庄周，记事如左氏、司马迁，皆不朽之文也。六朝之文亦有绝妙之作，如吾所记沈休文、范缜形神之辩，及何晏、王弼诸人说理之作，都有可观者。然其时骈俪之体大盛，文以工巧雕琢见长，文法遂衰。韩退之文起八代之衰，其功在于恢复散文，讲求文法，一洗六朝人骈俪纤巧之习。此亦一革命也。唐代文学革命巨子不仅韩氏一人。初唐之小说家，皆革命功臣也（诗中如李、杜、韩、孟，皆革命家也）。古文一派至今为散文正宗，然宋人谈哲理者似悟古文之不适于用，于是语录体兴焉。语录体者，以俚语说理记事。……此亦一大革命也。至元人之小说，此体始臻极盛。……

总之，文学革命，至元代而登峰造极。其时，词也，曲也，剧本也，小说也，皆第一流之文学，而皆以俚语为之。其时吾国真可谓有一种"活文学"出世。倘此革命潮流（革命潮流即天演进化之迹。自其异者言之，谓之"革命"。自其循序渐进之迹言之，即谓之"进化"，可也）。不遭明代八股之劫，不受明初七子诸文人复古之劫，则吾国之文学必已为俚语的文学，而吾国之语言早成为言文一致之语言，可无疑也。但丁（Dante）之创意大利文，却叟（Chaucer）之创英吉利文，马丁·路德（Martin Luther）之创德意志文，未足独有千古矣。惜乎五百余年来，半死之古文，半死之诗词，复夺此"活文学"之席，而"半死文学"遂苟延残喘以至于今日。今日之文学，独我佛山人、南亭亭长、洪都百炼生诸公之小说可称"活文学"耳。

从此以后，胡适觉得已从中国文学演变的历史中找到了中国文学问题的解决方案，所以他更加自信这条路是不错的。这个心迹还可见于他在那几天后所作的《沁园春·誓诗》：

更不伤春，更不悲秋，以此誓诗。任花开也好，花飞也好，月圆固好，日落何悲？我闻之曰，从天而颂，孰与制天而用之？更安用，为苍天歌哭，作彼奴为？

文学革命何疑？且准备搴旗作健儿。要前空千古，下开百世，收他臭腐，还我神奇。为大中华，造新文学，此业吾曹欲让谁？诗材料，有簇新世界，供我驱驰。

这首词下半阕的口气当然是很狂的。胡适稍后也有不安，一再修改，到第三次修改时，就将含有"为大中华，造新文学，此业吾曹欲让谁"的这段文字改写成：

文章要有神思，到琢句雕词意已卑。定不师秦七，不师黄九，但求似我，何效人为？语必由衷，言须有物，此意寻常当告谁？从今后，倘傍人门户，不是男儿！

此次改定后，胡适还写了这样一段自跋："吾国文学大病有三：一曰无病而呻……二曰摹仿古人……三曰言之无物……"

胡适作词，专攻此"三弊"，同时遵循此前提出的作文三原则：言之有物、讲文法、不避"文的文字"，共有六条。而言之有物与杜绝言之无物大意相同，除此一条，还有五条。这五条概括表明胡适关于文学革命的思路大致定型。

吴虞的先见与陋见

"五四"百年，可提及的人物很多，但最不能忘记的无疑应该有最先且最有力向孔子发难的"老英雄"——吴虞。他曾被胡适誉为"中国思想界的清道夫"。

吴虞对五四运动，尤其是"五四"新文化运动的最大贡献，就是比较系统地清算了孔子思想和儒家学说，从学术上、理论上证明陈独秀"孔子之道不合乎现代生活"的判断。当然，吴虞的论证，与其独特的人生经历有关，是基于其个体经验对儒家伦理、孔孟之道的控诉。可以这样说，没有吴虞，就没有"全盘反传统"；没有"全盘反传统"，也就没有稍后的"新儒学"。历史的因果关联，在这里表现得最明显。

吴虞，字又陵，号爱智，生于1872年，早岁肄业于成都尊经书院，追随今文经学大师廖平研经，又从名儒吴之英习诗文。吴虞早年就具有强烈的反叛意识，隐居乡下，即怀有"非儒"之论。但是，如果不是发生了甲午战争，不是甲午战败，他必将和他的师长前辈一样在科举体制内跋涉，尽管他也具有青年知识人共有的反叛意识。

甲午战争是中国历史一大转折，也使知识人不得不参与知识更新。中国的失败，让人们清醒地意识到，科举必将成为往事，旧知识不足以救国，也不足以谋生，新知识渐次成为中国知识阶层的追求。吴虞也由此开始"兼求新学"，倾心于西方近代社会政治学说，"不顾鄙笑，搜访弃藏，博稽深览，十年如一日"，为"成都言新学之最先者"，[1] 并于 1905 年加入东渡日本的留学大军，入东京法政大学，与同时代大多数新潮人物如杨度、李大钊等同一路径。"习其政法，廿年来所讲学术，划然悬绝"。[2]

新知识的增长，让吴虞早年即已闪现的激进思想更加激进。1906 年，吴虞在日本作《中夜不寐偶成八首》，声言"孔尼空好礼，摩罕独能兵。遭祸庸奴少，违时处士轻。最怜平等义，耶佛墨同情"。取径耶佛墨，看轻孔儒摩，似乎渐渐成型。

那时的日本，经过明治维新，又用十年时间，相继打败欧亚两大帝国俄国与中国，国势达到了历史全盛期。但是，日本此时还面临着来自欧美的压力，因而对中国的任何进步，都抱着乐观其成的态度，所以那时来日本研习法政的清国学子对日本的印象并不太坏。日本教育界也为这些青年人开办了许多更合宜的补习班、速成班——花费少，时间短，收效著，所以这批学生不似那时前后留学欧美的，动辄停留十年、八年。到 1907 年，满打满算不过两年，吴虞就学成归国，先后担任成都府立中学国文教员、

---

[1] 廖季平：《骈文读本序》，《蜀报》第 1 年第 2 期，1910 年 9 月。

[2] 赵清、郑城编：《吴虞集》，四川人民出版社，1985，第 141 页。

四川公立法政专门学校教习，迅即成为四川，尤其是成都地区的知名青年才俊，一度出任《醒群报》主编。

此时的吴虞，一方面从事新教育，另一方面继续以所学西方近代社会政治学说"反孔非儒"，"大与时俗乖忤"，"愈觉悟儒家之非，其间每有所感，就托意于诗文"。[①] 吴虞认为，"中国自秦以来，以愚黔首为上策"，这一基于儒家所谓"民可使由之，不可使知之"的统治路线，给中国带来了极大的灾难。中国千百年来最大的失误，恐怕只在于没有造成"完全之国民"，政府政策虽有时"适乎时势之需要，而一国人民之智识能力，不足以应之"。就拿共和制度来说吧，如中国"单简之社会，则无以造完全之学人；蕞尔之国民，则难以建共和之大国也"。任何社会制度的选择，均应与该社会民众的一般智识水平相一致。"其民愈智者，其国愈尊；其教愈博者，其化愈优"。中国当前最大的问题似乎不在君主立宪或共和民主之间的选择，其要在于提高民众的觉悟，"祛壅塞扞格之弊，若手臂之相为用，而后可以收富强之效"。[②] 这样，吴虞基于对中国历史文化的分析，得出了和严复、梁启超等人同样的结论，即当开民智。

严复、梁启超的所谓"开民智"，是立足于提高民众文化素质；而吴虞则是以开民智为前提，对千百年来的统治思想儒家文化进行严厉的批判和攻击。他指出，天下大患有两个最致命的问题，一是君主专制，一是教主专制。"君主之专制，钤束人之言论；教主之专制，禁锢人之思想。君主之专制，极于秦始皇之焚

---

① 青木正儿：《吴虞底儒教破坏论》，载《吴虞集》，第 479 页。

② 《读〈管子〉感言以祝〈蜀报〉》，载《吴虞集》，第 11 页。

书坑儒，汉武帝之罢黜百家；教主之专制，极于孔子之诛少正卯，孟子之辟杨、墨。"一个国家的学术思想状况，犹如一个人的精神状态。没有新思想和新言论，国家便无从兴盛，"盖辩论愈多，学派愈杂，则竞争不已，而折衷之说出，于是真理益明，智识益进，遂成为灿烂庄严之世界焉。故知专制者，乃败坏个人品性之一大毒药也。夫与己不同道，则诋为异端，詈为邪说，不以为非圣无法，即以为叛道离经，斯诚社会之污点，学术家之深耻也。而儒家则不惮而恒蹈之"。如孟子之攻击杨、墨，也只是门户意气之私见，而实未窥见杨、墨学说的真实用意，"有入室操戈，扼吭拊背之胜算也"。[①] 因此，吴虞向往"思想自由之风潮"。

假如吴虞继续在成都教书育人办报，传道授业解惑，经若干年，也许会成为廖平、吴之英那样的大儒。凭借他思想的异端性、创造野心，吴虞也一定会像他的老师廖平那样开山立宗，雄踞西南学界。然而个人经历、机遇并没有给他这样的机会。1910年，吴虞和他父亲发生剧烈冲突，遂由此改变其思想性格，甚至其人生道路。

吴虞的思想是"非儒"的，是排斥儒家伦理的。他后来的个人生活极为不检点，与其父亲的冲突也是因为伦理的冲突。

事情的大略是，吴虞的父亲看上了一个寡妇，吴虞的母亲为此很生气，且郁郁而终。吴虞的父亲没有对妻子的不幸早逝表示悲伤，反而迅速迎娶了这个小寡妇，并叮嘱吴虞等子女，事后母如亲生。在儒家伦理中，在传统社会中，这样的事情并不是问题，纳妾也是古代中国男人的权力，不被当作荒淫，而被认为具有传

---

① 《辨孟子辟杨墨之非》，载《吴虞集》，第14页。

宗接代，至少是增加劳动力的作用。但此时的中国，传统在消解，新思想、新伦理在萌生。于是，吴虞对母亲去世前后他父亲的言行举止极为反感，极为愤怒。父子两人由口角进而动手。老子打儿子，天经地义；一旦儿子打了老子，舆论、习惯自然都不会宽容儿子。更令人称奇的是，吴虞的父亲在忍无可忍后决意闹大，一张状纸将吴虞告上了法庭。舆论斥责吴虞为"非理非法"的逆子，四川省教育总会甚至为此做出一个荒唐的决议，将吴虞逐出教育界。

吴虞当然也不是一盏省油的灯。1910年11月，吴虞发表《家庭苦趣》一文，不仅揭露了乃父的行为，而且认识到其父的行为"亦孔教之力使然"，进一步坚定了他对儒家伦理的批判态度。他指出，在儒家精神的影响下，"中国偏于伦理一方，而法律亦根据一方之伦理以为规定，于是为人子者，无权利之可言，惟负无穷之义务。而家庭之沉郁黑暗，十室而九，人民之精神志趣，半皆消磨沦落极热严酷深刻习惯之中，无复有激昂发越之概。其社会安能发达，其国家安能强盛乎？"正是这种强烈而又直接的刺激，使吴虞对中国传统社会条件下的家族制度进行了全面的批判和清算。

吴虞认为，中国之所以两千年来"颠顿于宗法社会之中而不能前进。推原其故，实家族制度为之梗也"。家族制度强调贵贱等级，推崇忠孝节义，把孝的观念推而广之，用之于整个社会。它看重的不是人人生而平等的原则，而是先天性的不平等。因此，在中国历史上，"家族制度之与专制政治，遂胶固而不可分析"，儒家以"孝悌"二字为基本精神的伦理观念也"为二千年来专制

197

政治与家族制度联结之根干，而不可动摇"。①

对儒家伦理观念及其所支持的家族制度，吴虞从"孝"与"礼"两个方面进行了批判。他认为，儒家的全部伦理道德和社会意识，都建立在"孝"的基础上。在一家之中，由家长专制，强调孝的道德，造成明显的不平等和大多数家庭的不幸。在中国，由于宗法、血缘关系的牢不可破性，近代意义上的民族国家一直没有真正建立，近代中国的所谓"国"不过是家的放大而已。一国之君主，便是一家之家长。不论这个君主如何昏庸残暴，都由于其家长地位的至上性而不受限制。一国的人民也只能像一家之子女那样来"孝顺"君主，而这个"孝"的政治性术语，便是"忠"。这种以孝忠观念支撑的社会秩序，对除君主之外的每一个人来说，尽管奖之以名誉，诱之以禄位，实际上毫无平等可言，而是一种典型的愚民政治，其结果是把中国变成一个"制造顺民的大工厂"。吴虞强调，如不打破、抛弃儒家的忠孝观念，就不可能造成新的国民，中国欲实现共和，只能是一种美妙的幻想。他说："是故为共和之国民，而不学无术，不求知识于世界，而甘为孔氏一家之孝子顺孙，挟其游猣怒特蠢悍之气，不辨是非；囿于风俗习惯酿成之道德，奋螳臂以与世界共和国不可背叛之原则相抗拒，斯亦徒为蚍蜉蚁子之不自量而已矣！"②

在吴虞看来，中国传统社会中与忠孝观念相得益彰，有功于历代统治者的莫过于儒家所倡导的"礼"。他认为，忠孝观念要求人们进行自觉的道德反省，而"礼"或儒家倡导的"礼教"则是

---

① 《家族制度为专制主义之根据论》，载《吴虞集》，第 63 页。

② 同上书，第 65 页。

带有某种强制性的道德规范。吴虞吸收了鲁迅对中国传统文化的批判观点，以为正如鲁迅所指出的那样，如果将儒家的礼教精神推到极点，非杀人、食人不算成功。因此，研究传统社会的礼制，"不在辨其仪节而在知其所以制礼之心"。从儒家和历代统治者的"制礼之心"来推测，盖不外以"礼"来规范人们的言行，起到与"刑"交互为用的目的，"以尊卑贵贱上下之阶级为其根本"，"偏重尊贵长上，借礼以为驯扰制御卑贱幼下之深意"，从而使被统治者"柔顺屈从"，安于现实，不做非分之想。[1]

吴虞通过对活生生的历史事实的分析，对礼教进行了猛烈的抨击。他指出，"我们中国人，最妙是一面会吃人，一面又能够讲礼教。吃人与礼教，本来是极相矛盾的事，然而他们在当时历史上，却认为并行不悖的，这真正是奇怪了"。"孔二先生的礼教讲到极点，就非杀人吃人不成功，真是惨酷极了！一部历史里面，讲道德说仁义的人，时机一到，他就直接间接的都会吃起人肉来了。就是现在的人，或者也有没做过吃人的事，但他们想吃人，想咬你几口出气的心，总未必打扫得干干净净！"因此，"到了如今，我们应该觉悟：我们不是为君主而生的！不是为圣贤而生的！也不是为纲常礼教而生的！什么'文节公'呀、'忠烈公'呀，都是那些吃人的人设的圈套来诳骗我们的！我们如今应该明白了！吃人的就是讲礼教的，讲礼教的就是吃人的呀！"[2]

吴虞认为，孔子学说的基本功能是维护传统的家庭制度和伦理观念，它构成了中国专制主义的理论基础。忠孝是扼杀人性的，

---

① 《礼论》，载《吴虞集》，第135页。

② 《吃人与礼教》，载《吴虞集》，第171页。

礼教是吃人的，两者都是和现代精神不相容的；忠孝与礼教又都是儒家所倡导的，所以，儒家是必须被排斥的。为此，吴虞引用道家与法家的学说以与儒家学说进行分析和比较。他认为，中国人两千年来都上了儒家的圈套："还自夸是声明文物礼乐之邦，把那专制时代陈腐的道德死守着，却偏要盲从死动的阻遏那新学说、新道德输入，并且以耳代目，那眼光就在牛市口以上盘旋，全不知道世界潮流、国家现象，近来是什么情况。莫说孔、孟的灵魂，在山东眼睁睁看着日本来占据他桑梓的地方，他的道德和十三经通通没用，止有忍气吞声；就是活起来的孔教会、儒教会的人，又能把旧道德去抵抗日本吗？"一句话，儒家的道德即使不是骗人的把戏，也早已过时，无法指导现实生活，而应让位于"新学说、新道德"。这是吴虞思想认识的最终目标。

很显然，吴虞对儒家文化的排斥与批判达到了中国历史上前所未有的高度，然而，对于中国文化的未来发展，吴虞并没有来得及认真思考。他虽然相当钟情于西方近代的文明与共和制度，但民元以来中国政治的实际发展似乎又使他对西方文化产生了相当的怀疑与隔膜。因而，在吴虞的心目中，排斥儒家文化后的中国文化真空地带应当用墨家学说和老庄之道来填补。结果，原本激进的"非儒"主张并没有得出什么更为先进的结论，中国还需按照旧有的轨道发展，中国文化的未来只是以墨家学说、老庄之道代替儒家精神。

如果不是辛亥前后中国政治局势的急剧变动，如果不是民国以来中国思想潮流几度摇摆，极为混乱，那么吴虞因为与其父亲之间的私人恩怨而发泄诸多牢骚，不但会被视为思想异端，而且会和明代的李贽、清代的谭嗣同一样，被当成离经叛道、非圣无法，甚至会被视为"名教罪人"。所幸吴虞赶上了一个特殊的时代。袁世凯复辟帝制，引起了知识界，特别是陈独秀等人的深刻思考。陈独秀的结论是，中国之所以现代化转型一再失败，关键是中国人顽固坚守不合时宜的儒家伦理。陈独秀说："自西洋文明输入吾国，最初促吾人之觉悟者为学术，相形见绌，举国所知矣；其次为政治，年来政象所证明，已有不克守缺抱残之势。继今以往，国人所怀疑莫决者，当为伦理问题。此而不能觉悟，则前之所谓觉悟者，非彻底之觉悟，盖犹在惝恍迷离之境。吾敢断言曰：伦理的觉悟，为吾人最后觉悟之最后觉悟。"[①]

"伦理的觉悟"是中国人的"最后觉悟之最后觉悟"。基于这样的伦理原则，吴虞反对乃至背叛他的父亲不仅不是问题，他反而因此成为时代英雄、世人楷模。胡适盛赞吴虞是"只手打孔家店的老英雄"（《〈吴虞文录〉序》）。陈独秀更对吴虞那些离经叛道的言论"钦仰久矣"，欣喜若狂，引为同道，并在吴虞思考的基础上更进一步，指出中国文化发展的新方向。陈独秀对吴虞说："窃以无论何种学派，均不能定为一尊，以阻碍思想文化之自由发展。况儒术孔道，非无优点，而缺点则正多。尤与近世文明社会绝不相容者，其一贯伦理政治之纲常阶级说也。此不攻破，吾国之政治，法律，社会道德，俱无由出黑暗而入光明。"[②] 他对吴虞的观点给予无保留的支持。

咸鱼翻身。吴虞并没有因为四川省教育总会的一纸文书退出教育界，反而由此成为中国知识界炙手可热的新派思想家。1917

① 《吾人最后之觉悟》，载《独秀文存》，安徽人民出版社，1987，第 41 页。
② 《答吴又陵（孔教）》，同上书，第 646 页。

年，蔡元培受命整顿北京大学，陈独秀、胡适等新派学人相继进入。吴虞也在这个时候，受邀进入北大担任教授，进而成为《新青年》杂志最为激进、也最为有名的作者之一。

因个人经历的独特性而非儒反孔，这是吴虞的机遇，也是其先见。但是如果从思想史、学术史脉络看，吴虞的那些非儒反孔言论一方面为陈独秀的"新文化独断主义"提供了理据，另一方面则开启了非理性主义、非历史主义的先河。我们当然不能说后来的"批林批孔"与吴虞、陈独秀、易白沙反儒反孔有学术上、思想上的传承线索，但"批林批孔"的参与者发自内心视吴虞、易白沙、陈独秀为同道、为知音、为先导，也是不易的事实。这是吴虞思想的局限。

不止局限，甚或陋见。假如我们注意到"后五四时代"中国文明再造的历史，注意到儒家思想、学术在这个时代重新焕发勃勃生机，也许很难明白，它们其实在很大程度上得益于吴虞等人严酷而有失真切的批判。儒家后来之所以得到振兴，旧儒家之所以演化为"新儒家"，很大程度上必须感激吴虞以及他的那些同道。这一点，贺麟后来在《儒家思想的新开展》中描述得最清晰：

> 五四时代的新文化运动，可以说是促进儒家思想新发展的一个大转机。表面上，新文化运动是一个打倒孔家店、推翻儒家思想的一个大运动。但实际上，其促进儒家思想新发展的功绩与重要性，乃远远超过前一时期曾国藩、张之洞等人对儒家思想的提倡。曾国藩等人对儒学的倡导与实行，只是旧儒家思想的回光返照，是其最后的表现与挣扎，对于新儒家思想的开展，却殊少直接的贡献，反而是五四运动所要批判打倒的对象。

新文化运动的最大贡献在于破坏和扫除儒家的僵化部分的躯壳的形式末节，及束缚个性的传统腐化部分。它并没有打倒孔孟的真精神、真意思、真学术，反而因其洗刷扫除的功夫，使得孔孟程朱的真面目更是显露出来。新文化运动的领袖人物，以打倒孔家店相号召的胡适先生，他打倒孔家店的战略，据他英文本《先秦名学史》的宣言，约有两要点：第一，解除传统道德的束缚；第二，提倡一切非儒家的思想，也即提倡诸子之学。但推翻传统的旧道德，实为建设新儒家的新道德做预备功夫。提倡诸子哲学，正是改造儒家哲学的先驱。用诸子来发挥孔孟，发挥孔孟以吸取诸子的长处，因而形成新的儒家思想。假如儒家思想经不起诸子百家的攻击、竞争、比赛，那也就不成其为儒家思想了。愈反对儒家思想，儒家思想愈是大放光明。[1]

贺麟没有直接点吴虞的名，而是将这些主张都推给了胡适。但他所提及的"打倒孔家店"是出自吴虞，而不是出自胡适。

---

[1] 贺麟：《文化与人生》，商务印书馆，1988，第5—6页。

"递刀者"？——以张厚载、林纾为中心的所谓"新旧冲突"

历史是由一系列重大事件支撑起来的。没有重大事件，历史就没有质变，没有突破。讨论重大事件，当然要关注大人物，是大人物创造了历史。不管这个大人物是天才，还是弱智，只要他做出了决策，一定要比一般人的言行更有力量。但是，正如许多人常说的那样，民众才是历史的最终创造者。按我的理解，历史中的许多重大突破，最先发难、让历史进程改变方向的，往往是不惹人注意的小人物。小人物撬动大历史，是历史研究中应该注意的一个视角。我这里想讨论的张厚载，就是一个被历史记忆渐渐忘却的小人物，但他确实推动或者说引爆了"五四"时期中国知识界的一场大争论、大分裂，甚至引发了后来的大运动。

与新人论旧戏

张厚载，字采人，号寥子，笔名聊止、聊公等，生于1895年，江苏青浦（现属上海）人。

就家庭背景而言，张厚载出身于一个书香门第的中产阶级家庭。当时是新旧交替的特殊时期，张厚载既有比较深厚的旧学功底，又因其家庭条件优越，比较早地接触了新知识，顺利考入京城时尚名校——五城中学堂。

1902年5月7日，顺天府尹陈璧奏请在原来五城学堂的基础上进一步整合，将东、西、南、北及中城学堂合一，设立五城中学堂，"并以南邻琉璃废窑拨充校址"。同时，聘请同乡福建侯官人、工部主事沈瑜庆为监督，刑部主事、侯官人卓孝复和户部主事、侯官人李毓芬为提调，保举林纾为国文总教习，曾留学英国学习海军的天津人王劭廉为西文总教习。陈璧保荐奏折说："福建省举人候选教谕林纾，学优品粹，守正不阿，于中外政治学术皆能贯彻，在福州主讲苍霞学舍，在杭州主讲东文学舍多年，力辟邪说，感化尤多，堪以聘充汉文总教习。"[①] 自此始，林纾主讲五城中学堂前后长达十三年，"先后毕业几六百人"[②]。张厚载就是这"几六百人"中的一员。

张厚载进入五城中学堂的具体时间和情形现在还不太清楚，但许多资料都显示他在五城中学堂受到国文总教习林纾的赏识，

---

① 《遵旨设立中学堂谨将选聘教习开办日期据实具陈折》，收入《望岩堂奏稿》，转引自张旭、车树昇编著：《林纾年谱长编》，福建教育出版社，2014，第88页。

② 林纾：《赠张生厚载序》，载林纾《畏庐三集》，上海书店，1992，第14页。

属于入室弟子。稍后，张厚载进入天津新学书院学习。天津新学书院为英国人赫立德于 1902 年创办的一所新式学校，其建筑仿牛津大学，其师资中西并重，顾维钧、林语堂、张伯苓等曾为书院董事。天津新学书院实际为大学，学制四年，设格致、博学、化学等科目。直隶总督兼北洋大臣袁世凯重视这所学院，重资捐助，袁家诸子适龄者及张镇芳之子张伯驹均在这里读书。津门杰出教育家严修也为这所书院付出了巨大心血。张厚载能到天津新学书院就读，亦可知其家境很不一般。

张厚载在天津新学书院的情形仍不清楚，但他从这里又考入北大法科政治系就读。读书期间，张厚载热衷于戏剧，与梅兰芳、齐如山等戏剧名家、票友关系密切，并在课余写出不少谈论戏剧的文章在南北报刊发表，一时享有盛名。尽管胡适不太赞成张厚载的一些议论，但却给以很高评价："缪子君以评戏见称于时，为研究通俗文学之一人。"①

如果泛泛而论，张厚载并不是新文化的反对派，他的思想观念、文学主张与新文化的契合处不少。1918 年 6 月 15 日，他在《新青年》第四卷第六号发表《新文学及中国旧戏》，开篇即说："仆自读《新青年》后，思想上获益甚多。陈（独秀）、胡（适）、钱（玄同）、刘（半农）诸先生之文学改良说，翻陈出新，尤有研究之趣味。仆以为文学之有变迁，乃因人类社会而转移，决无社会生活变迁，而文学能墨守迹象，亘古不变者。故三代之文，变而为周秦两汉之文，再变而为六朝之文，乃至于唐宋元明之文。

---

① 郑振铎编选：《中国新文学大系》第二集《文学论争集》，上海文艺出版社，2003，影印本，第 407 页。

虽古代文学家好摹仿古文，不肯自辟蹊径，然一时代之文，与他一时代之文，其变迁之痕迹，究竟非常显著。故文学之变迁，乃自然的现象，即无文学家倡言改革，而文学之自身，终觉不能免多少之改革；但倡言改革，乃应时代思潮之要求，而益以促进其变化而已。"[①]

张厚载这个描述，其实就是胡适一直强调的"历史的进化的"文学观念。由上观之，胡适视张厚载为研究通俗文学的重要人物，张厚载也一再重申自己"对于改良文字，极表赞成"。至于改良上的具体办法，张厚载声明他最赞成胡适、钱玄同等先生"不用典"的主张，以为滥用典故，是造成思想室碍的一个重要原因。对于新文学一派"趋重白话"的主张，张厚载也深表赞同。但是，他以为文学改良与其他事物一样，必以渐，不以骤。改革过于偏激，反失社会信仰，所谓欲速则不达，亦即此意。据此，张厚载对《新青年》上刊载的新诗很不以为然。如第四卷第二号登有沈尹默《宰羊》一诗：羊肉馆，宰羊时，牵羊当门立；羊来芈芈叫不止。我念羊，你何必叫芈芈？有谁可怜你？世上人待你，本来无恶意。你看古时造字的圣贤，说你"祥"，说你"义"，说你"善"，说你"美"，加你许多好名字，你也该知他意：他要你，甘心为他效一死！就是那宰割你的人，他也何尝有恶意！不过受了几个金钱的驱使。羊！羊！有谁可怜你？你何必叫芈芈？你不见邻近屠户杀猪半夜起，猪声凄惨，远闻一二里，大有求救意。那时人人都在睡梦里，哪个来理你？杀猪宰羊，同是一理。羊！羊！你何必叫芈芈？有谁可怜你？有谁来救你？

① 《中国新文学大系》第二集《文学论争集》，第404页。

张厚载对这首诗很不满意，以为"纯粹白话，固可一洗旧诗之陋习，而免窒碍性灵之虞"，但从形式上观之，沈尹默的《宰羊》"竟完全似从西诗翻译而成；至其精神，果能及西诗否，尚属疑问。中国旧诗虽有窒碍性灵之处，然亦可以自由变化于一定范围之中，何必定欲作此西洋式的诗，始得为进化耶？西人翻译中国诗，自应作长短句，以取其便于达意。中国译外国人诗，能译成中国诗体，固是最妙；惟其难恰好译成中国诗体，故始照其原文字句，译成西洋式的长短句"。在张厚载看来，《宰羊》以及胡适《尝试集》中的《人力车夫》《鸽子》《老鸦》诸诗，并非译自西诗，为什么一定要用西诗之体裁呢？①

新文化运动对旧文学提出全面挑战。除新旧诗之争外，新文化一派也拿出很大精力讨论戏剧改良，钱玄同、胡适、刘半农等都有不少论述。

胡适指出，居今日而言文学改良，必须重视"历史的文学观念"。一言以蔽之，就是要注意一时代有一时代之文学。此时代与彼时代之间，虽皆有承前启后的关系，但决不容许完全抄袭；其完全抄袭者，决不成为真文学。胡适相信，文学随时代而变化，古人有古人的文学，今人有今人的文学。基于历史的文学理念，胡适认为中国文学的变迁大势和白话文学的种子久已潜伏于唐人小诗短词中。至宋代，语录体盛行，诗词也多用白话。到南宋更进一步，人们不仅用白话作诗作词，甚至有学者使用白话通信。至元代小说、戏曲，白话的适用范围更加扩大。

据胡适分析，白话文的势力一直在强劲发展，虽然至明初确

---

① 《中国新文学大系》第二集《文学论争集》，第407页。

曾受到一些不利影响，但先前的语录体、白话文在明清两代宋学家中并不乏知音。尤其是戏剧的发展令人瞩目，《牡丹亭》《桃花扇》已不如元杂剧通俗，"然昆曲卒至废绝，而今之俗剧（吾徽之'徽调'与今日之'京调''高腔'皆是也）乃起而代之"[①]。

戏剧是张厚载的强项，胡适论述中的疑似问题迅即被张厚载捕捉到。他毫不留情地指出，胡适的这段表述"有一误点"，盖"高腔"即所谓"弋阳腔"，其在北京舞台上的命运，与昆曲相等。至现在，则昆曲且渐兴，而高腔将一蹶不复起，从未闻有高腔起而代昆曲之事。就戏剧演变史而言，张厚载的说法无疑更有依据，胡适的说法稍显大意。胡适对旧戏表演程式不太满意，以为太虚、太抽象，因而建议"今后之戏剧或将全废唱本而归于说白，亦未可知。此亦由文言趋于白话之一例也"。胡适是看过西洋近代话剧的人。他提出"全废唱本而归于说白"的建议，大约就是期待中国的戏剧也能经过改造，去掉那些抽象且严重脱离生活实际的唱功，让艺术重回写实本真，改造成西洋话剧那样比较接近生活的舞台剧。胡适的这个建议有其价值，但在张厚载看来，"乃绝对的不可能"[②]。

与胡适讨论《历史的文学观念论》的同时，刘半农也在《新青年》第三卷第三号（1917 年 5 月）发表了一篇《我之文学改良观》，其中也有一部分讨论旧戏改良问题，并将中国旧戏的问题概括为"一人独唱，二人对唱，二人对打，多人乱打，中国文戏武戏之编制，不外此十六字"。刘半农的概括显然太简单了，因而张

---

① 《历史的文学观念论》，载《胡适文集》卷二，北京大学出版社，1998，第 27 页。
② 《中国新文学大系》第二集《文学论争集》，第 407 页。

厚载明确反对："仆殊不敢赞同。只有一人独唱、二人对唱，则《二进宫》之三人对唱，非中国戏耶？"至于多人乱打，在张厚载看来，"乱"之一字，尤不敢附和。中国武戏之"打把子"，其套数至数十种之多，皆有一定的打法；演员自幼入科，日日演习，始能精熟；上台演打，多人过合，尤有一定法则，决非乱来；但吾人在台下看上去，似乎乱打，其实彼等在台上，固从极整齐极规则的功夫中练出来的，并非随心所欲。[①]

这只是一种看法，但其表达方式让刘半农很难接受。刘半农在随后的讨论中表示："至于多人乱打，鄙人亦未尝不知其有一定的打法；然以个人经验言之，平时进了戏场，每见一大伙穿脏衣服的、盘着辫子的、打花脸的、裸上体的跳虫们，挤在台上打个不止，衬着极喧闹的锣鼓，总觉得眼花缭乱，头昏欲晕。虽然各人的见地不同，我看了以为讨厌，决不能武断一切，以为凡看戏者均以此项打工为讨厌。"[②]刘半农在一定程度上承认了张厚载所说有道理。

张厚载为戏剧研究专家。他的讨论很专业，但对学术界光芒四射的新文化领袖如此直白地批评，多少让人感到不适。针对张厚载的讨论，胡适于 1918 年 3 月 27 日致信《新青年》编辑部，对张厚载的批评提出反批评。张厚载将西洋诗简单判定为长短句，并以为此类长短句不是中国诗歌传统。胡适指出，这显然错了："实则西洋诗固亦有长短句，然终以句法有一定长短者为多。亦有格律极严者。然则长短句不必即为西洋式也。中国旧诗中长短句

---

① 《中国新文学大系》第二集《文学论争集》，第 407 页。
② 同上书，第 409 页。

多矣。'三百篇'中往往有之。乐府中尤多此体。《孤儿行》《蜀道难》皆人所共晓。至于词,'旧皆名长短句'。词中除《生查子》《玉楼春》等调之外,皆长短句也。长短句乃诗中最近语言自然之体,无论中西皆有之。"①说有容易说无难,张厚载的绝对化结论当然经不住胡适如此反驳。

接续胡适的有钱玄同。钱玄同为章太炎弟子,对康有为的学问也有很深研究,但他又是新文化运动中最激进的人物,与胡适、陈独秀、刘半农相呼应。1917年春,钱玄同在《新青年》第三卷第一号上发表《反对用典及其他》一文,高度支持与赞美胡适在《文学改良刍议》中"不用典"的呼吁,以为如果将这个建议贯彻到底,"实足祛千年来腐臭文学之积弊"②。

对于钱玄同"不用典"的分析,张厚载极为认同,以为滥用典故是中国文学趋于堕落的一个重要原因,是中国思想无法发抒的一个因素。③但是,对于钱玄同关于中国旧戏的评估,张厚载则不愿认同。钱玄同的批评是:"至于戏剧一道,南北曲及昆腔,虽鲜高尚之思想,而词句尚斐然可观。若今之京调戏,理想既无,文章又极恶劣不通,固不可因其为戏剧之故,遂谓有文学上之价值也(假使当时编京调戏本者,能全用白话,当不至滥恶若此)。又中国戏剧,专重唱功,所唱之文句,听者本不求其解,而戏子打脸之离奇,舞台设备之幼稚,无一足以动人情感。"④

针对钱玄同的这段议论,张厚载以为太过:"钱玄同先生谓

---

① 《中国新文学大系》第二集《文学论争集》,第407、408页。
② 《钱玄同文集》卷一,中国人民大学出版社,1999,第3—10页。
③ 《中国新文学大系》第二集《文学论争集》,第405页。
④ 《钱玄同文集》卷一,第9页。

'戏子打脸之离奇'，亦似未可一概而论。戏子之打脸，皆有一定之脸谱，昆曲中分别尤精，且隐寓褒贬之意，此事亦未可以'离奇'二字一笔抹杀之。总之，中国戏曲，其劣点固甚多；然其本来面目，亦确自有其真精神。"①

钱玄同的议论获得了《新青年》主持人陈独秀的高度认同："崇论宏议，钦佩莫名。"② 反之，对于张厚载的议论，陈独秀给予严厉斥责："尊论中国剧，根本谬点，乃在纯然囿于方隅，未能旷观域外也。剧之为物，所以见重于欧洲者，以其为文学、美术、科学之结晶耳。吾国之剧，在文学上、美术上、科学上果有丝毫价值耶？尊谓刘筱珊先生颇知中国剧曲固有之优点，愚诚不识其优点何在也。欲以'隐寓褒贬'当之耶？夫褒贬作用，新史家尚鄙弃之，更何论于文学美术。且旧剧如《珍珠衫》《战宛城》《杀子报》《战蒲关》《九更天》等，其助长淫杀心理于稠人广众之中，诚世界所独有，文明国人观之，不知作何感想？至于'打脸''打把子'二法，尤为完全暴露我国人野蛮暴戾之真相，而与美感的技术立于绝对相反之地位。若谓其打有定法，脸有脸谱，而重视之耶？则作八股文之路闰生等，写馆阁字之黄自元等，又何尝无细密之定法，'从极整齐极规则的功夫中练出来'，然其果有文学上、美术上之价值乎？"③

陈独秀的批评相当严厉，但他依然希望胡适能够仔细解释中国戏剧改革终归要"废唱而归于说白"的理由，也希望张厚载仔

---

① 《中国新文学大系》第二集《文学论争集》，第 407 页。

② 《陈独秀的信》，载《钱玄同文集》卷一，第 11 页。

③ 陈独秀给《新文学及中国旧戏》写的按语，《新青年》第四卷第六号"通信栏"。

细解释中国戏剧为什么终归不能"废唱本而归于说白"的理由。温和的胡适没有就这个议题继续责难张厚载，但他鼓励张厚载"把中国旧戏的好处，跟废唱用白不可能的理由，详细再说一说"。

基于陈独秀、胡适的敦促，张厚载先在《晨钟报》上略略说些，并与胡适商榷。胡适仍敦促张厚载做一篇更厚实的文字为旧戏辩护，并为大家继续讨论这一问题提供更专业的依据。对于胡适的建议，张厚载心存感激，而且他也确实有一些话要说，于是就将自己对于旧戏的看法，挑选出几点重要的写出一篇专论《我的中国旧戏观》，系统阐释自己的戏剧主张。在这篇文章中，张厚载讲了三层意思。

第一，"中国旧戏是假象的"。大意是说，中国旧戏从来就是将一切物件、事情都用抽象的方法表现出来。抽象的，而非具体的，这是理解中国旧戏的关键。中国旧戏一拿马鞭子，一跨腿，就是上马。从一个角度可以说，这是中国旧戏的坏处，但从另一个角度说，这又是中国旧戏的好处。以假象、会意的方法，去表达复杂的、庞大的现实世界，给观众留下想象空间，与写实风格具有不同意义。曹操八十多万人马无论如何写实，即便是后来最具写实风格的电影，也很难表现，但在中国旧戏舞台上，表现千军万马的手法就要简单得多。抽象，是中国旧戏的一个显著特征，与写实的现代话剧分属不同情形，其价值高低无法简单判定。

第二，中国旧戏有一定的规律。不论是文戏，还是武戏，演员虽有发挥的空间，但必须先传承，先按照规矩来演。中国旧戏的创新，是在完全继承传统基础上的创新，没有继承，就没有创新。这是中国旧戏得以传承的关键。

第三，音乐上的感触和唱功上的感情。中国旧戏，无论昆曲、高腔、皮簧、梆子，全不能没有乐器的组织。因此唱功也是中国旧戏最重要的一个环节，这是西洋现代戏剧所没有的东西。中国戏剧从一开始就与歌舞结缘。歌就是唱。没有歌唱，中国戏剧就少了很多兴味，尤其是心理描写上，中国旧戏的唱腔，比较好地展示了演唱者内心深处不易表达的东西。

由此讨论"废唱用白"，张厚载坚定认为"绝对不可能"："唱工有表示感情的力量，所以可以永久存在，不能废掉。要废掉唱工，那就是把中国旧戏根本的破坏。"[①]

文化新与旧

张厚载对旧戏的造诣、论辩的能力，实事求是地说，应该是新文化运动参与者中很不错的。不过，或许正因为不错，正因为具有很强的论辩能力，因而在1917—1918年关于旧戏的争论中，张厚载以一人对垒新文化运动诸位主将。除了胡适比较温和地与张厚载讨论问题外，陈独秀、钱玄同、刘半农、傅斯年、周作人几乎全站在张厚载的对立面，不假辞色，毫不客气地斥责这位北大学生。张厚载与新文化主流阵容的冲突，成为新文化运动的重要内容，是这场运动一个很重要的侧面。

假如张厚载仅仅是与新文化运动主流争辩中国旧戏的意义与价值，那么不论胜负，张厚载都是一个重要人物，具有积极意义。毕竟他的讨论，也不是无根之谈，更不是故意强辩。

---

① 《我的中国旧戏观》，载《中国新文学大系》第二集《文学论争集》，第417页。

遗憾的是，进入1919年后，张厚载不幸介入了政治味渐浓的所谓"新旧冲突"，且被新派阵容抓住了把柄，因而沦为五四运动时期"新旧冲突"的牺牲品，是"五四"时期少有的几位"反面人物"之一。

张厚载的牺牲与其言行有关，也与其恩师林纾与新文化主流的严重不合有着直接因果关系。客观上看，林纾并非新文化的对立面。他不仅是新文化的参与者，而且属于前辈。戊戌变法的前一年（1897年），林纾就借鉴白居易讽喻诗的写法创作了《闽中新乐府》三十二首，用通俗易懂的文字描写大转折时代的社会面相。

在林纾所处的时代，中国不得不接受甲午战败的后果，同意开放更多通商口岸，同意外国资本在通商口岸自由办厂。外国资本的特权引起了统治者的恐慌，然而结果却是中国资本主义在外国资本大举进入后获得了空前发展，中国民族资本在这样的历史背景下破土而出。资本主义的发生，工业化的发展，需要大量有知识的劳动者，但农业文明状态下少数人使用的"雅言"无法满足工业化需求。所以白话文运动并不是近代知识人生造的一个运动，而是回应了生活变迁对文化变革的呼唤。只有从这个意义上，才能理解林纾那代人为什么尝试用白话作文。

白话文兴起需要一种理论上的解释。1917年初，胡适应约发表《文学改良刍议》，从理论上阐释白话文的方向、原则。对于胡适的理论，不善理论的林纾表示认同，唯有一点保留，与蔡元培、梅光迪、任鸿隽等相似，即新文化应该推广白话文以造就大量有知识的劳动者，从而满足工业化需求，但还应给中国古典文明留下继续存在、发展的空间。提倡白话，使用白话，同时不废文言，不让古典文明因语言转换而中断。

从后来的观点看，林纾等人的看法算是有先见之明，可惜历史并没有按照他们的期待而发展。新文化运动主将陈独秀以其真理在握、不容商量的霸道态度，自信"改良中国文学，当以白话为文学正宗之说，其是非甚明，必不容反对者有讨论之余地，必以吾辈所主张者为绝对之是，而不容他人之匡正也"①。这自然让许多想讨论的人无法讨论，或不屑于讨论；②钱玄同等一批饱学之士尽管骂人不用脏字，但其粗鲁的表达依然让许多有身份的读书人不愿接话。③一场原本可以从容讨论、审慎进行的文化革新运动遂因这些原因而加速。

历史充满巧合。就在陈独秀在《新青年》发表《文学革命论》的同一天（1917 年 2 月 1 日），林纾在天津《大公报》发表《论古文之不宜废》，强调自己虽然赞成使用白话文，但不以废除古文为前提，以为"文无所谓古"，也无所谓今，文有优劣，有高下，优秀的古文具有恒久的文字魅力。林纾指出，胡适《文学改良刍议》所举"八事"，并不构成文言必废的足够理由。用文言作文，会有一些作品言之无物，无病呻吟，不讲文法，滥用套语，但用

---

① 《答胡适之》，《新青年》第三卷第三号，1917 年 5 月 1 日。

② 陈独秀的《文学革命论》就是"文化独断主义"，以为文学革命既然本质上是正确的，就不必再讨论，只要接着做即可，对于一切反对的声音、讨论的言辞，陈独秀都显得很不耐烦，"予愿拖四十二生的大炮，为之前驱"，将温和的文化讨论转变成了一场准暴力抗争。（《新青年》第二卷第六号）

③ 胡适多年后回忆："钱玄同教授则没有写什么文章，但是他却向独秀和我写了些小批评大捧场的长信，支持我们的观点。这些信也在《新青年》上发表了。钱教授是位古文大家。他居然也对我们有如此同情的反应，实在使我们声势一振。"（《胡适文集》卷一，321 页）

白话作文同样也会出现这些问题。文言、白话只是工具，并不表明这些工具必然言之有物、不作套语、讲究文法。基于这样的认识，林纾主张中国的文学改革应当像欧洲文艺复兴那样，一方面推崇世俗文化（"活文学"）的发展，另一方面为"中国的拉丁文"（"死文学"）留下一点存在的空间："呜呼，有清往矣，论文者独数方、姚，而攻掊之者麻起，而方、姚卒不之踣，或其文固有其是者存耶？方今新学始昌，即文如方、姚，亦复何济于用？然天下讲艺术者仍留古文一门，凡所谓'载道'者皆属空言，亦特如欧人之不废腊丁耳。知腊丁之不可废，则马、班、韩、柳亦自有其不宜废者。吾识其理，乃不能道其所以然，此则嗜古者之痼也。"① 仅就理论而言，林纾存今不废古的立场是一种温和的保守主义态度。假如新文化的领袖们能适度考虑这层建议，历史或许将是另外一种情形。然而新文化运动领袖们因林纾"吾识其理，乃不能道其所以然"的诚实态度，竟然群起嘲弄，将原本应该讨论的问题置诸脑后。4 月 9 日，胡适致信陈独秀："顷见林琴南先生新著《论古文之不宜废》一文，喜而读之，以为定足供吾辈攻击古文者之研究，不意乃大失所望。林先生之言曰：'知腊丁之不可废，则马、班、韩、柳亦自有其不宜废者。吾识其理，乃不能道其所以然，此则嗜古者之痼也。''吾识其理，乃不能道其所以然'，此正是古文家之大病。古文家作文，全由熟读他人之文，得其声调口吻。读之烂熟，久之亦能仿效，却实不明其所以然。此如留声机器，何尝不能全像留声之人之口吻声调？然终是一副机

---

① 天津《大公报》1917 年 2 月 1 日。

器，终不能道其所以然也。"①忠厚如胡适亦极端刻薄举出"不合文法"的文言例句。这封信稍后在《新青年》第三卷第三号（5月1日）发表，这无疑让久负盛名且已六十六岁的林纾极为尴尬。他虽然没有对胡适的言辞给予直接反驳，但绝不意味着他对胡适的刻薄毫不介意。

一场原本可以从容讨论的文化变革演变成了新旧冲突、人际纠纷。1918年3月15日出版的《新青年》第四卷第三号，更以《文学革命之反响》为题，发表"王敬轩双簧信"。钱玄同假托"王敬轩"，以旧派文人口吻致信《新青年》，褒扬林纾："林先生为当代文豪。善能以唐代小说之神韵，移译外洋小说。所叙者，皆西人之事也，而用笔措词全是国文风度，使阅者几忘其为西事，是岂寻常文人所能企及？"②

"王敬轩"的来信只是为刘半农实名反驳提供依据。刘半农以《新青年》记者身份答复王敬轩，逐一驳斥王敬轩对林纾的吹捧："林先生所译的小说，若以看闲书的眼光去看他，亦尚在不必攻击之列；因为他所译的《哈氏丛书》之类，比到《眉语》《莺花杂志》，总还差胜一筹，我们何必苦苦的凿他背皮。若要用文学的眼光去评论他，那就要说句老实话：便是林先生的著作，由无虑百种进而为无虑千种，还是半点儿文学的意味也没有。……先生如此拥戴林先生，北京的一班'捧角家'，洵视先生有愧色矣！《香钩情眼》，原书未为记者所见，所以不知道原名是什么；然就情理上推测起来，这'香钩情眼'本来是刁刘氏的伎俩；外国小说虽

---

① 耿云志、欧阳哲生编：《胡适书信集》上册，北京大学出版社，1996，第92页。
② 《文学革命之反响》，载《钱玄同文集》卷一，第115页。

218

然也有淫荡的，恐怕还未必把这等肉麻字样来作书名。果然如此，则刁刘氏在天之灵免不了轻展秋波，微微笑曰：'吾道其西。'况且外国女人并不缠脚，'钩'于何有；而'钩'之香与不香，尤非林先生所能知道。难道林先生之于书中人，竟实行了沈佩贞大闹醒春居时候的故事么？'"①

钱玄同、刘半农的双簧信以及《新青年》极端激进的言辞，在南北知识界引发强烈反响，赞成者有之，反对者更多。6月15日出版的《新青年》第四卷第六号在"通信栏"发表了一组来信，大致可见舆论反响之一斑。一位大体上赞同钱玄同主张的人，也对其激进、轻浮表示不满："余所望于钱君者，不赞成则可，谩骂则失之。如'选学妖孽，桐城谬种'，是不免无涵蓄，非所以训导我青年者。愿先生（陈独秀）忠告钱君，青年幸甚。"

另一封具名"崇拜王敬轩先生者"的来信或许是《新青年》记者捉刀代笔，但也从一个侧面反映了舆论倾向："读《新青年》，见奇怪之言论，每欲通信辩驳，而苦于词不达意。今见王敬轩先生所论，不禁浮一大白。王先生之崇论宏议，鄙人极为佩服。贵志记者对于王君议论，肆口侮骂。自由讨论学理，固应如是乎？"②

7月15日，《新青年》第五卷第一号又发表一封读者来信，对《新青年》的"狂妄"给予严厉谴责："《新青年》诸君鉴：大志以灌输青年智识为前提，无任钦佩。列'通信'一门，以为辩难学术，发舒意见之用，更属难得。尚有一事，请为诸君言之：通信既以辩论为宗，则非辩论之言，自当一切吐弃。乃诸君好议

① 刘半农：《复王敬轩书》，载《钱玄同文集》卷一，第121—139页。
② 《讨论学理之自由权》，《新青年》第四卷第六号。

论人长短，妄是非正法，胡言乱语，时见于字里行间，其去宗旨远矣。诸君此种行为，已屡屡矣，而以四卷三号半农君复王敬轩君之书，则尤为狂妄。夫王君所言，发舒意见而已，本为贵志特许，若以其言为谬，记者以学理证明之可也；而大昌厥词，肆意而骂之，何哉？考其事虽出王君之反动，亦足见记者度量之隘矣。窃以为骂与诸君辩驳之人且不可，而况不与诸君辩驳者乎？若曾国藩则沉埋地下不知几年矣，于诸君何忤，而亦以'顽固'加之？诸君之自视何尊？视人何卑？无乃肆无忌惮乎？是则诸君直狂徒耳，而以'新青年'自居，颜之厚矣。愿诸君此后稍杀其锋，能不河汉吾言，则幸甚。戴主一上。"

陈独秀并不认为《新青年》不可以骂人，他在《新青年》第四卷第六号答复"崇拜王敬轩先生者"的《讨论学理之自由权》中说："本志自发刊以来，对于反对之言论，非不欢迎；而答词之敬慢，略分三等：立论精到，足以正社论之失者，记者理应虚心受教；其次则是非未定者，苟反对者能言之成理，记者虽未敢苟同，亦必尊重讨论学理之自由，虚心请益；其不屑与辩者，则为世界学者业已公同辩明之常识，妄人尚复闭眼胡说，则惟有痛骂之一法。讨论学理之自由，乃神圣自由也；倘对于毫无学理、毫无常识之妄言，而滥用此神圣自由，致是非不明，真理隐晦，是曰'学愿'。学愿者，真理之贼也。"

理论上说，陈独秀的这个辩解固然有理，但其文化独断、真理在握的倾向太过明显。这是革命家的风范，但从后来实践看，文化独断主义与政治上的独裁并没有本质区别。陈独秀的这些看法激励了《新青年》读者的偏激，以致有读者认为刘半农骂得好："贵记者对于此间的谬论，驳得清楚，骂得爽快；尚且有糊涂的崇拜王敬轩者等出现，实在奇怪得很。愿你们再加努力，使这种人不再做梦；——钱玄同先生，我最佩服，他是说话最有胆子的一个人。"[1]

对于这样的言辞，当事人刘半农并不觉得有什么问题。他对骂人缘起的解释是："先有王敬轩，后有崇拜王敬轩者及戴主一一流人，正是中国的'脸谱'上注定的常事，何尝有什么奇怪？我们把他驳，把他骂，正是一般人心目中视为最奇怪的'捣乱分子'。至于钱玄同先生，诚然是文学革命军里一个冲锋健将。但是本志各记者，对于文学革新的事业，都抱定了'各就所能、各尽厥职'的宗旨；所以从这一面看去，是《新青年》中少不了一个钱玄同，从那一面看去，却不必要《新青年》的记者人人都变了钱玄同。"[2]

骂人并不意味着真理就在自己手里，而且极易引起读者的恶感、疑惑。有读者投书说：

自从四卷一号到五卷二号，……每号中，几乎必有几句"骂人"的话。我读了，心中实在疑惑得狠。

《新青年》是提倡新道德——伦理改革、新文学——文学革命，和新思想——改良国民思想的。难道"骂人"是新道德、新文学和新思想中所应有的么？《新青年》所讨论之四大事项中，最末一项曰："改良国民思想"。可见先生等已承认，现在国民思想的不良。然而先生等遇见了不良思想的人，每每便要痛骂，这是什么道

---

[1] Y. Z.:《对于〈新青年〉之意见种种》，《新青年》第五卷第三号。

[2] 刘半农的按语，《新青年》第五卷第三号。

理呢？这恐怕与改良国民思想有些相反罢？

先生不赞成中国戏的"乱打"，说他是"暴露我国人野蛮暴戾之真相"。我以为"痛骂"与"乱打"，也不过是半斤和八两罢了。

若说"凡遇了不可不骂的人，我们不得不骂"，那么人家也可以说："凡遇了不可不打的人，我们不得不打。"

若有人说："骂人是言论自由。"那么人家也可以说："打人是行动自由。"①

读者的批评并没有让陈独秀和《新青年》的"暴戾之气""粗俗语言"真正收敛。陈独秀在编者按表示："尊函来劝本志不要骂人，感谢之至。骂人本是恶俗，本志同人自当有则改之，无则加勉，以答足下的盛意。但是到了辩论真理的时候，本志同人大半气量狭小，性情直率，就不免声色俱厉；宁肯旁人骂我们是暴徒是流氓，却不愿意装出那绅士的腔调，出言吞吐，致使是非不明于天下。"②陈独秀的想法或许有其自洽的逻辑，但在被骂被损的人看来，是可忍，孰不可忍。

如果不知道当时的政治结构、政治情形，我们很难理解《新青年》一班人为什么会从倡导新文化变为如此"暴戾""粗俗"。从后来的叙事看，好像《新青年》、新思想在那时占了知识市场的上风，这是错觉。1919年之前的中国知识界，不论陈独秀这些人如何张扬，但在知识市场，他们仍然是弱者，是边缘人。而他们攻击的严复、林纾等人，恰恰是知识市场的主导者。从这个观点

---

① 爱真：《五毒》，《新青年》第五卷第六号"通信栏"。

② 陈独秀的按语，《新青年》第五卷第六号。

去看那时的新旧冲突，不是旧的不满新的，而是新的刻意攻击旧的，以期夺取思想市场上的更多份额。北大学生罗家伦也加入了围攻林纾的阵营，他在1919年初发表的《今日中国之小说界》中对林译小说给予了严厉批评："中国人译外国小说的，首推林琴南先生。林先生是我们的前辈，我不便攻击他。而且林先生自己承认他不懂西文，往往上当；并且劝别人学西文，免蹈他的覆辙。所以按照'恕'字的道理，我也不愿意攻击他。但是美国芮恩施博士却抱定'责备贤者'之义，对于林先生稍有微词。"罗家伦在介绍了芮恩施《远东的思想政治潮流》一书中对林纾的"微词"后，更直截了当批评林纾，以为林译外国文学名著错误太多，大都因为自己不通西文，上了那些合作者的当，往往替外国作者改思想，特别是以古文翻译西文，更让西洋人的生活情趣、意蕴丧失殆尽。[1]

新派知识人将林纾视为旧文化的代表、打击对象，固然有知识上的原因，但应该也有那个特殊时代人际上的复杂性。据钱玄同的日记，1919年1月5日，"六时顷，（沈）士远与我同到中兴茶楼吃晚饭，同席者尚有（沈）尹默及徐森玉。森玉说现在有陈衍、林纾等为大学革新事求徐世昌来干涉。因此徐世昌便和傅增湘商量，要驱逐独秀，并有改换学长，整顿文科之说。哈哈！你们也知道世界上有个北京大学！大学里有了文科学长吗？恐怕是京师大学堂的文科监督大人罢！"[2]这就不再是观念之争，而具有政争的味道了。

---

[1]　志希（罗家伦）：《今日中国之小说界》，《新潮》第1卷第1期，1919年1月1日。

[2]　杨天石主编：《钱玄同日记》上册，北京大学出版社，2014，第338页。

又过了两天，1月7日，钱玄同"午后到大学，（刘）半农、（沈）尹默都在那里，听说蔡先生已经回京了。关于所谓'整顿文科'的事，蔡君之意以为他们如其好好的来说，自然有个商量，或者竟实行去冬新定的大学改革计划，废除学长，请独秀做教授。如其他们竟以无道行之，则等他下上谕革职，到那时候当将两年来办学之情形和革职的理由撰成英法德文，通告世界文明国。这个办法我想很不错"。① 这个记录隐约透露出所谓新旧两派在北京大学发展方向上存在着很不同的看法，甚至直接威胁到了蔡元培、陈独秀两年来的改革。这可能是新派知识人刻意攻击旧派如林纾的一个重要原因，他们刻意将林纾描述成一个向政府"递刀"的政治小人。

新派知识人如此大张旗鼓攻击林纾，不能不引起林纾的注意、反感。林纾是否像新派学人如钱玄同记录的那样与陈衍等人合谋寻求政府力量，还可以继续讨论，但毫无疑问的是，林纾用自己的笔做了一篇影射小说《荆生》给予反击。据说策动林纾如此做，并为林纾穿针引线，提供发表平台的，就是张厚载，因而在后来的新文化运动叙事中，张厚载的形象相当负面，与林纾一起被视为构陷新派的"递刀者"。

张厚载此时正在北大法科就读，课余时间除了写点剧评，还在上海《神州日报》上主持一个不定期的"半谷通信"栏目，采集并发布一些北京尤其是北大的消息。

在以《新青年》为平台关于旧戏的论争中，张厚载以一人敌数人，对老师辈的陈独秀、胡适、刘半农、钱玄同，似乎都不太

---

① 《钱玄同日记》上册，第339页。

恭敬。但旧戏论争毕竟只是学术层面的论争，几位老师不管心里如何不愉快，也不可能就此与张厚载翻脸。最后之所以闹到翻脸，闹到被北大开除，主要是因为他介入了这批新派人物与林纾的纷争，在这些新派人物看来，张厚载的作为具有"递刀"的意味，不可饶恕。

林纾几乎一直被新派人物调侃、攻击，老先生心中自然不快。这种不快被老先生演绎成了一篇小说《荆生》。小说以田其美影射陈独秀，以金心异影射钱玄同，以狄莫影射胡适。小说写田、金、狄三人称莫逆，相约为山游，温酒陈肴，坐而笑语。田生叹曰："中国亡矣，误者均孔氏之学。"狄莫大笑，曰："惟文字误人，所以致此。"田生以手抵几，曰："死文字，安能生活学术，吾非去孔子、灭伦常不可。"狄莫曰："吾意宜先废文字，以白话行之。"金生笑曰："正欲阐扬白话以佐君。"于是三人大欢，坚约为兄弟，力掊孔子。正当此时，忽闻有巨声，板壁倾矣，从隔壁出来一个携带十八斤重的铜简，名为荆生的"伟丈夫"。荆生趯足超过破壁，手指三人大骂："汝适何言？中国四千余年，以伦纪立国，汝何为坏之？尔乃敢以禽兽之言乱吾清听？"田生尚欲抗辩，伟丈夫骈二指按其首，脑痛如被锥刺，更以足践狄莫，狄腰痛欲断。金生短视，伟丈夫取其眼镜掷之，则怕死如猬，泥首不已。大丈夫笑曰："尔之发狂似李贽，直人间之怪物。今日吾当以香水沐吾手足，不应触尔背天反常禽兽之躯干。尔可鼠窜下山，勿污吾简。"三人在伟丈夫教训后相顾无言，敛具下山，回顾危阑之上，伟丈夫尚拊简而俯视，作狞笑也。[①]

---

① 上海《新申报》1919 年 2 月 17 日。

递刀者？

这篇小说《荆生》由张厚载"投寄发表"。[1]如果事情到此为止，也不过一报还一报，林纾老先生借小说家言出了一口气而已；张厚载为老师鞍前马后也不过尽点学生的责任，帮个小忙而已。不料，就在《荆生》于上海发表的同时，北京城里悄然流传着政府将要驱逐甚至逮捕陈独秀、胡适的消息。2月26日，张厚载将这个消息发到上海："近来北京学界忽盛传一种风说，谓北京大学文科学长陈独秀即将卸职，因有人在东海面前报告文科学长、教员等言论思想多有过于激烈浮躁者，于学界前途大有影响，东海即面谕教育总长傅沅叔令其核办……凡此种种风说果系属实，北京学界自不免有一番大变动也。"东海，即大总统徐世昌；傅沅叔，即傅增湘，教育总长。

作为上海《神州日报》不定期栏目"半谷通信"的主持人，张厚载理论上说有权力将自己所获得的消息向公众发布，只是此时的中国政治局势略显诡异，学界的冲突往往伴随着政治冲突，各方似乎都在暗自用力。3月2日，《每周评论》第11号"随感录"栏目发表"只眼"即陈独秀的《旧党的罪恶》，强调"若利用政府权势，来压迫异己的新思潮，这乃是古今中外旧思想家的罪恶，这也就是他们历来失败的根源。至于够不上利用政府来压迫异己，只好造谣吓人，那更是卑劣无耻了。"陈独秀这里所暗示的，大约就是林纾、张厚载等人利用政府权势对新知识人的"构陷"，尽管我们现在也知道林纾、张厚载等人与政府的关系并不如

---

[1]《林纾年谱长编》，第313页。

新知识人猜想的那样密切。

新知识人对林纾这些老辈敌视加恐惧，因而此后一段时间，以《每周评论》为中心的新派人物逐渐加大了对林纾的批评。3月9日出版的《每周评论》第12号，几乎办成了批判林纾的专号，不仅破天荒转载了林纾最近的新作《荆生》，配发了编者按，而且集中发表了李大钊、周作人等人的文章，痛批林纾，甚至不断暗示林纾是借用政府威权打压新文化的"递刀者"。《每周评论》编者为《荆生》加的按语说："近来有一派学者主张用国语著作文学，本报也赞成这种主张的。但是国内一般古文家、骈文家和那些古典派的诗人、词人都极力反对这种国语文学的主张。我们仔细调查，却又寻不出什么有理由、有根据的议论。甚至于有人想借武人政治的威权来禁压这种鼓吹。前几天上海《新申报》上登出一篇古文家林纾的梦想小说，就是代表这种武力压制的政策的。所以我们把他转抄在此，请大家赏鉴赏鉴这位古文家的论调。这一篇所说的人物，大约田其美指陈独秀，金心异指钱玄同，狄莫指胡适，还有那荆生自然是那《技击余闻》的著者自己了。"[1]这里明白指控林纾"想借武人政治的威权"打压新文化，将新文化一派暗示为受到打压的弱者。

李大钊《新旧思潮之激战》一文正面回击《荆生》对陈独秀等人的讥讽，同样批评林纾不是使用正当的学术批评，而是采取"鬼鬼祟祟的，想用道理以外的势力，来铲除这刚一萌动的新机"。李大钊义正词严地宣布："我今正告那些顽旧鬼祟、抱着腐败思想的人：你们应该本着你们所信的道理，光明磊落的出来同这新派

---

① 《荆生》按语，《每周评论》第12号，1919年3月9日。

思想家辩驳、讨论。公众比一个人的聪明质量广、方面多，总可以判断出来谁是谁非。你们若是对于公众失败，那就当真要有个自觉才是。若是公众袒右你们，那个能够推倒你们？你们若是不知道这个道理，总是隐在人家的背后，想抱着那位伟丈夫的大腿，拿强暴的势力压倒你们所反对的人，替你们出出气，或是作篇鬼话妄想的小说快快口，造段谣言宽宽心，那真是极无聊的举动。须知中国今日如果有真正觉醒的青年，断不怕你们那伟丈夫的摧残；你们的伟丈夫，也断不能摧残这些青年的精神。"[1]

文化的新旧论争已不再重要。随着北京学界各种传言在1919年春天迅速传播，新知识人渐渐发现这些传言的主要发布者竟然是张厚载，而载体就是张厚载兼职的《神州日报》。胡适说："这两个星期以来，外面发生一种谣言，说文科陈学长及胡适等四人被政府干涉，驱逐出校，并有逮捕的话，并说陈学长已逃至天津。"[2]

这个谣言愈传愈远，并由北京电传到上海各报，引起了许多人的注意，也给北大带来了极大困扰。在胡适等人看来，这事乃是全无根据的谣言。胡适给张厚载写了一封信查询："谬子君足下：你这两次给《神州日报》通信所说大学文科学长、教员更动的事，说的很像一件真事。不知这种消息你从何处得来？我们竟不知有这么一回事。此种全无根据的谣言，在外人或尚可说，你是大学的学生，何以竟不仔细调查一番？"胡适的信略有责备的意思，张厚载迅即回信做了解释："适之先生：《神州》通信所说的话，是同学方面一般的传说。同班的陈达才君，他也告诉我这

① 守常（李大钊）：《新旧思潮之激战》，《每周评论》第12号，1919年3月9日。
② 《胡适教授致本日刊函》，《北京大学日刊》1919年3月10日。

话，而且法政专门学校里头，也有许多人这么说。我们无聊的通信，自然又要借口于'有闻必录'把他写到报上去了。但是我最抱歉的是，当时我为什么不向先生处访问真相，然后再做通信。这实在是我的过失，要切实求先生原谅的。这些传说绝非是我杜撰也，决不是《神州》报一家的通信有这话。前天上海老《申报》的电报里头，而且说'陈独秀、胡适已逐出大学'。这种荒谬绝伦的新闻，那真不知道从何说起了。而《时事新报》的匡僧君看了《申报》这个电报，又做了一篇不平鸣，不晓得先生可曾看见没有？张厚载白。七日晚。"[1]

张厚载将谣言传播的责任推给法科学生陈达才。胡适当即又找陈达才核实，陈达才否认了这一指控。胡适将这一消息交给《北京大学日刊》公开发布："日刊编辑主任鉴：昨日送登之张厚载君来信中曾说，此次大学风潮之谣言乃由法科学生陈达才君告彼者。顷陈君来言并无此事，且有张君声明书为证，可否请将此书亦登日刊，以释群疑。胡适。"[2]

既然陈达才如此作证，张厚载不得不公开发布一份声明："本校教员胡适、陈独秀被政府干涉之谣传，本属无稽之谈。当时同学纷纷言谈此事。同班陈达才君亦以此见询。盖陈君亦不知此事是否确事，想举以质疑，绝非陈君将此事报告于弟。深恐外间误会，特将真相宣布，以释群疑。张厚载敬白。"[3]

1919 年的春天，北京大学确实遇到了极大困扰，南北各地流

① 《张厚载致胡适》，《北京大学日刊》1919 年 3 月 10 日。

② 《胡适教授致本日刊函》，《北京大学日刊》1919 年 3 月 11 日。

③ 《北京大学日刊》1919 年 3 月 11 日。

传着关于北大的各种各样的传言。① 陈独秀说："迷顽可怜的国故党，看见《新青年》杂志里面有几篇大学教习做的文章，他们因为反对《新青年》，便对大学造了种种谣言，其实连影儿也没有。这种谣言传的很远，大家都信以为真，因此北京、上海各报，也就加了许多批评。"② 陈独秀在文章中摘录了上海《时事新报》《中华新报》《民国日报》，北京《晨报》《国民公报》等几个重要报刊的言论以为支持，比如上海《时事新报》："今以出版物之关系，而国立之大学教员被驱逐，则思想自由何在？学说自由何在？以堂堂一国学术精华所萃之学府，无端遭此侮辱，吾不遑为陈、胡诸君惜，吾不禁为吾国学术前途危。愿全国学界对于此事速加以确实调查，而谋取以对付之方法，毋使庄严神圣之教育机关，永被此暗无天日之虐待也。"

对于新思想存在的价值和政府不当干涉言论思想的理由，南北各报的评论都有很好的论述。陈独秀对此颇感欣慰，但他笔锋一转，所要批评的不是政府，而是"国故党"，是旧文化阵营："这感想是什么呢？就是中国人有倚靠权势、暗地造谣两种恶根性。对待反对派，决不拿出自己的知识本领来正正堂堂的争辩，总喜欢用倚靠权势、暗地造谣两种武器。民国八年以来的政象，除了这两种恶根性流行以外，还有别样正当的政治活动吗？此次迷顽可怜的国故党，对于大学创造谣言，也就是这两种恶根性的表现。"

---

① 前引钱玄同1月5日、7日的日记表明，那时的北大确有教育部或更高层欲整肃北大、不利于陈独秀的传闻。

② 只眼（陈独秀）：《关于北京大学的谣言》，《每周评论》第13号，1919年3月16日。

据此分析，陈独秀直截了当地将责任、罪责推给了林纾、张厚载师徒二人："这班国故党中，现在我们知道的，只有《新申报》里《荆生》的著者林琴南，和《神州日报》的通信记者张厚载两人。林琴南怀恨《新青年》，就因为他们反对孔教和旧文学。其实林琴南所作的笔记和所译的小说，在真正旧文学家看起来，也就不旧不雅了。他所崇拜所希望的那位伟丈夫荆生，正是孔夫子不愿会见的阳货一流人物。"

至于张厚载，陈独秀认为主要是因为旧戏问题的争论与《新青年》结怨。旧戏问题"尽可从容辩论，不必借传播谣言来中伤异己。若说是无心传播，试问身为大学学生，对于本校的新闻，还要闭着眼睛说梦话，做那'无聊的通信'（这是张厚载对胡适君谢罪信里的话，见十日《北京大学日刊》），岂不失了新闻记者的资格吗？若说是有心传播，更要发生人格问题了。"[①]陈独秀强调《新青年》的正义，指责反对者如林纾、张厚载的阴暗，指责他们辩论不过《新青年》，就利用那"倚靠权势""暗地造谣"两种手段。这个指责有多少根据，还值得讨论，但毫无疑问的是，陈独秀与李大钊、胡适等人的思路一样，以最大的恶意来推测林纾、张厚载。

同期《每周评论》还发表一篇署名"二古"的《评林畏庐最近所撰〈荆生〉短篇小说》。作者以为林纾《荆生》"唯以文论之，固不成其为文也。其结构之平直、文法之舛谬、字句之欠妥，在在可指。林先生号为能文者，乃竟一至于斯耶。殊非鄙人梦想所

① 只眼（陈独秀）：《关于北京大学的谣言》，《每周评论》第13号，1919年3月16日。

料及者也。鄙人一中学教师也，今日适逢校中文科之期。诸生交来文卷，堆置盈案，鄙人研墨濡毫，方事改削。既读此篇小说，兴致未阑，见其有未安处，遂亦不禁信笔注之，以示诸生，俾明乎为文之法。"作者以中学教员身份逐段逐句索隐、点评，以为这篇小说"其文之恶劣，可谓极矣，批不胜批，改不胜改。设吾校诸生作文尽属如此，则吾虽日食补脑汁一瓶，亦不足济吾脑力，以供改文之用"，[①] 竭力贬低林纾，尤其是这篇《荆生》。

从"新青年"阵营的反对声音以及愤怒程度看，林纾这篇影射小说虽说如钱玄同、刘半农的"双簧戏"一样不可取，但其杀伤力确实不小。正如胡适曾说"反对就是注意的表示"，反对得越激烈，越说明文章可能击中了要害。因而，林纾对这些反对不仅不怒，反而窃喜。一个明显的证据就是，林纾继《荆生》之后的第二篇影射小说《妖梦》脱稿，并由张厚载经手寄往上海。

《妖梦》继续抨击陈独秀、胡适等人主导的新文化运动。作者开篇即明言作文主旨："夫吉莫吉于人人皆知伦常，凶莫凶于士大夫甘为禽兽。此《妖梦》之所以作也。"小说讲述一个名叫郑思康的陕西人，梦见一个白胡子老人邀请他巡游阴曹地府，并告诉他在阴曹地府中，"凡不逞之徒，生而为恶，死亦不改，仍聚党徒，张其顽焰"。他们来到一座城市，见到一所白话学堂，门外大书楹联一副：

> 白话通神，红楼梦水浒真不可思议；
>
> 古文讨厌，欧阳修韩愈是什么东西。

入第二门，有"毙孔堂"。堂前也有一联：

---

① 《每周评论》第 13 号，1919 年 3 月 16 日。

禽兽真自由，要这伦常何用？

仁义太坏事，须从根本打消。

学堂内有三个"鬼中之杰出者"：校长"元绪"，显然影射蔡元培；教务长"田恒"，显然影射陈独秀；副教务长"秦二世"，即胡亥，显然影射胡适之。

元绪、田恒、秦二世三人出来与郑思康相见，大骂孔丘，攻击伦常。郑思康怒不可遏，问白胡老头："世言有阎罗，阎罗又安在？"白胡老头说："阳间无政府，阴间那得有阎罗？"已而，田恒、秦二世诋毁伦常，盛赞白话文，元绪闻言点头称赞不已。

对于"鬼中三杰"，作者痛恨无比，骂得粗俗、刻薄、无聊，诸如"田恒二目如猫头鹰，长喙如狗"、"秦二世似欧西之种，深目而高鼻"。这显然有点人身攻击的味道了。小说结尾处，作者让阴曹地府中的"阿修罗王"出场直扑白话学堂，将白话学堂中那些"无五伦之禽兽"统统吃掉，"攫人而食，食已大下，积粪如丘，臭不可近"。① 这种拙劣的比附，显然有失一个读书人的体面。

林纾没有想到的是，当他将《妖梦》手稿交给张厚载寄往《新申报》的时候，蔡元培却来了一封信。蔡元培在信中说有一个叫赵体孟的人计划出版明遗老刘应秋的遗著，拜托蔡元培介绍梁启超、章太炎、严复以及林纾等学术名家作序或题词。

蔡元培无意中的好意感动了林纾。他们原本就是熟人，只是多年来不曾联系而已。现在自己写作影射蔡元培的小说，似乎有点不好，所以致信张厚载，介绍了蔡元培请其为刘应秋文集作序，

① 林纾：《妖梦》，《新申报》1919 年 3 月 18—22 日。

"《妖梦》一篇，当可勿登"。无奈"稿已寄至上海，殊难中止"①。

另一方面，林纾公开致信蔡元培："与公别十余年，壬子始一把晤，匆匆八年，未通音问，至以为歉。属辱赐书，以遗民刘应秋先生遗著嘱为题辞。书未梓行，无从拜读，能否乞赵君作一短简事略见示，当谨撰跋尾归之。呜呼，明室敦气节，故亡国时殉烈者众，而夏峰（孙奇逢）、梨洲（黄宗羲）、亭林（顾炎武）、杨园（张履祥）、二曲（李颙）诸老均脱身斧钺，其不死，幸也。"由此引出林纾对清末民初政治变动的看法："我公崇尚新学，乃亦垂念逋播之臣，足见名教之孤悬不绝如缕，实望我公为之保全而护惜之，至慰。虽然，尤有望于公者：大学为全国师表，五常之所系属。近者外间谣诼纷集，我公必有所闻，即弟亦不无疑信，或且有恶乎阘茸之徒，因生过激之论，不知救世之道，必度人所能行，补偏之言，必使人以可信。若尽反常轨，侈为不经之谈，则毒粥既陈，旁有烂肠之鼠，明燎宵举，下有聚死之虫。何者？趋甘就热，不中其度，则未有不毙者。方今人心丧敝，已在无可救挽之时，更侈奇创之谈，用以哗众，少年多半失学，利其便己，未有不糜沸麇至而附和之者。而中国之命如属丝矣。晚清之末造，慨世之论者恒曰：去科举，停资格，废八股，斩豚尾，复天足，逐满人，扑专制，整军备，则中国必强。今百凡皆遂矣，强又安在？于是更进一解，必覆孔孟、铲伦常为快。"林纾的意思是，外国虽然不知道孔孟，然崇仁、仗义、矢信、尚智、守礼，五常之道，未尝悖也。其结论是，中国进步与否，并不在观念、不在伦理，更不在倡导"叛亲蔑伦"之论、完全废弃传统。

---

① 《张厚载致蔡元培函》，《北京大学日刊》1919 年 3 月 21 日。

对于新文化运动的白话文主题，林纾在这封长信中直抒己见，以为"天下唯有真学术、真道德，始足以独树一帜，使人景从。若尽废古书，行用土语为文字，则都下引车卖浆之徒所操之语，按之皆有文法，不类闽广人为无文法之啁啾。据此，则凡京津之稗贩，均可用为教授"。如果不是后来矛盾加剧，林纾的这段话，实际上是要与蔡元培套近乎。因为在白话文问题上，蔡元培的主张与林纾相似，一方面承认并促进白话文的发展，另一方面为了中国文明的保存，力主不要废弃文言，应该在知识人群体中为雅言、文言者保留足够的空间。

至于新文化运动中的伦理革命，林纾也一直反对。他在写给蔡元培的信中提及这个问题，无疑期待引起蔡元培的重视，而且他内心深处似乎以为蔡元培与他的观念比较接近。林纾说："近来尤有所谓新道德者，斥父母为自感情欲，于己无恩。……不图竟有用为讲学者。"林纾批评的这个说法，既见于古典中国异端思想家，如王充、袁枚等，也见于同时代的鲁迅、胡适。从新伦理的立场看，这些看法对于思想解放似乎有帮助，但在老派知识人看来，无疑属于离经叛道。林纾在这封信中说这些，无非期待蔡元培能够以北大校长的身份，"为士林表率，须圆通广大，据中而立，方能率由无弊"，方能对得起全国人民之重托："今全国父老以子弟托公，愿公留意，以守常为是。"①

就林纾致蔡元培书信的立意看，他将蔡元培视为传统伦理的坚守者，尽管与蔡元培不可能观点完全一致，但总会有不少相同点。然而糟糕的是，蔡元培此时正在遭遇来自各方面的攻击，再

---

① 《答大学堂校长蔡鹤卿太史书》，载《畏庐三集》，上海书店，1992，第28页。

加上南北媒体传言不断，因而蔡元培将林纾这封信视为挑衅，一反温文尔雅的忠厚长者形象，勃然大怒，公开示复。

就事实而言，蔡元培分三点解释辩白北大并没有林纾所说的覆孔孟、铲伦常、尽废古书这三项事情，外间传言并无根据。借此机会，蔡元培公开重申他办教育的两大主张。

一、对于学说，仿世界各大学通例，循思想自由原则，取兼容并包主义。无论何种学派，苟其言之成理，持之有故，尚不达自然淘汰之运命者，虽彼此相反，而悉听其自由发展。

二、对于教员，以学诣为主。其在校讲授，以无背于思想自由、兼容并包主张为界限。其在校外的言论行动，悉听自由，学校从不过问，当然也就不能代其负责。比如帝制复辟的主张，为民国所排斥，但本校教员中照样有拖着长辫子而持复辟论者如辜鸿铭，以其所授为英国文学，与政治无涉，所以也就没有人管他；再如筹安会的发起人，被清议所指为罪人，然而在北大教员中就有刘师培，只是他所讲授的课程为中国古代文学，亦与政治无涉，所以也就没有必要由学校过问；至于嫖、赌、娶妾等事，为北大进德会所戒，教员中有喜作侧艳之诗词，以纳妾、狎妓为韵事，以赌为消遣者，苟其功课不荒，并不引诱学生与之一起堕落，则亦听之。夫人才至为难得，若求全责备，则学校就没有办法办下去。且公私之间，自有天然界限。即如公亦曾译有《茶花女》《迦茵小传》《红礁画桨录》等小说，并曾在各学校讲授古文及伦理学，"使有人诋公为以此等小说体裁讲文学，以狎妓、奸通、争有妇之夫讲伦理者，宁值一笑欤？然则革新一派，即偶有过激之论，苟于校课无涉，亦何必强以其责任归

236

之于学校耶？”①

　　林纾的公开信不仅没有让蔡元培理解，反而引发更多分歧，特别是林纾的影射小说《妖梦》也没有被张厚载追回来。就在其公开信发表的同时，《公言报》还有一篇《请看北京学界思潮变迁之近状》，略谓北京大学自蔡元培担任校长之后，气象为之一变，尤以文科为甚。文科学长陈独秀，“以新派首领自居，平昔主张新文学甚力。教员中与陈氏沆瀣一气者，有胡适、钱玄同、刘半农、沈尹默等。学生闻风兴起，服膺师说，张大其辞者，亦不乏人。其主张，以为文学须顺应世界思潮之趋势。若吾中国历代相传者，乃为雕琢的、阿谀的贵族文学，陈腐的、铺张的古典文学，迂晦的、艰涩的山林文学，应根本推翻，代以平民的、抒情的国民文学，新鲜的、立诚的写实文学，明了的、通俗的社会文学。此文学革命之主旨也。自胡适氏主讲文科哲学门后，旗鼓大张，新文学之思潮亦澎湃而不可遏。既前后抒其议论于《新青年》杂志，而于其所教授之哲学讲义，亦且改用白话文体裁；近又由其同派之学生组织一种杂志曰《新潮》者，以张皇其学说。《新潮》之外，更有《每周评论》之印刷物发行。其思想议论之所及，不仅反对旧派文学，冀收摧残廓清之功，即于社会所传留之思想，亦直接间接发见其不适合之点而加以抨击”。这段评论，素来被新派知识人视为旧派人物不惜构陷向政府“递刀”，充当稍后政府刁难北京大学，摧残新文学、新思想、新势力的马前卒的铁证。

　　这篇文章还纠正了一个传言：“日前喧传教育部有训令达大

---

① 《致〈公言报〉函并答林琴南函》，载高平叔编《蔡元培全集》卷三，中华书局，1984，第267页。

237

学，令其将陈、钱、胡三氏辞退。但经记者之详细调查，则知尚无其事。唯陈、胡等对于新文学之提倡，不第旧文学一笔抹杀，而且绝对的菲弃旧道德，毁斥伦常，诋排孔孟，并且有主张废国语而以法兰西文字为国语之议。其卤莽灭裂，实亦太过。"[1] 这篇文章一方面纠正了先前的不实传言，另一方面表明作者反对新文学的立场坚定不移。这使新旧冲突愈发不可调解。

告一段落

综上所述，新知识人最先利用"双簧"对林纾进行人身攻击，林纾忍无可忍奋起反击，发表了影射小说。恰当此时，蔡元培来信邀请林纾为刘应秋遗著题词。林纾借此时机萌发缓和关系的想法，写给蔡元培的公开信坦然讲出自己的忧虑，但其用意是期待蔡元培利用大学校长的身份，纠正新文化运动的过激部分。为消解误会，林纾通知张厚载将还没有发表的第二篇小说追回来，可惜张厚载没有办成，或者说根本就不想追回来。张厚载并不隐瞒这层意思，他在写给蔡元培的信中有所流露："《新申报》所登林琴南先生小说稿，悉由鄙处转寄。近更有一篇攻击陈、胡两先生，并有牵涉先生之处。稿发后而林先生来函，谓先生已乞彼为刘应秋文集作序，《妖梦》一篇，当可勿登。但稿已寄至上海，殊难中止，不日即登出。倘有渎犯先生之语，务乞归罪于生。先生大度包容，对于林先生之游戏笔墨，当亦不甚介意也。"张厚载或许无

① 《请看北京学界思潮变迁之近状》，《公言报》1919 年 3 月 18 日。

法追回已经寄出的《妖梦》，但从描述看，发信、发电阻止这篇小说发表，特别是长达四天的连载，并不是不可能。张厚载之所以不愿这样做，是因为他有一种媒体人"不嫌事情大，只怕事不大"的奇怪心理。他在这封信中的另外一段话可以做注解："又，林先生致先生一函，先生对之有何感想，曾作复函否？生以为此实研究思潮变迁最有趣味之材料。务恳先生对于此事之态度与意见赐示。"① 张厚载完全是一个新闻人的"专业主义"，是就新闻弄新闻，根本没有顾及相关者的利益。

在张厚载致信蔡元培之前，蔡元培等新知识人并不知道林纾影射小说背后的故事，直到张厚载的来信揭示出许多细节，才引起蔡元培的震怒："得书，知林琴南君攻击本校教员之小说，均由兄转寄《新申报》。在兄与林君有师生之谊，宜爱护林君；兄为本校学生，宜爱护母校。林君作此等小说，意在毁坏本校名誉，兄徇林君之意而发布之，于兄爱护母校之心，安乎，否乎？仆生平不喜作谩骂语、轻薄语，以为受者无伤，而施者实为失德。林君詈仆，仆将哀矜之不暇，而又何憾焉！惟兄反诸爱护本师之心，安乎，否乎？往者不可追，望此后注意。"② 温和的蔡元培其内心之愤怒从这段文字中不难体察。

此外，蔡元培致信《神州日报》编辑部，直接交涉并明确否认张厚载散布的几个关于北大的传闻。根据 3 月 4 日《神州日报》学海要闻版"半谷通信"栏目："北京大学文科学长陈独秀近有辞职之说，记者往访蔡校长，询以此事。蔡校长对于陈学长辞职一

---

① 《张缪子君函》，《北京大学日刊》1919 年 3 月 21 日。

② 《蔡校长复张缪子书》，《北京大学日刊》1919 年 3 月 21 日。

说并无否认之表示，且谓该校评议会议决，文科自下学期或暑假后与理科合并，设一教授主任，统辖文理两科教务。学长一席，即当裁去。"

针对《神州日报》这段报道，蔡元培致信否认，指出此段"有数误点"：

（一）陈学长并无辞职之事，如有以此事见询者，鄙人必绝对否认之。所谓并无否认之表示者，误也。

（二）文理合并，不设学长，而设一教务长以统辖教务。曾由学长及教授会、主任会议定（陈学长亦在座），经评议会通过，定于暑假后实行。今报告中有下学期之说，一误也。

又，本校现已有教授会十一，各会均推主任一人，共有十一人。而将来之教务长，则由诸主任互推一人任之。今报告中乃云"设一教授主任"，二误也。在陈学长赞成不设学长之议，纯粹为校务进行起见，于其个人之辞职与否，无关系。

（三）贵报上月两次登半谷通信，皆谓陈学长及胡适、陶履恭、刘复等四人以思想激烈，受政府干涉；并谓陈学长已在天津，态度颇消极；而陶、胡等三人，则由校长以去就力争，始得不去职云云。全是谣言。此次报告中虚构一陈学长辞职之证据，而即云"记者前函报告信而有征矣"。阅报者试合两次通信及鄙人此函观之，所谓信而有征者安在？

此项谣言流传甚广，上海报纸甚至有专电言此事者。惟各报所载，以贵报为最详细，且通信员又引鄙人之言为证，故不能不一辨之。贵报素主实事求是，敢请照载此函，以当更正。①

从后来的情形看，张厚载的"半谷通信"有夸张成分，但其消息也不是空穴来风，毫无根据。不过，这些传言伤害了北大，伤害了陈独秀等人，这是蔡元培辩驳的主旨。既然将这些事情大概说清了，矛盾也就解开了，所以林纾很快再发致蔡元培的公开信，检讨自己在上一次公开信中的"孟浪"："弟辞大学九年矣，然甚盼大学之得人，幸公来主持，甚善。顾比年以来，恶声盈耳，至使人难忍，因于答书中孟浪进言。"对于蔡元培的回复，林纾极表认同："既得复书，足见我公宗圣明伦之宗旨，始终未背也。此外尚有何说？弟所求者，存孔子之道统也，来书言尊孔子矣；所求者伦常之关系也，来书言不悖伦常矣；所求者古文之不宜屏弃也，来书言仍用古文矣。餍心遂欲，畅遂无言。至于传闻失实，弟拾以为言，不无过听，幸公恕之。然尚有关白者。弟近著《蠡叟丛谈》（见《新申报》)，近亦编《白话新乐府》（付之《公言报》)，专以抨击人之有禽兽行者，与大学堂讲师无涉，公不必怀疑。与公交好二十年，公遇难不变其操，弟亦至死必伸其说，彼叛圣逆伦者容之，即足梗治而蠹化。拼我残年，极力卫道，必使反舌无声，瘈狗不吠然后已。弟浅衷狭量，视公之雍容大度、并蓄兼收相去远矣。"②林纾在这里视蔡元培为同志、同道，不必怀疑，至少在他的感觉中，蔡元培的复信已化解了他心中久存的疑惑。

然而让人意想不到的是，就在林纾答蔡元培公开信发表的第

---

① 《蔡校长致神州日报记者函》，《北京大学日刊》1919 年 3 月 19 日。
② 《林琴南再答蔡鹤卿书》，《大公报》1919 年 3 月 25 日。

二天，1919 年 3 月 26 日，教育总长傅增湘发给蔡元培一封信：

子民先生执事：

自《新潮》出版，辇下耆宿，对于在事员生，不无微词，比承过从，获谂尊旨，良用释然。

国学靡敝，士之秀且杰者，谋所以改弦而更张之。笃旧之伦，疾首疾心，为匡披废坠之计，趋涂虽殊，用心则一。异同切劘，互资进行，尊闻行知，无妨殊轨。近顷所虑，乃在因批评而起辨难，因辨难而涉意气。倘稍逾学术范围之外，将益启党派新旧之争，此则不能不引为隐忧耳。

吾国伦理道义，人群纲纪，镌于人心，濡于学说，阅数百千年。其间节目条教，习惯蜕衍，或不适于现代，亦属在所不免。然而改革救正，自有其道。以积渐整理之功，行平实通利之策，斯乃为适。凡事过于锐进，或大反乎恒情之所习，未有不立蹶者。时论纠纷，喜为抨击，设有悠悠之辞，波及全体，尤为演进新机之累。甚冀执事与在校诸君一扬榷之，则学子之幸也。

鄙意多识蓄德，事属一贯。校内员生，类多闳达，周知海内外名物之故与群治之原。诚能朝益暮习，与时偕行，修养既充，信仰渐著，遵循轨道，发为言论，自足以翕服群伦。若其以仓卒之议，翘于群众，义有未安，辄以滋病，殆有未可。至于学说流裔，如长江大河，支派洄洑，无可壅阏，利而导之，疏而瀹之，毋使溃溢横

242

决，是在经世之大君子如我公者矣。[1]

傅增湘的信写得很隐晦，但大致意思很清楚，就是北大的所谓新思潮已引起了"辇下耆宿"的反感，北大必须对此有所调整，给教育部以及政府诸公保全北大的理由。读了傅增湘的信，蔡元培恍然有悟，当即"以大学事"为由约"关系诸君"至汤尔和处会商，至晚"十二时客始散"[2]。这是中国现代史上一个重要转折点，"此事即是会议辞去陈独秀问题。其日子是三月廿六日"[3]。

汤尔和的日记没有详细记录这次会议的过程，以致十几年后，连汤尔和都不再记得当天晚上的具体情形了。1935 年 12 月 28 日，汤尔和答复胡适提问时说："八年（1919 年）三月廿六日之会发何议论，全不省记。唯当时所以反对某君之理由，以其与北大诸生同昵一妓，因而吃醋，某君将妓之下体挖伤泄愤，一时争传其事，以为此种行为如何可作大学师表，至如何说法，则完全忘却矣。兄有记载能见示否？"[4]

胡适当时也没有记录，但他收到汤尔和的信后，遂做了一些回忆："八年的事，我当时全无记载。三月廿六日夜之会上，蔡先生颇不愿于那时去独秀。先生力言其私德太坏，彼时蔡先生还是进德会的提倡者，故颇为尊议所动。我当时所诧怪者，当时小报所记，道路所传，都是无稽之谈，而学界领袖乃视为事实，视为铁证，岂不可怪？嫖妓是独秀与浮筠都干的事，而'挖伤某妓之

---

① 《傅增湘致蔡元培函》，《蔡元培全集》卷三，第 285 页。

② 《汤尔和日记》1919 年 3 月 27 日："昨以大学事，蔡鹤公及关系诸君来会商，十二时客始散，今日甚倦。"见《胡适来往书信选》（中），中华书局，1979，第 283 页。

③ 《胡适手抄汤尔和日记和跋》，载《胡适来往书信选》（中），第 283 页。

④ 《汤尔和致胡适》，载《胡适来往书信选》（中），第 289 页。

下体'是谁见来？及今思之，岂值一噱？当时外人借私行为攻击独秀，明明是攻击北大的新思潮的几个领袖的一种手段，而先生们亦不能把私行为与公行为分开，适堕奸人术中了。"[①] 浮筠，即夏曾佑的儿子、北大理科学长夏元瑮。

　　傅斯年没有参加这次会议，但鉴于其在北大的特殊身份，他对该晚的会议及其因果也有一个说法："在五四前若干时，北京的空气，已为北大师生的作品动荡得很了。北洋政府很觉得不安，对蔡先生大施压力与恫吓，至于侦探之跟随，是极小的事了。有一天晚上，蔡先生在他当时的一个'谋客'家中谈起此事，还有一个谋客也在。当时蔡先生有此两谋客，专商量如何对付北洋政府的。其中的那个老谋客说了无穷的话，劝蔡先生解陈独秀先生的聘，并要约制胡适之先生一下，其理由无非是要保存机关，保存北方读书人一类似是而非之谈。蔡先生一直不说一句话。直到他们说了几个钟头以后，蔡先生站起来说：'这些事我都不怕，我忍辱至此，皆为学校，但忍辱是有止境的。北京大学一切的事，都在我蔡元培一人身上，与这些人毫不相干。'这话在现在听来或不感觉如何，但试想当年的情景，北京城中只是些北洋军匪、安福贼徒、袁氏遗孽，具人形之识字者，寥寥可数。蔡先生一人在那里办北大，为国家种下读书、爱国、革命的种子，是何等大无畏的行事！"[②]

　　陈独秀由此渐渐脱离北大了，并最终走上了革命的道路。然

<hr />

　　① 《胡适致汤尔和》（稿），载《胡适来往书信选》（中），第 290 页。

　　② 《我所景仰的蔡先生之风格》，载欧阳哲生主编《傅斯年全集》卷五，湖南教育出版社，2003，第 491 页。

而事情到此还不算结束，3月31日，北大发布令张厚载退学的布告："学生张厚载屡次通信于京沪各报，传播无根据之谣言，损坏本校名誉，依《大学规程》第六章第四十六条第一项，令其退学。此布。"[①] 张厚载"递刀者"的角色由此坐实。

请走陈独秀与张厚载之后，蔡元培于4月1日面见傅增湘，详细解释了事情的来龙去脉，北大危机的警报大致解除，[②]"五四"政治运动爆发前的一场新旧冲突大体平息。不过，从更长时段看，这场冲突为后世中国的政治变迁埋下了一个意味深远的伏笔。

① 《本校布告》,《北京大学日刊》1919年3月31日。
② 《复傅增湘函》,载《蔡元培全集》卷三,第284页。

尴尬风流——大后方的教授们

据统计，抗日战争全面爆发前，中国共有高等院校一百零八所。这些学校大部分位于东部中心城市及沿江沿海一带，以北平、上海两地最为集中，这两个城市的院校约占总数的三分之一。西部特别是西南、西北地区的教育资源极端贫乏，贵州、青海等省份，连一所像样的高等院校都没有。

抗日战争全面爆发后，东部沿江沿海地区的高等院校遭到极大破坏。仅战争全面爆发初期，一百零八所高等院校中，就有九十一所遭到不同程度的破坏，有十所受到完全破坏，二十五所停办，教职员减少百分之十七，学生减员一半左右。

为了中华民族的长远发展，为了给中华民族保留读书的种子，中国的高等教育机构在经受了战争最初阶段的打击后，比较迅速地采取了行动，有计划地大规模内迁。仅战争全面爆发后的第一年，东部沿海地区内迁的高等院校就有五十六所，占全国高校总数的百分之五十多。这数十所高等院校西迁、南下的路线主要有：一是平津地区的高校南下，第一步至长沙，联合组建"长沙临时联合大学"；二是上海、南京等华东地区的高等院校或沿长江、或经浙江西进；三是广东、福建等地的高等院校向西、向北进入粤西北和闽西北地区。

高等院校的第一波内迁不太彻底，像平津地区的高校撤退至长沙组建临时联合大学。由于日本军队的战略进攻步步紧逼，长沙很快暴露在日军威胁的范围之内，于是长沙临大只能二次搬迁。这一次索性撤退至云南昆明，成立"西南联合大学"，主体为北平的北大、清华及天津的南开等大学。

像西南联大这样一再搬迁的高校在抗战时期还有不少，因此战争给中国高等教育造成的损失也非常大。如果要从积极的意义上说，东部沿江沿海地区的高校迁往内地，迁往西部，使战前不平衡的中国教育布局趋于均衡，使东部地区一百年来的文化积淀得以向西部和内地大幅度地转移，既缩小了中国教育、科技、文化发展的地区差距，又给西部地区带来一个千载难逢的机遇。

高等院校大规模地内迁，主要还是人员的内迁，教授的内迁。像北大，从一开始就没有准备将所有物资和设施迁出北平，他们相信自己一定会回来，而且离开的时间不会很长。所以北大内迁时委托了几个不便内迁的老教授在北平承担保护学校的责任，其他教授，都尽量地随学校一起行动。因此，高等院校的内迁，就是教授们的内迁，就是这些教授从东部中心城市迁往内地比较荒凉落后的地方。这对那些已经习惯便捷生活的教授们来说，是一件非常不得了的事情。他们住惯了大城市，住惯了洋楼，享受过现代化的设施，突然间来到交通不便、信息不灵的内地，走在那坑坑洼洼的红土小径上，住进那铁皮屋顶、泥土地面、有窗户而没有玻璃的平房里，可以想象内心的落差。而这些教授是当年中国最重要的高级知识分子，是中国为数不多的知识精英，是第一流的大学者。像西南联大，当时就集中了北大、清华和南开三校原来的主要教授：朱自清、冯友兰、周培源、钱穆、钱锺书、潘光旦、江泽涵、汤用彤、吴晗、吴大猷、吴有训、陈岱孙、陈省身、陈寅恪、张奚若、金岳霖等，个个都是各自领域中泰斗级的人物。

迁往内地的这些教授们，特别是科学家，在异常艰苦的环境中继续从事学术和科学研究，表现出中国知识分子诚挚的爱国情怀，做出了许多突出性的贡献。那时的大后方，生活条件极为艰苦，即便是知名教授、闻名欧美的科学家，也只能过着半饥半饱的生活，每月只能领到一点混杂面或糙米，并且还要经常变卖衣服度日。然而面对这些困难，中国知识分子毫无怨言，他们怀着一颗报效祖国的热心，在大后方默默无闻地工作着。像著名科学家黄鸣龙抗战期间从德国留学归来，立志为国服务，不计较待遇厚薄、薪资多寡，很快就奔赴昆明担任中央研究院化学研究所研究员兼西南联大教授，并在条件极其简陋的情况下，获得非常重要的发现，为中国有机化学的创建奠定了基础。其他如侯德榜、赵忠尧、张文裕、王竹溪、黄子卿、李方训、姜立夫、陈省身、华罗庚、吴大猷、陈建功等科学家，都在艰苦的条件下做出了重大贡献。

在和平时期从事科学研究，都要付出一般人难以想象的努力，更何况是在抗战这样特殊的时期。大后方又一度是那样的困难，敌机轰炸，物价飞涨，这些教授们也像常人一样，面临诸多非同一般的困难。

根据蒋梦麟1939年3月的记录，"昆明一年以来百物腾贵，米每石已涨至一百元以上，前年每石七元。人人叫苦。香烟美丽牌每小包一元，每支一角。三炮台每筒五十支，十七元。麻酥糖每包三角。炭每石近十六元。猪肉每斤一元七角。白菜每棵大者五角，小者三角。盐每斤六毛。鸡蛋每枚一角。同人八折支薪，每月入不敷出。人口较多之家，有午吃饭而晚饮粥者。学生方面，政府每月给贷金十四元，幸官米每石五十元，犹能吃菜饭充饥，然营养大成问题矣"①。

物价上涨的同时，教授们的收入却大幅度减少。以西南联大为例，三校原来的经费来源不尽相同：北大由于是国立大学，其经费完全依靠国民政府的支持；南开为私立大学，抗战爆发后经费枯竭，于是开始接受政府补贴；清华的经费在抗战开始时仍由中华教育文化基金支付，一般说来最为可靠，但是不久庚款停付，清华经费来源也告中断。从这时起，西南联大的全部经费都只能依靠国民政府支付。然而从1937年9月开始，国民政府以抗战为由，紧缩教育事业经费，将原定的各国立学校的经费改按七成拨付。长沙临大时期，北大将所领七成经费的一半上交给临大，作为教职员薪金和维持教学的费用，余下的一半作为本校校产保管和师生特殊救济之用。1938年4月以后即西南联大时期，北大改将七成中的四成交给联大，所余三成经费，又被教育部以"统筹救济战区专科以上学校学生及办理高等教育事业之财源"为由全部拿走。

① 《蒋梦麟致胡适函》（1939年3月1日），载耿云志主编《胡适遗稿及秘藏书信》（39），黄山书社，1994，第486页。

从此以后，西南联合大学的三个学校就不再有自己独立的经费。三校各自办事处的开支，则由教育部在拿走的三成经费内酌情发给，实际上难以维持所需。西南联大每年的预算经费为法币一百二十万元左右，仅仅相当于抗战前清华一校的经费。然而由于抗战时期的实际困难，连这个数字的经费，国民政府也很难保证及时付给，总是一拖再拖。至于维护联大校舍建筑和购买图书、设备所需的临时费用，国民政府更是无法顾及。直到1941年，国民政府教育部才拨给联大设备费三万八千美元，其中三万美元作为图书购置和仪器设备费，其余作为购置行政设备和装运保险等费。在三校合并、人员倍增而货币不断贬值的情况下，联大在经费方面所遇到的困难是后人无法想象的。

西南联大的困难首先体现在教师的生活上。从1937年9月起，教师的薪金改按七成发给（以五十元为基数，余额按七成发给），加上各种名目的捐款，教师实际所得不多。从1940年开始发给全薪，但是由于货币贬值，物价暴涨，教师所得的那点薪金便很难养家糊口。当时有人说，现在什么都值钱，就是钱不值钱。因为通货膨胀，物价飞涨，教师们的生活也是很困难的。一个月的工资加到几百万，不到半个月就花完了。教师们多是靠兼职兼薪以为补贴。大多数人是卖文，向报刊投稿，得一点稿费。能作古文的人，为当地富贵人家作"诔墓"文，这种生意最好，因为可以获得实物报酬。像刘文典就是如此。他在联大时期虽然心情可能比较郁闷，但物质生活实在说来还是相对宽裕的，因为他的古文作得好，很受当地富贵人家的欢迎。到了抗战末期，联大一部分教授组织了一个卖文卖字的会。听到要卖字，闻一多还给冯友兰刻了两个大图章，以备使用。[①]

当基本的生活都难以为继时，那真是斯文扫地，教授也就只能重回世俗，为温饱而奋斗。1941 年 11 月，西南联大五十四位教授联名呼吁改善待遇，沉痛陈述教职工的生活窘况："始以积蓄贴补，继以典质接济。今典质已尽，而物价仍有加无已……若不积极设法，则前途何堪设想？"他们派代表张奚若到重庆请愿，要求政府增加教师津贴。教授们在校务会议和教授会议上还多次向政府提出增薪，希望薪资的购买力相当于抗战前的三十元左右即可。但是这些要求都遭到了国民政府的拒绝。

正是在这种情况下，美国政府和知识界有一部分人出于不同的考虑，设想通过一些特殊渠道向大后方这些宝贵的知识分子提供援助。当时的美国驻华使馆官员费正清说："我个人的奋斗目标逐渐在心中明朗起来——帮助和保护那些留美归国的中国教授、学者，其中有些是在北京的老朋友。这就是我对当时形势所作出的反应。在当时的中国，抗击日本的事业实际上已被中美两国的军方所垄断。我采取的对策是，把注意力转向它处。当时，被动员起来的教授很少，甚至学生们也被看作是国家的稀有资源，必须保护他们健康成长，以备将来之需，而不要在战场上消耗掉。一些被派驻在战时中国的美国文职人员对中国前程感到幻灭，于是以救济妇女、儿童或者搜集明代青花瓷器来解除心头的郁闷。从我个人来看，我并不反对抗日战争，但是我认为更为迫切的任务是拯救残存的自由教育。"

也正是出于这样一种目的，费正清于 1942 年底和 1943 年初

---

① 冯友兰：《三松堂自序》，三联书店，1984，第 107 页。

对西南大后方的中国文化教育现状进行了考察。他发现那些受过现代教育、如今背井离乡的中国知识分子无疑是当时通货膨胀的最大受害者。除了费正清之外，美国的许多人都对中国知识分子的生活福利问题表示关切。美国联合援华会还在美国二十二所大学里成立教授委员会，以便向这些著名的中国教授提供尽可能的帮助。

美国联合援华会负责人说这些援助款项将用于补助中国高等学校里教授们的生活。然而不幸的是，这条消息在报上一经披露，立即在中国引起极其强烈的反响。有些人反对靠美国慈善团体的捐款来维持中国国立大学教授们的生活。蒋介石听说后也勃然大怒，并立即将此项援助予以取消。结果，像西南联大常委梅贻琦、蒋梦麟这样的高级知识分子和大后方知识界的头面人物，其家庭经济状况也到了山穷水尽的地步。梅贻琦的夫人好不容易化名找到一份工作，但终究还是被人认了出来，只好放弃不干。蒋梦麟将家中的书籍、衣物能够当掉的都当了，他的太太也很想找份工作，无奈鉴于梅贻琦太太的例子，也只好放弃。

美国联合援华会援助大学教授的计划被否决之事引起了大学教职员的强烈抗议。他们认为大学教授的生活如此艰难，接受美国援助并不丢脸，既然政府可以接受租借法案，那么教授们迫于生计，接受美国援助有何不可？蒋梦麟费了很大口舌劝告教职员不要发表抗议文字。他认为目前最大的问题是为中国高等教育的未来保存骨干力量。如果这些人类灵魂的工程师在战争中丧失殆尽，原本已经很艰难的高等教育将更为混乱。蒋梦麟认为，就当时情况看，中国高等教育已经受到了极其严重的损害。[①]

中国政府不愿意使用美国人的捐款解决中国教授的生活困难，但自己又拿不出钱来保证教授们的基本物质生活水平，于是教授们依然在饥饿线上挣扎。到了 1943 年下半年，西南联大很多教授每月的薪俸实值仅合战前的八元三角，仅能维持全家半个月的最低生活标准。

教授们的生活苦不堪言，但西南联大所获得的成绩却是举世公认的。他们在极为艰苦的环境下，不仅克服了文人相轻的恶习，而且在科学研究、人才培养方面都有至今仍值得称道的成果。在科学研究方面，蒋梦麟于 1938 年冬北大四十周年纪念时，特约各系教授撰文编印纪念论文集，其中一些文章具有极高的学术价值。如物理系教授吴大猷所撰有关多原子分子之结构及振动光谱的专论，就是一篇具有相当价值和独创性的论文。

在人才培养方面，西南联大的成绩也极为可观。许多后来在学术界具有极大声誉和成就的学者，像诺贝尔物理学奖获得者杨振宁、李政道等，当时都是西南联大学生。据他们当时的指导老师吴大猷教授说，他当年在泥墙泥地的简陋实验室里，只能将三棱柱放置在木架上做分光仪，继续进行研究。但他在讲授完"古典力学"课程后，仍于学期结束时拟出十余个不同的题目让学生自行选择进行研究，杨振宁即选择了其中《以群论讨论多元分子之振动》的题目。到了 1957 年冬，杨振宁、李政道荣获诺贝尔物理学奖时，他们不约而同地致函吴大猷，说明他们多年以来的研究工作，均可追溯到西南联大时吴大猷的启示和那些论文题目。

---

① 《费正清自传》，黎鸣等译，天津人民出版社，1993，第 282 页。

丁文江和他的科学主义

"民主是个好东西",这大概是"五四"以来中国人的一贯认识。尽管人们在实践层面并不一定愿意实行民主,总是在为无法实行民主寻找借口,但谁也不愿否认民主是人类发展到今天"最不坏的东西"。

当民主在 19 世纪末 20 世纪初从西方漂洋过海来到东方,来到中国的时候,与其结伴而行的还有另外一个"好东西",那就科学。如果说民主是人类发展到今天"最不坏的东西",那么科学则是人类发展到今天"最好的东西",于是那时的中国人有了"科学万能"的幻想,期待科学能够解决人类所面临的一切问题。个中情形正如胡适所描绘的那样:

> 这三十年来,有一个名词在国内几乎做到了无上尊严的地位,无论懂与不懂的人,无论守旧和维新的人,都不敢公然对他表示轻视或戏侮的态度。那个名词就是"科学"。这样几乎全国一致的崇信,究竟有无价值,那

是另一问题。我们至少可以说，自从中国讲变法维新以来，没有一个自命为新人物的人敢公然诽谤"科学"的。

所以，那时的中国人就根据英文音译，很亲切地将科学唤作"赛先生"（science），将民主唤作"德先生"（democracy）。

民主是个好东西，但民主作为主义，也曾引起人们的恐慌，被视为洪水猛兽；科学自然也是个好东西，然而一旦科学也成为"主义"，特别是将"科学主义"绝对化、唯一化，那么引来的就不仅仅是恐惧，可能还会遗留下许多值得思考的问题。在 20 世纪科学主义的大潮中，最著名的"赶潮"人，毫无疑问应该首推丁文江。

一个欧化最深的人

丁文江，字在君，1887 年 4 月 13 日（光绪十三年三月二十日）生于江苏泰兴黄桥镇。这个偏僻的乡镇在国共内战中因"黄桥烧饼"而著名，南距长江约三十公里。在丁文江出生的年代，黄桥镇大体上与外界隔绝。

根据丁家后人的描述，丁文江的曾祖曾经在浙江某地担任过一个小官，但其祖、父两代不是一代胜过一代，而是一代不如一代，逐步退居乡里，除了保留"祖上曾经阔过"的记忆外，已与一般家庭毫无区别。

丁文江出生的时候，应该说是晚清几十年中最好的时光。经过差不多二十年的洋务新政、同光中兴，至光绪初年，中国的经济状况已有很大改善。至 1894 年，中国大体赢得了前后约三十年的和平发展时期，综合国力大为提高。与此同时，官僚体制腐败的痼疾没有改变，君臣上下、朝廷内外都因几十年的和平发展产生了莫名其妙的虚骄，这就为甲午战争的失败埋下了伏笔，也是后来一系列变革的重要背景。

很多后来的重大变故在丁文江刚出生时的中国尚看不到迹象。丁文江与众多诞生于中国乡村社会，且父母在解决了起码的生存问题之后尚有余力培养子女的家庭中的孩子一样，在乡间接受启蒙教育，为将来的科举事业做准备。

按照中国传统教育模式，丁文江五岁就傅，正式开蒙，阅四年，至九岁大体将四书五经研读一过，打下了继续深造的根基。据说丁文江生而有殊禀，神悟卓绝，寓目成诵。老师惊讶其资质过人，曾以联语属对："愿闻子志"，丁文江随口对曰："还读我书"，工正典雅，志趣不凡。大人们叹为宿慧，将他视为难得的读书种子。

乡村塾师的学识终究不能满足丁文江的求知心，而1898年的维新运动以及随之而来的政变等一系列变动，也给丁文江未来道路的选择提供了新的可能。或许是丁文江的父亲已预感到科举之路将越来越窄，于是，丁文江虽然成绩优异，但无意继续参加生员考试，而是准备离开乡村，到上海南洋公学去深造。这是中国第一所完全采用西方学校教程的学校，并与西方特别是美国的大学教育体制接轨，从那里可以很方便地到美国留学。

在丁文江将要启程前往上海的时候，新任泰兴知县龙璋听闻丁文江资质不凡，遂嘱咐丁父带他到衙门，命以"汉武帝通西南夷论"为题作文。丁文江下笔如有神，议论风生，多所阐发。龙大为叹异，许为"国器"，即日纳为弟子，力劝他不要再到南洋公学耽搁工夫，而应该尽快直接出洋留学。

丁父既然同意丁文江到上海求学，显然对其出国留学早已有了心理准备；而且他既然同意带儿子到县衙面试，显然对龙璋的建议不仅不会反对，可能还有"正合我心"之感。唯一使丁文江稍感困难的是家庭问题：一是他的母亲先一年去世，他觉得居丧期间或许不应远行；二是出国留学毕竟不同于到上海读书，所需费用不少，还会减少家中其他兄妹求学的机会。当时，丁文江的哥哥文涛也想出国留学，然而雄心勃勃、聪明绝顶的弟弟却先发制人对他说："不有居者，谁侍庭帏？ 不有行者，谁圆国事？家与国，尔与我当分任之。"

在龙璋的帮助下，各种难题逐一解决。1902 年秋，十五岁的丁文江便随龙璋的表亲胡元倓前往日本，开始了他的留学生涯。

时间飞快地消逝了，不知不觉间，丁文江在日本度过了三个春秋。只是在这三年中，丁文江并没有像人们期待的那样，将精力完全用于对科学的追求上，而是不自觉地投身于现实政治，追随梁启超鼓吹改良中国政治，改良中国社会，促进中国的文艺复兴。

丁文江等留日学生的这一现象引起了老革命家吴稚晖的注意。这位老革命家原本也在日本，后因投身反清革命而被日本政府驱逐出境，流亡苏格兰。在那里，吴稚晖研究进化论和古生物学等道地的西方知识，对日本留学生"终日开会，吃中国饭，谈政治，而不读书"很不满意，遂于 1904 年致信丁文江等留日学生，建议他们设法到英国去。

吴稚晖的建议引起了丁文江等人的注意。而 1904 年初在中国土地上爆发的日俄战争，其结果使留日学生感到莫名的尴尬、羞愧与自豪。自豪的是亚洲人能够击败强大的沙俄帝国，羞愧的是对比昔日被鄙视的岛民所取得的荣耀，中国竟是如此软弱无力。丁文江和他的朋友们被街上所遇到的日本人的嘲笑深深地刺痛了。因此，他不仅执意离开日本前往英国，而且他的野心是到那里学习海军，将来做一名海军指挥官，或许有机会与日本人在海上决一胜负。

1904年春夏之交，丁文江等人从日本来到英国，很快接受一位朋友的建议，到东部林肯郡的斯堡尔丁读了两年中学。在这里他第一次最直接、最认真地学习西方知识，奠定了后来进一步深造的基础，并于1906年顺利获得英国最高学府剑桥大学的入学资格。

尽管丁文江有中国政府提供的奖学金，但"从不额外照顾穷小子"的剑桥大学高昂的费用还是让丁文江吃不消。第一个学期结束后，丁文江主动辍学，转赴欧洲大陆游历；几个月后，于1907年春天转入风气质朴的格拉斯哥大学，开始专心致志地学习动物学、地质学、地理学等。

1911年初，丁文江获得格拉斯哥大学动物学和地质学双学位，随即准备返回离别九年的祖国。这九年的时间，使丁文江从一个聪明伶俐的十五岁少年，变成一个满脑子现代专业知识、十分欧化、风度翩翩的成年男子。

丁文江"欧化"了。他喜欢西装革履，留着讲究的小胡子，特别偏爱雪茄。更重要的是，他在这九年的留学生涯中，真正掌握了多种语言，能够直接与国际学术界对话。他不仅留意国际学术界的动态，而且本身所从事的工作就在国际学术界的前沿。他具有现代科学家所必需的专业技能和思维方式。

现代徐霞客

1911 年春夏间的归国旅途，对于年轻的地质学家丁文江来说也是一次难得的考察机会。离开英伦三岛进入欧洲大陆后，丁文江借机遍游欧洲，特别考察了阿尔卑斯山，然后乘船取道越南回国。

5 月 10 日，丁文江转乘火车抵达云南劳开，接着或徒步，或乘船，或乘车，继续在云、贵、湘等地旅行，穿越偏远的多山地带，考察地质、地貌，寻找矿产。7 月底，经武汉、上海返回家乡。

丁文江回到家乡的时间在辛亥革命爆发前的两个月。他或多或少已感觉到国内政治的急剧变化，同时他的家庭也有很大变化。在丁文江出国留学的前一年，他的生母不幸去世；在他出国之后不久，他的父亲再婚，丁文江又有了三个小弟弟。

在故乡小住一段时间后，丁文江与他的新婚妻子一起前往上海南洋公学。这所学校是丁文江出国前最想去的学校，只是那时想去读书，而现在则是去教书。在南洋公学，丁文江讲授地质学入门，不仅受到学生的欢迎，而且很快引起了工商部矿政司司长张轶欧的注意。张急约他入京。1913 年初，丁文江受聘担任新成立的地质科科长。

民国初年，科学主义虽已在中国落地生根，但传统文化仍在知识界高居统治地位，像地质学这种专门学问尚未受到足够的重视。丁文江履新之初，实可谓筚路蓝缕，白手起家。

1913 年 6 月，丁文江利用北京大学地质门停办后闲置的图书标本，以农工商部的名义办了一个地质研究班，稍后又在这个研究班的基础上创办了一个地质研究所，连续招生。首批学员不少是丁文江在南洋公学时的学生。1916 年，第一批三十名学生毕业，大多留所工作，并逐渐成长为骨干力量。

在致力于人才培养的同时，丁文江信奉"读万卷书，行万里路"，反对坐而论道，主张实地考察。这是因为丁文江清楚地知道，在当时甚至连西方学校都存在缺乏第一手观察的不足之处，而中国学生对于艰苦的野外锻炼则更缺乏准备。鉴于此，丁文江每周都要组织学生进行野外考察。他的信条是："移动必须步行，登山必达顶峰"，要求学生在真正掌握地质学的原理和基础后，必须系统研究中国地质资料，必须亲身进行实地考察，亲手绘制地图、采集化石。

丁文江这样要求学生，自己更是身体力行。只要有时间、有机会、有经费，他就会到各地进行实地考察。1913 年底，丁文江受工商部委托沿正太线对太行山脉进行考察，并对井陉和阳泉地区的煤矿储量做了调查。翌年年初回到北京后，很快又受交通部委派前往西南地区进行长达一年的矿产资源勘探。丁文江充分利用这些机会对许多地方进行测绘，重新绘制地图或地质图，收集标本，并写了生动活泼的考察日记，详述各地风土人情、生活习惯、山水风景、自然地理以及各种各样的奇闻逸事。这是中国科学家利用现代学术训练进行野外地质调查和地质填图的开端，在中国现代学术史上具有重大的典范意义。

1915 年初，丁文江结束在西南地区的考察回到北京。1916 年，地质研究所改组为地质调查所，依然隶属于政府，专门从事地质学方面的研究工作。丁文江任所长，直至 1921 年因家庭原因辞职离开。

丁文江在地质学领域贡献巨大，被视为该学科在中国的"开山祖师"。他和他的早期同事一起制定了一套全新的学科范式，使这门从西方引进的现代学科在短时间内就形成了自己的风格。他本人也是在国际学术界拥有影响力的著名学者。胡适在1922年说："中国学科学的人，只有地质学者，在中国的科学史上可算得已经有了有价值的贡献。"

丁文江还被视为地质学领域中的"政治家"。他充分利用自己丰厚的人脉资源与网络，为地质学在中国的发展、兴盛提供了良好的外部环境。李济后来在评价丁文江的学术贡献时强调，丁文江是中国地质学开荒时期的最大领袖之一，为中国学术开辟了一个新纪元。

作为"五四"时期的知识分子，丁文江当然和其他学者一样，期待着中国的"文艺复兴"。但和其他学者不同的是，他既不像梁启超那样赞美清代学者以复古为革新的尝试，更没有像胡适那样着力挖掘非儒学术与西方近代文化的同构关系，寻找西方思想文化在中国生根发芽的土壤。丁文江接受了文艺复兴的思想，但是他对中国"文艺复兴"背景的解释却与众不同，值得玩味。他指出，在唐代的自由与艺术文明衰落之后，宋代出现了一股反动逆流，那些打着新儒学旗号的理学家们以一种愚弄人的形式主义毒害知识分子。宋明理学从表面上看是致力于将佛教思想改头换面变为一种玄学启蒙，实际上是反知识的，是不讲方法的烦琐哲学，是没有信仰的宗教。至17世纪初，明智的知识分子开始对他们所处时代的知识感到不满足，再加上政治上的黑暗强烈刺激了知识分子，使大多数知识分子从沉睡中苏醒，他们开始注意西方传教士带来的新思想与新方法，并将这种方法成功地运用到对传世经典的研究上。这场运动可以称之为中国的"文艺复兴"。它始于对传统经典的品评，以引进西方科学和哲学而结束。丁文江指出，在这场伟大的运动中，宋应星和徐霞客两人占有非常重要的位置，他们怀疑博物史中的传统记载，因为关于自然的真理只能通过第一手的观察才能较好地确定下来。而且，由于是把观察到的现象而不是把史书上的记载当作根据，因此这显然具有近代科学的意味。他们"为了追求真知和达到精神上的满足，餐风宿露，废寝忘食，这正是文艺复兴精神的体现"。

基于这样的认识，丁文江将宋应星和徐霞客视为自己的思想前驱，不仅努力把他们的著作从接近于完全湮没中拯救出来，而且自觉地接续宋应星和徐霞客的考察，以"现代徐霞客"的精神激励自己，常年奔波在荒郊野外，以自己的考察验证、检验他们在《天工开物》和《徐霞客游记》中的记载。

当科学成为主义

随着地质调查所的工作成绩逐渐被外界所认知，丁文江在北京文化圈的影响力也越来越大，逐渐与文化界的核心人物蔡元培、梁启超、胡适等人结识，有的甚至成为他的毕生好友。

1918 年，第一次世界大战结束。为了安排战后世界秩序，战胜国准备在巴黎召开善后会议，中国作为战胜国被邀请参加。梁启超、丁文江、张君劢、蒋百里等民间人士在非官方组织的支持下也来到了欧洲，一是期待在舆论上对中国政府代表团有所声援，二是实地考察战后欧洲的真实情形。

第一次世界大战的灾难，使半个世纪以来中国向西方学习的运动发生了重大转折，中国人对欧洲文明的价值产生了深深的怀疑。科学和工业文明改变了人们的生活形态，然而科学的胜利却把人对天的信仰和对自己灵魂的信仰一扫而光，结果是人类依据所谓科学的原则建立起一种纯物质的、纯机械的人生观，使人的生活服从于物质运动的必然法则。于是，人类不仅听从机器的摆布，而且变得越来越孤立、多疑、软弱和腐败，毫无生活应有的乐趣与价值。基于这种怀疑，梁启超在欧游归来后发表《欧游心影录》，最先提出中国人继续向西方学习，继续相信科学万能，是否也会像西方一样走向毁灭？

梁启超的怀疑启发了梁漱溟。梁漱溟于 1921 年发表《东西文化及其哲学》，公开倡言中国人应该打消继续向西走的念头，回到东方，发现和寻找中国传统文化的现代价值，重建中国伦理社会，以东方文化的精神文明去救西方文化的物质文明之穷。

梁漱溟的说法自有其偏激的地方，但毫无疑问的是，他的这些看法在某种程度上说也是中国人对西方认识的深入和自觉。至少中国人已觉悟到尽管中国需要建立一种全新的社会制度，但这种社会制度必须符合自身传统与特点，无法全面移植。这自然涉及东方与西方两个世界体系的支撑点，即它们赖以发生、发展的哲学基础。

为了回答这些问题，张君劢于 1923 年 2 月 14 日在清华学校做了题为《人生观》的讲演，对科学万能的说法提出尖锐的批评。他认为科学具有很大的局限性，并不能解决人生观问题，因为科学与人生观是根本不同的：科学之中，有一定之原理、原则，而此原理、原则，皆有证据；然而同为人生，因彼此观察点不同而意见各异，故天下古今之最不统一者，莫若人生观。他列举科学与人生观的五点区别是：

第一，科学为客观的，人生观为主观的；

第二，科学为论理的方法所支配，而人生观则起于直觉；

第三，科学可以以分析方法下手，而人生观则为综合的；

第四，科学为因果律所支配，而人生观则为自由意志的；

第五，科学起于对象之相同现象，而人生观起于人格之单一性。

张君劢认为，人生观之特点所在，曰主观的，曰直觉的，曰综合的，曰自由意志的，曰单一性的。这一切，都是与科学的特点截然不同的。按照他的分析，人生观面对或者说要解决的问题主要有这样九个方面：

我与我之亲族之关系；

我与我之异性之关系；

我与我之财产之关系；

我对于社会制度之激渐态度；

我在内之心灵与在外之物质之关系；

我与我所属之全体之关系；

我与他我总体之关系；

我对于世界之希望；

我对于世界背后有无造物主之信仰。

张君劢指出，凡此九项皆以"我"为中心，或关于"我"以外之物，或关于"我"以外之人，东西万国，上下古今，无一定之解决者，则以此类问题，皆关于人生，而人生为活的，故不如死物质之易以一例相绳。在张君劢看来，科学是关乎物质的，而人生观是关乎精神的。基于这种判断，再对中西文明进行了对比，张君劢顺理成章地回到文化保守主义的观点上，认为中国文明是"精神文明"，西方文明是"物质文明"：自孔孟以至宋明理学家，侧重内心生活之修养，其结果为精神文明；三百年来之欧洲，侧重以人力支配自然界，故其结果为"物质文明"。西洋"物质文明"的文化或人生观到底不足以解决人生观问题，所以导致了第一次世界大战的灾难；唯有中国的"精神文明"才能解决人生问题。所以无论科学如何发达，而人生观问题之解决，绝非科学所能为力，唯赖诸人类之自身而已。盖人生观既无客观标准，故唯有返求之于己。

如前文所言，对包括科学在内的一切保持适度的怀疑原本是一种科学的态度，然而张君劢的演讲实质上已不是对科学的适度怀疑，而是在宣扬一种在科学主义者看来非常有害的思想主张。所以，当张君劢的演讲词发表后，绝对科学主义者丁文江不禁"勃然大怒"，当面怒斥张君劢："诚如君言，科学而不能支配人生，则科学复有何用？"

丁文江与张君劢是相交有年的好朋友。他们两人面对面辩论了两个小时，但谁也说服不了谁。于是，为了拯救被"玄学鬼附身"的张君劢，更为了提醒没有被"玄学鬼附身"的青年学生，丁文江迅即在《努力周报》上发表《玄学与科学——评张君劢的〈人生观〉》一文，竭力为科学辩护，以为第一次世界大战的结果并不能证明科学破产，强调人生观无论如何都要受到科学的公例、定义及方法的支配。人类今日最大的责任与需要不是在人生观上排斥科学，为玄学留下一块空地，恰恰相反，应该把科学应用到人生问题上去。

在丁文江看来，张君劢并不了解科学的性质，而且从哲学上看，张所依赖的主要是欧洲唯心主义的蒙昧主义传统。站在中国人的立场上看，张君劢的争辩是企图把宋明理学和一切古老文化从偶像崇拜反对者的攻击中拯救出来，而防御这些攻击只能诉诸非理性的直觉。丁文江认为，宋明理学早已遭到清代经验主义学者的鄙薄和清算，倘若在 20 世纪听任其莫名其妙地复活，中国社会就有可能完全脱离科学进步的危险。

丁文江认为，科学能知世上可知的一切。从认识论的意义上说，我们对任何事物的了解，都是思维活动的结果。人生观现在没有统一是一件事，永久不能统一又是一件事；何况现在无是非真伪之标准，安见得就是无是非真伪之可求？要求是非真伪，除去科学方法，还有什么方法？

基于"经验实在论"的立场，丁文江提出讨论三原则。

一是经验原则：科学知识起于感知。感官触觉是我们晓得物质的根本；无论思想多么复杂，总不外乎感官触觉。

二是逻辑原则：知识起于据经验而进行的逻辑推论。旁人有没有自觉呢？我不能直接感触他有，并且不能直接证明他有，我只能推论他有。

三是唯心原则：物质存在最终起于经验—逻辑。我们所晓得的物质，本不过是心理上的感官触觉，由知觉而成概念，由概念而生推论。科学所研究的不外乎这种概念同推论。

丁文江之所以坚信张君劢的人生观不可能逃出科学的范围，是因为他坚信以下几点。

一、凡不可以用论理学批评研究的，都不是真知识。

二、科学的材料原都是心理的现象，若是张君劢所说的现象是真的，绝逃不出科学的范围。

三、科学未尝不注重个性直觉，但是科学所承认的个性直觉，是基于经验的暗示，从活经验里涌出来的。

丁文江指出，张君劢的人生观，一部分是从西方玄学大家柏格森的哲学中演化出来的，又吸收了中国陆九渊、王阳明、陈白沙一派高谈心性的玄学家的观点。

对于张君劢对科学的误解，丁文江提出三点申辩。

第一，科学的材料是所有人类心理的内容。张君劢说科学是向外的，如何能讲得通？

第二，科学不仅是物质的，而且对人心大有裨益：科学不但无所谓向外，而且是教育同修养最好的工具；不但使学科学的人有求真理的能力，而且有爱真理的诚心；拿论理来训练他的意想，而意想力愈增；用经验来指示他的直觉，而直觉力愈活。

第三，科学不是机械的。了然于宇宙、生物、心理种种的关系，才能够真知道生活的乐趣。这种活泼的心境，只有拿望远镜仰察过天空的虚漠、用显微镜俯视过生物的幽微的人，方能参领得透彻。

至于张君劢强调的欧洲文化破产及其责任，丁文江的回应更简单，他根本不承认欧洲文化破产。退一步，即便欧洲文化破产，科学也绝对不负这种责任，因为破产的大原因是国际战争；对于战争最应该负责的人是政治家同教育家。这两种人多数仍然是传统宗教教育的产物，而这种传统宗教教育与科学理想相去万里。所以，丁文江坚持认为，欧洲的麻烦事实上是由于欧洲未能把科学精神延伸到社会的、政治的问题中去而造成的，不是科学导致了欧洲的灾难，恰恰相反，第一次世界大战的灾难证明欧洲人还没有将科学精神贯彻到底。

丁文江的文字批评和口头批评一样，并不能说服张君劢。张稍后发表答复长文，就其所谓自由意志的人生观做了进一步的阐释，认为丁文江拒绝接受精神现实与物质现实相联系的可能性。他称丁文江为"感知论者"，于是借用康德反对英国经验主义者的传统论点驳斥丁文江，以为人的思维如果不对感知材料做概念化的加工并使之成为可以接受的东西的话，那么感官感知的内容就十分支离破碎。

张君劢、丁文江的论辩，引起了学术界的积极回应。胡适、吴稚晖、王星拱、唐钺、朱经农站在丁文江的一边，坚持"科学的人生观"，批评张君劢将世界分为科学的物质世界和思想的精神世界的观点；而张东荪、林宰平、瞿菊农、屠孝实则赞同张君劢的观点，以为科学的功能是有限的，支持张君劢借重玄学，重建"新宋学"的努力。

从表面上看，参与科学与玄学论争的人是谁也没有说服谁；但从实际后果看，这场论争所产生的对科学的热情，成为很多知识分子生活中的一股创造性力量。所有鼓吹和信奉科学的人，实际上都受到一种信念的鼓舞，即只有受过科学训练的知识分子，才能设计出解决中国问题的方案，才有可能进行一场科学的社会革命。在这场社会革命中，通过理性和技术解决人类的福祉问题，使得提供比迄今运用常规智慧所能想到的更为人道、更为有效的解决方法成为可能。这就使他们所鼓吹的科学的行动，不仅具有学术上的重大意义，而且具有政治上、社会上的合法性保障。他们使用"赛先生"作为护身符，用这个具有魔力的护身符去驱走一切迷信、保守主义以及对过去的盲目忠诚，以便把人的智慧解放出来，去思考人类所面临的种种紧迫问题。科学，已不再是一般意义上的知识和方法，而成为一种"主义"，甚至是"绝对的科学主义"。

科学是个好东西，但当科学成为一种"主义"，就可能发生一些问题。因为人类对自身、对社会、对自然的认识，不仅无法穷尽，而且甚至可以说，人类现在的认识极其有限。因此以"科学"加"主义"的名义去号令一切，就会使许多的东西在这些科学家的眼里成为迷信，成为糟粕，成为必须打倒、必须舍弃的东西。于是，借助于科学的名义，许多"不科学"的事情照样发生，许多人类尚无法认知的东西，被作为糟粕而舍弃。

蒋梦麟和中国教育[*]

蒋梦麟是一个与北大有密切关系的
现代教育家，但没多少人知道他

马勇：国内研究蒋梦麟，我应该是比较早的，算是机缘巧合吧。20 世纪 90 年代的时候，中央教育科学研究所宋恩荣先生承担了一个国家项目——中国近现代教育家传记及思想研究，我参加了这个项目，因此有机会做关于蒋梦麟先生的研究。那个时候我就去查阅一些与他有关的资料。当时大众很少有人知道他，但是历史学者的圈子知道有一个蒋梦麟很伟大，很厉害，是中国现代教育家。我是从搜集他的资料开始着手，先出版了《蒋梦麟教育思想研究》，后来又以它为基础写了《蒋梦麟传》，大概有几十万字吧。

---

* 这篇文章是以一位记者对马勇的访谈记录为基础整理而成。——编者

蒋梦麟是浙江余姚人。他的一生大概可以分成两个阶段。他的前半生大部分时间都投身于中国的新教育事业，特别是高等教育事业，致力于中国现代教育的规划和政策的制订。他生命的后半段，是从1947、1948年开始，从事中国农村的复兴和改革。蒋梦麟那时候已经定下来是离开北大，投身于土地改革、农村复兴。当时中美两国政府达成了合作振兴中国农村的计划，这个计划后面可能也会提到。这样他的一生可以分成两个阶段。第一个阶段就是留学回来，先去办《新教育》杂志，因为他在美国学的是教育学专业，然后机缘巧合进了北大，做蔡元培的私人代表，在北大做总务长，后来是代理校长，1927年的时候，出任"中华民国"国民政府的第一任教育部长。"中华民国"第一任教育总长，是蔡元培，第一任教育部长，是蒋梦麟。蒋梦麟跟着他的老师，从大学校园走到教育部，是亦步亦趋的。这里边如果仔细分开讲，可以讲到很多细节。

记者：您是在什么机缘下写了他的传记？

马勇：我在做蒋梦麟的研究之前，只是一般性地了解他，那时我在写梁漱溟。我1986年毕业，1987年的时候开始研究梁漱溟，需要看梁漱溟在北大当讲师时的资料，影印本《北京大学日刊》我大概从头到尾翻了一遍。在研究梁漱溟的过程当中，我注意到了1949年之前的农村复兴、农村改革，从而又注意到蒋梦麟。那时中央教育科学研究所的宋恩荣先生请我写梁漱溟，写完梁漱溟，交稿了，宋先生觉得我写得还可以，说还有一本能不能帮忙，就是写蒋梦麟的一半，另外一半原定是委托华东师范大学教育专业的一个老师来写，后来那个老师到英国去访学一年，最后我一个人把蒋梦麟写下来了。

这样我从完成一个国家规划项目慢慢入手，开始做蒋梦麟研究，那时候对我个人来讲是一个挑战，因为之前没有人研究过，要从原始资料着手，翻旧报刊，尽可能查档案，而我那个时候年轻嘛，还是很愿意做这种事情的。

蒋梦麟代理北大校长始末

记者：蒋梦麟是在一个什么样的情况下代理了北大的校长？第一次代理是在一个什么样的背景下？

马勇：这得追溯一下历史，蒋梦麟跟蔡元培有很特殊的关系。首先他们是浙江老乡，更重要的是蒋梦麟当年就读的中学在绍兴，当时蔡元培就是这个学校的校长，后来蒋梦麟到上海读书，就读于交通大学、南洋公学的时候，蔡元培仍然是他的老师。他和蔡元培有着很深厚的师生关系。蒋梦麟在美国读书的时候，又结识了另外一个很重要的人物，就是黄炎培。你们可能会注意到，20世纪20年代到50年代，黄炎培都是中国教育界很重要的人物，在新教育的发展过程当中，黄炎培起到了非常重要的作用。蒋梦麟在美国认识了黄炎培，黄炎培对他非常赏识。所以蒋梦麟1917年拿到博士学位回国，立马就找到工作，经黄炎培介绍去了商务印书馆。

黄炎培创设了一个很重要的机构，就是江苏教育会，江苏教育会从民国初年以来就在东南半壁推广新教育，影响非常大。黄炎培在地方上很有影响力，办事能力比蔡元培还要强。蒋梦麟在黄炎培的带动下，在上海的商务印书馆办报，办《新教育》杂志，推广新教育，介绍美国最新的教育理念和教育方法，因为他在美国跟着杜威，专门研究教育学，他的博士论文写的又是东方的教育思想，叫作《中国教育原理之研究》。同时蒋梦麟又在江苏教育会当差，江苏教育会是一个实体机构，蒋梦麟在那儿做事。在此之前，蔡元培也在1916年年底回国了，并被聘为北大校长。蔡元培是晚清的翰林，后来两次到欧洲去学习，在德国四年，在法国三年，对西方的现代新教育也有一个全新的认识。因此当他主持北大的时候，有改造北大的这么一种想法。从1917年到1919年，他的改造北大和蒋梦麟在南方的配合、呼应也有关联。如果不是后来发生了五四运动，可能蒋梦麟就一直在南方办报纸、办杂志，来配合北大的新教育运动。但是1919年的五四运动，使他进入北大，卷入北大这个旋涡。

我们知道五四运动狭义地讲就是1919年5月4号的游行，这个游行是学生的爱国运动。这个运动最初和蔡元培有直接的关系。当时巴黎和会的消息是通过私人渠道从巴黎传到北京，再通过私人关系告诉了蔡元培，蔡元培再通过私人关系告诉北大的学生，你们应该有所表示。这表明什么呢？表明蔡元培实际上是北大学生5月4号游行的一个发起者，一个支持者。5月4号游行之后，政府就抓了学生，就把学生给抓到警局去了。当时北京的舆论界认为学生有些过分了，像梁漱溟就专门写文章，说学生火烧赵家楼是一种刑事犯罪，因此学生必须承担这个责任，参与闹事没有被抓的人应该去投案自首，被抓的应该等待法律的处分。梁漱溟这样讲，大概是别具一格的。我们认为在正常的法治社会当然是这样的，跑到赵家楼去放火当然不对了。北京政府，也就是当时的"中华民国"政府，考虑该怎么处理这件事情。有一些政治家提出，这个事情是北大校长蔡元培煽动的，因此他必须承担责任。当时也有人建议，学潮闹得这么厉害，干脆解散北大。总之要处分蔡元培，或者免掉蔡元培校长这个职务——北大校长是政府任命的。这个消息可能被蔡元培提前知道了，蔡元培就在5月9号突然不辞而别。

蔡元培不辞而别，引发了1919年下半年的学潮，全国性学潮就是从这儿引起的。他留下一纸辞职书就跑了，离开北京后先到天津，再到上海，然后到了杭州，在杭州发表声明讲北京政府如何如何，不愿意回来。在这种状态下，北京的学生闹事越来越厉害，而且影响到了全国，五四运动的后半截，就是前面学生运动起来，后面引发了上海的工人和商人的罢工、罢市。当时形成了一个强大的舆论，叫"挽留蔡元培"，从南到北都在挽留蔡元培。为了安抚北大学生，并平息这场波及全国的学生运动，政府也给足了面子，不再说要免除蔡元培的职务，而是一请再请，一声明再声明，请蔡先生回来。胡适也喊话说蔡先生您不能这样，您必须回来了，北大的很多事务都等着您回来处理，尤其当时杜威到中国来讲学，那是蔡先生出面去请的，现在您辞职不干了，合同都没法执行了。蔡先生怎么能这样没担当，说辞职就辞职不干了？

这么一来，蔡元培应该回北大了。但是蔡元培已经把话说绝了：我绝对再不当那个没有自由的校长了。那怎么办？教育部很尴尬，北洋政府也很尴尬。蔡元培的朋友汤尔和想了一个主意：蔡先生现在立马回去肯定面子上下不来，不如发声明说蔡先生生病了，所以暂时不回北京，这样留了一个话口，病好了还是要回去的；在生病期间，由蔡先生派一个自己最信任的学生代替他到北大去处理事务。这个时候蒋梦麟就是蔡元培最能认同的好学生，他有行政能力，也有教育理念。于是1919年的7月份，蒋梦麟就以蔡元培私人代表的身份正式进入北大。

蒋梦麟到北大后讲得很明白，我是蔡校长的代表，我没有什么立场，没什么态度，我只是替蔡校长掌印，替校长代管学校事务。北大的教授们这样才接受了他。当年北大的教授地位高，不好管，只有蔡元培这种很有资格、很有学问的人才镇得住，像蒋梦麟这种资历浅的必须表现出谦虚的姿态，才能让教授们接受他。

记者：他到北大的时候，学生、教授接受他经历了一个什么过程？

马勇：最初的时候是不接受他的。北大的前身京师大学堂1898年成立，但实际上1901年之后才开始办学，到1919年的时候，北大办学还不到二十年。但北大毕竟是中国唯一的新教育的中心，起点也是最高的。1912年严复进入北大，在改造北大的时候，帮北大请来了一批人才。严复来之前北大有一些外国专家，严复进来之后，又请来一批安徽桐城派的学者，这批人在北大地位很高。蔡元培1917年进北大的时候，又请来了一批以章太炎为中心的章门学子，都是浙江籍的。因此蒋梦麟来的时候，北大的教授们根本不服，这个小年轻怎么能代表校长？但是蒋梦麟确实很有手腕，他一直很低调地讲，我是替校长来保管印把子的，我没有什么主张。很快教授们就被蒋梦麟给折服了，觉得蒋梦麟的手腕比蔡校长还厉害。蒋梦麟年轻，态度谦卑，容易沟通，这也是他在北大能够长久扎根的一个原因。蒋梦麟在北大的后半段就有点傲慢，教授们有点不高兴。但是他在"五四"之后第一次代理校长的那一段时期，和教授们的沟通交流非常畅快。年轻嘛，又是职业教育家，他不是担任行政校长兼职去做教授，或者仅仅是学问好了做教授，他当年是职业教育家，又有这种行政手腕，所以北大的教授们很快接受他了。

记者：之后他又代理了校长两次，一共三次。

马勇：蔡元培大概等到1919年9月份就回来了，秋季开学的时候就回到北京来了，然后做了一年多北大校长吧。蔡元培回北大之后，蒋梦麟就退到总务长的位置。当时北大没有副校长，就设置了校长、总务长、教务长，之后就是教授，那个时候北大的规模也不大，当年北大就在现在的沙滩红楼，学生、老师都不多。一年多后蔡元培去欧洲出差，出差期间蒋梦麟就代理校长，这是第二次代理校长。1923年的时候，因为罗文干案，蔡元培又来了一个辞职，蒋梦麟第三次代理校长。几年之后，到了1926年，政治格局发生变化，蒋梦麟就离开北大，到南方参加了国民革命。

蒋梦麟1930年开始主理北大时的两大贡献

蒋梦麟从北大出来到南方参加国民革命，有一个政治背景。1911年以来，"中华民国"的重心一直在北京，中央政府在北京，过去我们把这个北京的政府叫作北洋政府。1916、1917年的护国运动、护法运动之后，孙中山领导的国民党在南方搞革命，1924年的时候就决定北伐，孙中山去世之后，北伐的准备也仍然没有停止。到了1925、1926年的时候，北京的政治形势越来越紧张，因为南方的革命势力已经严重地渗透到北方来了，整个北京城里边到处都是国民党。

1926年的时候，发生了"反赤化"运动，当时在北京主持政府事务的是张作霖，张作霖就把这些和南方有关系、和革命有关系的人都给抓了起来。李大钊就是在这时候被抓到的，他在苏联大使馆躲了一年，仍然被抓住杀害了。蔡元培是南方国民党的势力，蒋梦麟也是，而且蒋梦麟跟孙中山关系特别好，在美国留学的时候就跟孙中山认识。他当北大代理校长的时候，孙中山对他说你在那儿给我训练十万新兵，把北大办成国民党的一个教育基地。

蒋梦麟也上了张作霖的黑名单，这时候躲到六国饭店，就在东交民巷，大概有好几个月，然后经过周密的策划，偷偷地搭一个朋友的轿车，溜到前门火车站逃往南方。这样他就脱离北大了。后来南方的国民革命军北伐成功，1927年南京国民政府成立，蒋梦麟回到浙江做浙江的教育厅厅长，负责浙江的教育，担任国立第三中山大学（后改名为浙江大学）校长。1927年，国民政府设立管理全国学术和教育的大学院，蔡元培属于国民党的元老，蒋介石又很崇拜、很仰赖蔡元培，所以请蔡元培当了院长，蒋梦麟就是浙江大学区的负责人，不久蔡元培不干了，蒋梦麟又接替他当了大学院的院长。1928年，大学院改成教育部，蒋梦麟就成为"中华民国"南京国民政府教育部第一任部长。

他在教育部干了一年，打算把中国的大学都规范化，给大学分档次，什么样的大学是国立大学，什么样的大学是省立大学，什么的大学是民办大学，都有一个标准来衡量。对于有的民办大学，教育部就明确发告示，这种学校学生不要去报考，报了之后责任自负，它属于野鸡大学，没有资质的。当时上海有一个劳动大学，是国民党几个元老办的，蒋梦麟整顿到劳动大学头上，引起他们不满。国民党的一个元老吴稚晖还骂他，你怎么管这种狗屁小事？蒋梦麟只好辞职了。辞职之后没有多久，到了1930年年底，蒋介石就以国民政府主席的身份重新任命蒋梦麟回北大当校长。这时蒋梦麟回北大已经摆脱了蔡元培的影响，不再是代理，而是完全走上了自己的办学之路，这时的北大办学才真正体现出了他的教育理想，1926年之前不管怎样，他还是属于助理性质的。当然他在1919年到1926年这七年间，协助蔡元培对北大进行改革，为北大的发展也做了很多工作。现在也可以看到很多当年的老师、学生的回忆录，对蒋梦麟以代理校长的身份主持北大那几年也是很怀念的。但是蒋梦麟在北大工作，做出最大贡献可能还是在1931年到1945年的这段时期。

1930年底蒋梦麟重新被任命为北大校长的时候，北大其实已经烂得不得了了。原因是什么呢？从张作霖开始，整个北方的教育就一塌糊涂了。张作霖不懂教育，把北京的几所大学折腾来折腾去，什么合并啊，整理啊。南京国民政府成立之后，又采用了大学区制度。大学区制度在法国本来是一个好制度。法国把全国划分为几个大学区，由大学区来引领地方的大学发展。日本在明治维新的时候也学这一套，把全国划为几个大学区。蔡元培、李石曾这一批人都到法国留过学，南京国民政府成立之后，他们也把全国划成几个大学区，当时北京改称北平，北平这个大学区就把北京大学和其他学校统统合并成一个学校，结果从1928年开始，北大及北平其他大学的学生一直在闹学潮。北大的学生说我们不要大学区，我们要保留北大的名字，就叫北京大学。其他大学区也群起反对，学潮此起彼伏。1929年的时候，南京国民政府决定废除大学区，保留北京大学的名字。蒋梦麟这时候就不当教育部长了，去北大当校长，收拾局面。

278

蒋梦麟回到北大当校长，要让北大重新回到以教学为中心的轨道上去。其实1930年底蒋梦麟回北大的时候心里是不愿意的，当时的北大教授，稍微有点办法的都在外面兼职，本校的教育一塌糊涂。因为大学给老师的薪水不够，老师要养家糊口，怎么办呢？只好到其他地方干点主业之外的事情。幸好这个时候胡适以及中国教育界一些很有作为的人，通过各种关系说服了当时一个很重要的文教机构——中华教育文化基金会。当年给美国的庚子赔款退回来，成立了这个基金会，来管理这笔钱的使用。当时蒋梦麟和中华教育文化基金会达成了一个合作协议，就是在几年之内每年给北大补贴多少钱，保证北大教授能够安心搞教学，做研究。这样，蒋梦麟上任的时候，带了一大笔钱来。有了教育基金，蒋梦麟开始引进人才，第一批大概引进了十几个人作为特聘教授，后来总共达到了四十几个。这四十多个特聘教授，后来对北大、对中国的教育事业贡献是很大的。因为有了足够的钱，他们可以安心做研究，而且当年也没有繁杂的考核，你拿了钱之后专心做研究就是了，真正是专家管理。蒋梦麟让北大重新回到以教学为中心的轨道上来，这应该是他的第一个贡献。

蒋梦麟对北大的第二个贡献，是他理顺了北大的体制。在蔡元培时代，北大的风气是以自治为主。蒋梦麟这次回来之后，建立了校长治校、院长治院、老师治学、学生好好学习这么一种规则。1931年，就在"九一八"前面的一两天，北大重新开学。蒋梦麟等人都是信心满满，因为终于有钱了，他们都觉得这时候科学、教育都有一个很好的发展机会，国家可以进入一个好的发展状态。这个时候蒋梦麟把北大的改革提上日程，他创办了专门的研究机构，它们主要做研究，教育是次要的，带有研究院的性质。

在这个过程当中，蒋梦麟打造了更高级的培养体制。另外有出版物的发行，教育设施的扩充，图书馆的扩大，礼堂的改造，等等，蒋梦麟在这几年当中做了很多事情，他确实是希望引导北大，能够为国家的复兴、国家的发展尽一份力。特别是北大开学之后不久，马上就发生了九一八事变，外部的这种压力，使得蒋梦麟等这一拨北平的教育家更有一种使命感和责任感。

我们可以看到，这个时候他对学生的要求和五四时期是一样的，可以说一如既往，如出一辙。教育家是什么样的？学生被抓了我去救学生，但是学生在读书的时候，我一定要尽可能地告诉他们，你们不要介入政治，一定要好好学习。从 1931 年到 1936 年，也就是从九一八事变到西安事变之前，蒋梦麟和他的朋友们一直把握着北大和整个华北教育的方向，让教育不偏离轨道，不要把学生培养成很激进的小政治家。爱国必须是立足本职的爱国，而不是空有满腔热情去爱国。可以说从 1931 年秋季开学到 1937 年卢沟桥事变发生，这六年间北大的教育是过去几十年来最好的一种状态。这里面可以看到蒋梦麟的管理能力和他所花费的心血。

以教育家的立场管理教授与学生

记者：他的贡献确实是很大，比如从教授治校到校长治校，还有很多细节，像故事一样。

马勇：当然了，批评蒋梦麟的也很多。我看采访提纲里面也讲到了，1931 年蒋梦麟正式任校长之后，也面对一些质疑。

蒋梦麟聘请教授有点铁面无情，没有学问你就走。北大当时已经弄得乱糟糟的，原来的好风气都垮掉了，当老师的不好好教书，科学研究也没有推动。当然其中有钱的原因，那时大家收入都很低。印象当中有一个教英文的教授，写了一本书，说他当时就是在外边教书，每个星期都是几十节课，完全是为了挣钱养家糊口，没有办法顾及北大的教学了。蒋梦麟来了以后，重新聘请了一部分院长级别的管理层人员。像胡适，当时也在中华教育文化基金会编译西方的资料，一直在上海，因为跟蒋梦麟是好朋友，就来帮蒋梦麟。还有丁文江等在北平教育界有影响力的人。蒋梦麟物色了一帮很强的人，到北大以后，一起确立了一个很重要的目标，就是要把北大办好。

在这个过程当中也确实要推行种种改革。我们可以拿文学院当一个例子。蒋梦麟聘请胡适来当文学院的院长，他们在美国就熟悉，都在杜威的门下，就是同门嘛。胡适讲其实我不想来的，既然来帮你的忙，我不要你的薪水。因为他在教育基金会有一份薪水，不需要再拿北大的薪水——当然最后胡适可能还是拿了北大的薪水。北大这个时候聘请胡适做文学院院长，文学院要改革，有一批人必须请走。蒋梦麟讲，院长有不想要的人，只要给我名单，由我来开他。你们想聘人我不管，你们可以全世界聘。当年他们招人，真是要全世界招最好的人。这样的话，蒋梦麟当年给北大的院长、系主任们留下的最好印象，就是聘人的事情，这种皆大欢喜的事情，都让他们出面去做，解聘教授这种得罪人的事情呢，都由蒋梦麟自己来做。所以我们可以在文献当中看到，有一批被解聘的教授都骂蒋梦麟。有一位先生，一直活到了20世纪90年代，他的回忆录里面就讲蒋梦麟、胡适这些人拉帮结派，排斥异己。这位先生其实也很有学问，后来一直在历史博物馆工作，在古器物研究上很有贡献，但当年可能确实不符合北大的要求，就被请走了。还有我们知道的马衡，跟胡适、蒋梦麟这一批新学者也处不好。更重要的是，原来的老学者，像章太炎的弟子朱希祖、马裕藻等人，这一次基本上都被慢慢清理出去了，他们都是20年代蔡元培主校时北大的教师主力。这一拨人经过替换之后，可以感觉到20世纪30年代的北大在往国际最前沿走，它的学科布局和人才布局已经超越了蔡元培时代，教师的主力不再是那一拨暮气沉沉的老学者，而差不多都是有留学经历、能够在国际上打出一番天地的新学者，不论人文学科还是理工科，都是这样。在这个过程中，蒋梦麟的这种大教育家的风范就表现出来了，那就是我不管你的私人生活及教学的细节问题，更不管你有什么政治思想，你只要能够把学生教好，把研究做好就行。同时他对院长们放权，分层管理方面也确实做得很好。

还有一个问题，就是他对学生的管理。20世纪30年代，在民族危机、国难当头的时候，青年学生爱国是一个发自内心、无法遏制的冲动。特别在1931年到1937年这六年间，北平的学潮几乎年年都有。但蒋梦麟不让学生去闹事，同时，他还策划了官办学生会，就是学生会成员不是由学生选举出来的，而是由校方指派。那么蒋梦麟的想法是什么？他觉得学生不应该很深地介入政治。蒋梦麟、胡适、丁文江，还有清华的梅贻琦、罗家伦这些人，他们都强调华北的政治事务由政府来管，你们小孩子都不要管，学生还是要读书。但是"一二·九"运动，这次学潮规模太大了，北平的学生拦截火车，要卧轨，要到南京去请愿。而且还组成了南下宣讲团，要求南下请愿。蒋梦麟这时候一点都不客气，就是严格管理，有的学生就被开除了。我们今天当然可以说蒋梦麟压制学生运动。但是如果我们从国家、民族需要秩序的角度考虑，为了学生更长远的前途着想，会觉得蒋梦麟也有他的道理。宣战还是讲和这样的国家大事，不能由学生说了算，国家有国家的安排，学校有学校的秩序。

在时代大潮中把握一叶之舟

蒋梦麟因为压制学生运动，受了很多批评。但是我们也可以看到，有一批学生对他这样的教育家是感恩的。例如后来到美国发展的何炳棣等人，就是"一二·九"时代的大学生，他们在北平的时候，对政治很冷漠，但是一直专注于学术。何炳棣等人在晚年回忆时，仍然觉得当年蒋梦麟等教育工作者，让学生以求学为主，不要做无谓牺牲是负责任的做法，对此他们怀着一种感恩的心。所以我们在评估当时的教育家的时候，需要多加斟酌。

我在处理这些材料的时候，觉得应该多层面地看待历史事件。我们应该进入学生的内心，去想学生面对这种民族危机的时候怎么表达他的爱国情感。此外老师有老师的想法，当局有当局的想法，我们要从多个角度去看，才能使得这个历史的画面丰富起来。

蒋梦麟不让北大的学生介入影响学习的爱国运动之中，但是蒋梦麟个人，作为中华民族的一分子，在涉及民族独立、国家主权这种大是大非的问题上面，他的立场是非常明白的。当时在北平的日本人很多，包括日本的军人、日本的外交官，蒋梦麟实际上和这些人来往也很多。蒋梦麟在与日本人打交道的过程中有一个故事，我觉得可以叫作"单刀赴会"。当时整个北平、整个华北，对日本的不满情绪越来越高涨，因为两国的冲突越来越紧张了嘛，蒋梦麟被日本人视为推动华北反日运动的幕后黑手。当初和平的时候，日本的军人，还有日本的文化人，隔三差五地到北大来，中日两国之间互派的学生很多，朋友也很多，蒋梦麟就对他们义正辞严地讲中日关系应该怎么发展，日本人应该怎么对待中国。到了这时，北平的日本军方就把蒋梦麟视为学生乃至社会反日运动的幕后策划者，某一天就通知他，你到我们司令部来一趟。蒋梦麟在回忆录里讲日本人判断他不敢来，但是蒋梦麟很有种，他跟家里边打了一个招呼，自己开着车就去了。日本的司令官跟他讲，你怎么策划反日？蒋梦麟说我没策划反日，在我国的土地上怎么说我策划反日呢？他仍然跟日本人交涉。日本人当时表现出要扣留他的意思，蒋梦麟就说，我可是北大的校长，你们要敢把我带到大连去——大连当时是日本人占领，是日本侵华的基地——明天北大校长被扣押的新闻就会传遍全世界。日本人接了个电话后，就乖乖地把他放回来了。蒋梦麟这几句话是很有力的。几天之后，这个消息传出来，应该说对北平的知识界、教育界还是起到了很强的鼓舞作用。我们研究所的一个老先生，当时北大的学生，叫孙思白，在他后来写的回忆录中说，当年就觉得我们校长是真厉害，一个人去日营单刀赴会，而且安全地回来。

　　总之，在 1930 年到 1937 年期间，中国的教育应该算是在一个继续发展的黄金时代。特别是北方，还有几个重要的大学取得突飞猛进的发展。就像蒋梦麟自己讲的，他把握着北大这艘小船，大海中的一叶之舟，努力使它不在时代的风浪中倾覆，每一天都提心吊胆。蒋梦麟付出的心血和他的经验，还是很值得我们敬佩和分析的。

蒋梦麟在北大南迁与西南联大成立过程中的大局观

七七事变爆发后，蒋介石召集知识界领袖在庐山举行谈话会，蒋梦麟也去了。蒋介石在庐山谈话会上提出应该就此进行全民族的抵抗。当年几百个政治精英在庐山谈话会上得出的结论就是全面抗战。之后蒋梦麟没回北京，到老家去看了一下他父亲。他在回忆录里讲，他当时想到这场战争对中国人民来讲，会是很残酷的，可能他这次一去，回来就见不着他的老爹了，于是他回到余姚老家，陪他爹待了几天，之后赶到长沙。因为这个时候国民政府已经有了一个决定，就是把沿海的、北方的教育机关内迁。这个决定基于一个考量：中国的未来、国家民族的振作，还是要靠教育，哪怕战争失败了，保护了教育和基础工业设备，民族还有复兴的可能。国民政府这个时候就把大学内迁，把一些基础工业设备内迁。

清华、北大、南开这一批华北的学校，第一站就迁到长沙，在长沙成立了一个临时的联合大学，凡是从华北流亡到那儿去的学生，不管你原来在哪个学校，都可以注册去读书。同时也有一部分学校迁到西北去，就是西北联大。还有一批迁到贵州，例如浙大的一部分。可以看到在战争状态下，国民政府还是拿出了相当的金钱与精力来保护教育。

蒋梦麟从余姚辗转到了长沙。联合大学在长沙开学，但不久以后日本人又打过来了，长沙又成为前线了。这个时候蒋梦麟和陈立夫商量，继续西迁，联合大学就迁到了昆明，就迁到了大西南，在那里办了一个西南联大。

我们可以注意到，西南联大是多个大学的联合，原来各个学校的教授、各个学校的资源都不一样，而且各个学校的传统不一样。当然学生在这个联合过程当中是得益最大的，无论是原来南开的学生还是原来北大的学生，在这儿都接触了更多的教授，更多不同风格的老师。但是打乱各个学校原来的管理结构，形成新的管理机制，难度是很大的，原来北大、清华、南开三个大学的校长如果不是互相忍让和谅解，这个大学是办不好的。抗战时期，全国办了那么多联合大学，真正成功的只有这一家，原因就在蒋梦麟等人的退和让。北大是这几个大学当中资格最老的，但是蒋梦麟没有往前冲，他把联合大学这个摊子交给清华的梅贻琦。梅贻琦是一个事无巨细都亲自去抓的人，当然在战争时期能够这样管理也很好，但是一个事无巨细的人万一遇到另一个事无巨细的人，两个人非打起来不可。为了西南联大的发展，南开的张伯苓、北大的蒋梦麟，都把权力让渡出来，这样西南联大校一级行政管理的基本班底就是清华的，其他两个学校的管理团队继续存在，这就是双重管理。

当时战争究竟要进行多久谁也不知道，当年满人入关，统治了二百六十八年，日本比当年的满洲要强大得多，会不会出现一个长期的抵抗？当时中国人比较倾向认为抗战是一个持久的过程，既然是持久的，那么大学就必须当作大学办。所以我们可以看到，西南联大没有战时风格，它的教学是常态的，只不过条件很差。茅草房，没有什么好的生活条件，日军飞机来轰炸，老师学生就跑警报。当时的教育界并不认为我们现在应该全民皆兵，我们应该训练学生上战场。这就产生了一个结果，就是在战争状态下，仍然能保持着一种比较宽松的学术氛围，一种学术的秩序。学生的日常生活和在北平时没什么差别，晚上的校园演讲比我们今天还要丰富，比如谈谈哲学啊，比如学术讲座谈《红楼梦》中的爱情观，讲这种非常艺术化、非常学术化的东西。抗战中期以后，政治生活就更开放。西南联大在政治上基本上走的就是民主、自由这条道路，成为西南地区的民主中心，对国家政治的推动也有一种正面意义。蒋梦麟是国民党的中央委员，他带有党国色彩，毕竟他年轻的时候就是孙中山的学生，追随过孙中山，跟着孙中山干过革命，办过报纸。他属于党国的高级干部，但是他在西南联大也没有办法去推行党国教育。而且他作为一个教育家，也不认为党国教育应该高于常态教育和学术探讨。冯友兰在回忆录里边讲过，当时政府有要求，院长级别的，像文学院院长、理学院院长之类，都必须是国民党党员。但是蒋梦麟处理这个事情其实是非常玩笑的，既然政府要求院长必须是党员，那他们填一个入党申请表就行，结果人家不填表，最后也不了了之，他对这个东西也并不是非常看重。作为一个教育家出身的党国要员，他在处理党国与学术之间的问题的时候，跟别人是很不一样的。

三校合并时，蒋梦麟退让了，所以有人说他牺牲了北大，后来这也成为他离开北大的一个原因。蒋梦麟在西南联大的基本工作上了轨道之后，就慢慢从西南联大淡出。他淡出的原因，一个是他是国民党的干部，另外一个是他不想在西南联大内部形成北大的势力。北大的教授抱怨清华什么什么事做得不够意思，蒋梦麟也只是一般性地安慰一下，并没有去和梅贻琦说不能对不起北大的教授们。我们可以从当年那些教授们的记录和回忆里看到这些退让，会觉得这种妥协与让步保证了学校的大局稳定，也是西南联大成功的重要因素。

抗战中后期蒋梦麟转向从政

等到战争进行到中后期的时候，蒋梦麟就把工作重心慢慢转到重庆去了。他在这个时候做了几个工作，一个就是担任中国红十字会的会长。红十字会在战争时期是非常重要的机构，它算一个中立机构，打出红十字的旗帜来，敌机是不能轰炸的。对伤病员的救助，对壮丁的救助，红十字会还是做了很多工作的。特别值得一提的，是蒋梦麟对当时抓壮丁的问题提出了解决方案。国民党军抓壮丁是一个非常残忍的事情，按照蒋梦麟的调查，壮丁的死亡率非常高，一百个人中最后能够送到战场上的寥寥无几，大多都死在路上。这里边的腐败问题非常严重。蒋梦麟调查之后，给蒋介石写了一个报告，后来蒋介石下令把管理壮丁的一个中将枪毙了。这时候的蒋梦麟做了这些直接与战争相关的事情。另外他还从事外交活动，去过缅甸，其他地方也去过。后来北大的教授们对他不满，说蒋校长在重庆介入国民党的政治事务太多，当官的味道慢慢变得很浓。特别是到了 1944 年、1945 年抗战末期的时候，孔祥熙政府垮台，宋子文上台，宋子文与蒋梦麟私交很好，让蒋梦麟去当行政院的秘书长，这直接导致北大教授对蒋梦麟倒戈。北大教授当中一拨重量级的人物对蒋梦麟的能力、态度、立场都不怀疑，他们反感的是在三校合并的过程当中，蒋梦麟不管北大，使北大吃亏，同时蒋校长对当官太感兴趣了。北大教授找到了蒋梦麟不能继续担任北大校长的一个依据——1927 年蒋梦麟当教育部部长的时候制定了一个政策，规定大学校长不能兼任行政职务，你要担任行政职务就离开大学。

那是 1927 年制订的政策，现在都快二十年了，二十年间内阁就像走马灯一样，一个不行马上换，今天换一个明天换一个。蒋梦麟原来的想法是，秘书长是跟随着行政院院长上下的，等宋子文下台，我不就下来了吗？没有秘书长做了，我就再回北大来嘛。而且他的本意是不想和梅贻琦这些人冲突，所以才离开昆明到重庆找点事情做，做完了就回来嘛。北大教授们串通"倒蒋"，当然也不是对蒋梦麟公开发难，而是都认为蒋梦麟应该辞职，联合起来迫使他辞职。这里面有傅斯年的事，傅斯年跟胡适、跟蒋梦麟都是很好的朋友，但是傅斯年这个时候也站在蒋梦麟的对立面。另外，蒋梦麟的太太也介入了教授之间的摩擦。于是，在1945年蒋梦麟从北大正式辞职，结束了他为北大服务二十多年的历史。

　　蒋梦麟从北大辞职不久，这边宋子文又垮台了。但是在国民党党内，蒋梦麟的地位还是比较高的，中央委员嘛，这个时候他很快有了新的任务。联合国善后救济总署有一批物资需要管理，蒋介石让他去做这个事情。后来为了中国农业的复苏和振兴，由中美两国联合组建一个专家团队，叫"中国农村复兴联合委员会"，简称"农复会"。1948年的时候，蒋介石聘请蒋梦麟进入这个委员会。从这儿开始，蒋梦麟的后半生就在为中国的农业做贡献。他投身农业也不能说是很突兀的，他在美国留学时先学的是农学，后来才学的教育学。那么他为什么学农学呢？蒋梦麟后来解释说他从小身体不好，对于农村有一种酷爱，就觉得农村好，农村可以使他身体更强壮。而且学农当时也是最流行的嘛，胡适和他一样，开始也是学农，都想改造并振兴中国的农业。

蒋梦麟后半生振兴农业的实践

中国原来基本是一个农业国家，学习西方并转向工业化、商业化的时候，中国的农业在 19 世纪 60 年代之后就不断地衰落。从郑观应、孙诒让，一直到罗振玉，都在号召振兴中国的农业。1895 年的时候，孙中山就成立了中国最早的农学会，就是要振兴农业。20 世纪 20 年代，农业问题更严重，但是一直都没有找到好的解决办法。20 世纪 30 年代，已经有了如火如荼的中国农村建设运动，但是没有找到正确的路径。

我感觉这个委员会提出的方案，也许是一个解决中国农村问题的方法。这个方法在大陆没有推行，后来在台湾推行了，我们今天去看台湾建设农业的路径，对我们大陆今天农业的改造与发展可能也有借鉴意义。遗憾的是没有学者深入地研究这个问题。研究蒋梦麟和农复会在农业方面的活动，我觉得可以注意这么几个问题。第一个是农复会的组成。美国人不仅提供资金帮助，也派出了五个农业专家在农复会中工作，和中国专家的比例是 5∶5。五个美国专家、五个中国专家组成领导机构。美国不仅提供财政支持，也提供政策性建议。

第二，农复会提出的政策。首先，土地一定要改革。我们共产党讲土地改革，国民党之前也讲土地改革，但是农复会提出的土地改革，和国共两党的土地改革都不一样，它主张由政府拿出钱来，赎买地主的土地，之后再分给农民。农民从政府这儿把土地租赁过来，土地的所有权还是归政府，但是农民拥有完整的使用和收益权。同时要减租减息，最大限度地减轻农民的负担。其次，把农民组织起来，成立农会合作社，提倡农民自治。国民党此前没有这样做过，农复会在做这个工作的时候，是非常深入的。他们帮助农民组织起来自治，组织选举，因为农民过去没有选举经验，没有组织经验，所以要教会他们选举。我感觉农复会的整个思路都是全新的。

最后，推广新的农业技术手段。台湾工业化的过程当中，农业提供了最大的财政支持，农业因为有了技术手段的进步与创新，先于工业发展起来，所以才能支持工业。比如我们今天去台湾的时候可以看到对水果品种的各种改造，其实在 20 世纪 50 年代之前，台湾的水果还不是这样的。农复会拿着美国人的钱，聘请了一批大学生，让他们到村里面去做改造，做技术推广，或者做农民运动，做农会工作。

1949 年后蒋梦麟在台湾也主持建设了几个大型的水利工程，比如说石门水库。大型基础设施的建设为台湾后来的经济腾飞做了准备。

蒋梦麟在台湾还有一个很大的贡献，就是对人口节制理论的提倡和推广。早在 20 世纪 20 年代，美国的人口节制理论就传到中国了，蒋梦麟当时在北大当校长，和胡适两个人都对这个理论很是欣赏。但是在那个时候，人口节制理论被妖魔化。中国古代是没什么节育技术的，要么是禁欲，要么就是多生。一些传统人士认为，如果夫妻的性生活不以生育为目标，而是以享乐为目标，就是大逆不道的。20 世纪 50 年代的时候，蒋梦麟把节制人口的议案提到了台湾"立法院"，组织了正儿八经的讨论：台湾在经济增长的过程当中，要不要控制人口的增长。蒋梦麟提出的控制人口和同时代马寅初提出的控制人口，思路不一样，马寅初的理论叫计划生育，就是有计划地生育，蒋梦麟的理论叫节制人口，其理论的原点是夫妻的性生活可以很活跃，但不再以生儿育女为目标了。当时台湾骂蒋梦麟的人很多，那时候他都七十岁了，又是老北大的校长，但是台湾社会有一批人就骂他老不正经。蒋梦麟顶住压力，写了好几篇文章，专门讲台湾在经济发展的同时一定要控制住人口的增长。当然我们后来可以看到，提倡节育也不是根本办法，提高人们的生活水准、文化水准，同时加大育儿成本，人们自然不会再像以前一生就是七八个，因为之前养孩子成本低嘛。要提升养育孩子的质量，必须提高文化水准，提高生活水准。

总之，蒋梦麟在生命的后半段，还是做了很多有意义的工作。在台湾的时候他是非常受蒋介石器重的"三个老博士"之一。他们这一拨人对台湾的发展是有贡献的，后来七八十年代台湾经济腾飞，成为"亚洲四小龙"之一，其中有着他们这一代人的贡献与心血。

功臣与功狗

1950年，台湾办了一个北京大学建校五十二周年纪念会。傅斯年在会上讲，北大历史上有几个关键人物，就是蔡元培、蒋梦麟、胡适以及傅斯年自己。其实几个关键人物里面应该有严复，但是后来这一拨新派学者都不提他。在傅斯年看来，蔡元培、蒋梦麟，这是一个组合，两个人都做过北大校长。第二个组合就是胡适和傅斯年。胡适在1946年从美国回来，接任北大校长之职，还没到任的时候是傅斯年代理，他到任之后，傅斯年仍然做了很大的贡献。这四个人给北大历史增添了光彩。傅斯年又说，蔡先生和胡适的确是功臣，在引领北大的方向上面，他们做了很多的贡献，而他自己跟蒋梦麟，最多只能算是北大的"功狗"。功狗是什么意思呢？就是他们不过是在执行蔡先生和胡先生的命令，顺着他们确定好的方向往前走。这是傅斯年很谦虚的说法。

我们今天去分析这四个人，从某种意义上来讲，傅斯年讲得有几分道理。在这两个组合中，蔡元培和胡适都是有理念而没有多少行政能力的人，蒋梦麟和傅斯年都是行政能力很强的人，两个人都主持过很多的学术单位。蒋梦麟主持过北大，主持过农复会，还主持过其他文化机构，包括早期的《新教育》杂志等。傅斯年更不得了，傅斯年不仅主持过北大，还主持过"中研院"史语所，主持过台湾大学。遇到一个什么事情，以蒋梦麟和傅斯年的能力，是不用怎么思考的，用本能、用直觉就可以处理好。当然蔡元培和胡适两个人是从另外的理论层面、精神层面，是从这种更高的层面上来处理问题的。所以我越分析，越觉得傅斯年这个判断确实很有意思。蔡先生、胡先生是北大功臣，他跟蒋梦麟是北大功狗，这个典故是从这儿来的。

记者：可能他也有自嘲的意思。

马勇：但是我们也能看到，北大在他们四个人手里面，确实是有很不一样的变化。

蒋梦麟由学农转而学教育是因为性之所近

记者：蒋梦麟当年学农，后来转学教育，他是怎么想的？

马勇：西方大学的学生，入学后都有重新选择的机会和权利。

当年去国外留学的那一代人基本上都有再次选择的机会，而且这种选择往往成为一生的方向。胡适和蒋梦麟到美国去，原本都是信誓旦旦要学农，因为美国农业科学很发达，农业管理很发达，他们希望学成归来后改变中国农村的面貌。结果一个学年之后，有些学生就放弃了学农的想法。他们放弃学农之后没有再选择应用型的专业，而是选择了自己的兴趣之所在。

后来胡适给学生讲选方向、选职业的时候，反复强调要选性之所近，选你喜欢的。你不喜欢的专业不要去学，不要去做，否则一辈子都别别扭扭的，多烦啊！胡适给学生关于选专业的忠告，第一要性之所近，第二就是能之所及，不受制于其他的因素。我们看胡适的留学日记，整个留学期间，胡适还是按照他在国内形成的学术兴趣去读书，这时他读的外文书籍没有中文书籍多，大量的时间都用来继续探讨在国内就开始探讨的问题，这些问题也是他后来一辈子都在探讨的，作为学问去做的。

蒋梦麟也是这样。你看他讲学农的理由多充分，我身体不好，我要到田野里面呼吸新鲜空气，我是农村出来的，我对农村有一种天然的热爱，很诗情画意。但是等到他接触教育学的时候，他才发现自己真正的天分和兴趣是在教育这方面，是在关于教育管理、教育理念、教育哲学的探讨这一方面。我们可以看到蒋梦麟后来主持教育事业，不像很多人那样盲目。他写的著作，像《过渡时代之思想与教育》等，还有他早期在《新教育》上面发表的大量文章，都属于中国早期教育转型当中的一些实践和思考。他的实践都和他研究的问题有关。比如说学生自治。蒋梦麟跟着杜威学习的时候，就在研究学生自治。大学四年不仅仅是让学生在学校里学知识，知识的传授只是大学教育的一个方面，还要让学生学会自治的本事，不仅让学生改造自我，还要让他以后能改造社会。关于学生自治蒋梦麟有他的一套理论，蒋梦麟讲学生自治，不仅是生活上自治，而且学生的组织要自治，学生自己管理。这种状况今天在台湾某些大学还可以看到，学生的自治能力非常强，他们有这个传统。

改革开放后，学界对蒋梦麟的研究让他回归了应有的地位

马勇：经过这些年的研究和传播，我们现在发现蒋梦麟可以说是中国知识界的导师之一。我在这个过程中也有一点贡献。原来我开始做蒋梦麟研究的时候，北大的校史，大概是 1988 年编的，里面确实没有他，但是你读的时候根本感觉不到少了一个人，该怎么叙事怎么叙事，也照样写得很圆满。这是因为政治。后来随着改革开放，中国的言论空间、研究空间在变大，历史的本来面目也就慢慢恢复了，蒋梦麟这才在北大校史中获得了应有的地位，也获得了他在中国教育史上所应得的地位。

记者：请最后总结一下，蒋梦麟作为一个教育家在中国近现代史上的地位。

马勇：从大的方面说，第一，他真正终结了原来的大学中传统的教育方式、教育理念，给中国开辟了一条现代教育的新路。在当教育部部长的时候，他做了大量的工作，给中国教育制定了一些法规，明确了"大学"的概念。蒋梦麟当年的"大学法"规定，大学应该有八个基础学院，而八个基础学院当中，必须要有

理学院，要有文学院，没有理学院、文学院就根本不能叫大学。所以说，我们从1898年开始引进西方的教育体制，三十年之后，蒋梦麟出任教育部部长，才真正把这些东西规范起来。此外他对边疆少数民族的教育也有规划与设想。蒋梦麟对高等教育、中等教育，乃至整个教育体制，制订了规范性的政策，搭建了现代化教育的框架。这就是他对整个中国教育的一种历史性贡献。

第二，他主办的大学教育为中国现代国家建设输送了人才。他主持北大，前后加起来有二十多年的时间，在这二十多年里，他把北大当作一个新教育的实验地，完全用西方的理念、西方的方法耕耘着北大，培养了众多的人才。我们可以讲，我们的共和国在1949年之后，很长时间都受益于蒋梦麟的工作。蒋梦麟在20世纪20年代到20世纪40年代培养的这些北大学生，是新中国成立后科学界举足轻重的一支力量。一个大学的辉煌不是说培养了几个国家领导人，大学的辉煌和这个没有关系，更重要的是看它培养了多少顶尖的科学家。我的书里面列了蒋梦麟时代的北大教授名单，阵容极为豪华。在大学的办学规划、行政管理方面，在对教授及学生的管理，处理学生和政治之间的关系，处理教育和政治之间的关系等方面，蒋梦麟都给我们现在的大学做了一个实实在在的示范。

总的来说，可以从两个层面评价蒋梦麟作为教育家的贡献，一个是大学的现代化、世界化，一个就是中国现代教育的开启。

记者：他当年的教育思想对我们现在的大学教育还是有很多

启示作用。

马勇：教育工作者不能不考虑教育本身的规律，不能把大学教育当作工具，也不能仅仅让学生学习书本上的知识。好的教育一定是能够启发学生，启发一种批判性的思考，蒋梦麟也好，胡适也好，还有傅斯年、蔡元培、严复，他们都强调要启发学生独立思考。学生如果不能独立思考，只是学知识，是没用的。只要有方法，人永远都能学知识，但是如果思考能力在读书期间没有训练出来，那可能就完蛋了。我们今天研究蒋梦麟这一拨人，应该看到他们在这一方面的进步作用。